# 风水行上

徐建融随笔集

徐建融 著

文汇出版社

徐建融　《林泉清集》

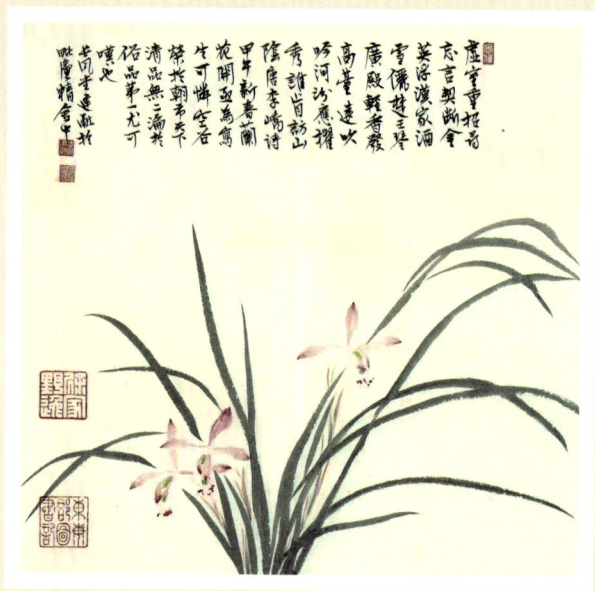

徐建融 《兰花图》

徐建融 《水仙》

徐建融 《落墨荷花》

徐建融画戏曲人物（一）

徐建融画戏曲人物（二）

徐建融 《幽篁月色》

徐建融行书五言联

# 自　序

收在本书中的这些文字,都是近十年来陆续刊发在《文汇报》《美术报》《书法》《国画家》等报刊上的,有不少早已在我的记忆中遗忘了。今天,由鱼丽女士和谢靖宇同学把它们收集起来,整理出来,所下功夫之大,远远超出我当时的写作。这是我必须向他们表示由衷感谢的。

我曾多次向人表示,我的写作,五十岁之前一度以之为"著作",今天看来不过是自以为是的无用之作;五十岁之后才明白那至多不过是"著述",不过是无所事事的无聊之述。

先说"著作"与"著述"的不同。二者都是写文章,但"作"者重在"陈言务去"的研究、独创,发人之所未发而贡献于世;而"述"者重在"窥窃陈偏"的"述而不作",学习前贤以提升自己。古人所说"古之学者为己,今之学者为人",实际上也正是这个意思。故前者多倾向于"体系化"的长篇大论,而后者多倾向于"札记化"的短篇随笔。

再说"无用"和"无聊"。"无用"的出发点是"有用",要用我的"独创"之见去改变别人,"为别人好"。因为大家的认识都是不对的,只有我的观点是正确的。直到后来才认识到,改变别人是根本不可能的,真正的"为别人好"便是包容别人,而我的观点不过是自以为是,未必绝对正确。"无聊"的意思,是说我近二十年的写作,全是因为没事干,闲得难受,为消磨时间而读书、忆旧、作画,时有感触,乃形诸文字。

如钱名山先生所说的"只如吃饭睡觉,当然如此"。于是亦体会到孔子所说的"思无邪"和孟子所说的"行无事",并曾撰一联置诸座右:

孔曰思无邪,安分安命安所遇;

孟言行无事,顺人顺天顺自然。

至于文章的做法,杜甫的"晚节渐于诗律细""语不惊人死不休",包括贾岛的"两句三年得,一吟双泪流",乃至阎百诗的"一义未析,反复穷思,饥不食,渴不饮,寒不衣,热不扇,必得其解而后止",当然是我所钦佩的,也是我早年曾经去学过而最后没有学会的。而苏轼的"如行云流水,初无定质,但常行于所当行,常止于所不可不止,文理自然,姿态横生""如万斛泉涌,不择地皆可出,在平地滔滔汩汩,虽一日千里无难,及其与山石曲折,随物赋形,而不可知也",虽其"姿态横生""万斛泉涌",我根本做不到,但"初无定则""文理自然""随物赋形""不可知也"的无体系、随意性,却深合我五十岁之后的人生观,所以也就成了我后期的文风。

我的斋名"长风堂",长风者,一定是清风、微风,因为狂风、暴风是不可能久长的。我所曾经包括现在还在阅读的古今中外图书,游历的自然人文景观,请谒过的前辈名家,经历过的人生际遇,既有赫然高端的沧海,也有平凡庸常的池沼。无论高端还是平凡,我从中所得的认识一概都是表面的,肤浅的,浮光掠影的——"知之为知之",更多的则是"不知为不知"。以无力的微风,轻拂这无奇的浅水,自然所形成的波纹,当然绝无洪水的惊涛骇浪,亦无深水的静流汹涌,不过平平的碧波一汪而已。书名以《风行水上》为题,即出于此。

行云流水忆髯苏,文心恨不如。

平生破得几千书，晚来转更疏。

功百倍，事无殊，才华岂自抒？
梦魂纵有亦空虚，天然入翠浮。

这是我四十年前所填的一阕《阮郎归》。当时正致力于学习西方康德、黑格尔一路的学术规范，觉得颇近似于中国的阎百诗、戴东原。于是开始扬弃原先爱好的苏轼，而奉刻苦用功为上。词意所要表达的，正是我当年的试图脱胎换骨。但几十年下来，最后还是回到苏轼的老路上来，望尘莫及地"踵常途之役役"。现用这阕词，来反照我今天的无聊之著述，也就别有一番滋味在心头了。

徐建融
二〇二二年春节于长风堂

# 目录

001　最宜诗画是荷花

009　西湖的莲叶

013　阳春德泽 万物光辉

　　　——诗画艺术中的向日葵

019　至今犹此论文心

025　春江水暖鸭先知

031　捕蝉、喂鸭、拾蝉蜕的少年时代

038　唤回春色秋光里

043　天堂食府楼外楼

046　鬼音仙韵听秋声

051　寒食《春秋》忆旧游

056　长者之心与赤子之心

061　"扬声息苦"的钟声

064　也谈薛湘灵的身份定位

067　"常把老娘挂心怀"

073　"天下莫大之文章"

077　庐山与石钟山

080　一样心情别样娇

　　　——戏曲和绘画的两个共同话题

085　文房和雅集

　　——读《琅玕馆修史图》有感

091　寄园弟子谢玉岑

098　钱名山论书三句话

102　入乡随俗的倪云林

109　董其昌的身后是非

114　王伯敏先生

119　王朝闻先生印象

125　分钗半钿尽生尘

　　——谢稚柳先生的艺术观

136　国香无绝

　　——陈佩秋先生的画兰艺术

144　"画画，要有我，又要无我"

　　——唐云和"新花鸟画"

151　奇峰磊落水云舒

　　——陆俨少先生的艺术和人生

160　晓得的和不晓得的

　　——潘天寿的学者态度

165　幽香刚节待薪传

　　——忆与卢坤峰先生的交谊

171 岳镇川灵

　　——江兆申先生逝世二十周年祭

179 曾经的锦鳞焕彩

　　——记画坛三位"睡美人"

188 何远为些

195 聊为陇亩民

201 人品与画品

207 人品和艺品

210 国学中的国画教学

213 中国画为什么会成为历史

218 "国学"中的书画与"美术"中的书画

225 绘画性和书法性

228 国学与西学的不同之处

238 也谈西学化的中国文史研究

241 "书画同源"和"诗画一律"

251 艺术的懂和不懂

254 书法奇正

260 奇正相生

263 题跋、鉴赏又称"再创作"

266 人文真理的多元性

269　书画家兼收藏家

273　传统的继承和创新

276　"异端邪说"

279　无涯有涯

282　与生活真实拉开距离

285　书法收藏的历史

288　用笔千古不易

291　国画作为"国粹"的变质

294　俗与不俗

296　不敢苟同的闲雅生活

299　己亥销夏记

305　平复平复：我的宅居生活

# 最宜诗画是荷花

诗人画家多识草木花卉之名。水陆草木之花不可胜数，能够作为诗画创作比兴材料的，品类在三十种左右；如果单取一种作为最宜，我的选择便是荷花。

荷花又称莲、水芙蓉、芙蕖、菡萏等。根据植物学家的考证，荷花原产印度。但早在三代甚至更早，我国便已广有种植，《诗经·国风》中多见"山有扶苏，隰有荷华""彼泽之陂，有蒲与荷"的歌咏，便是明证。如果真是从印度传来，也是在汉代开辟"丝绸之路"之前的渺远岁月了。

荷者，和也。"礼之用，和为贵"——从这一意义上，荷花其实是可以与牡丹、梅花并称为三大"国花"的。

濂溪评花品有三，曰富贵，曰隐逸，曰君子。余为增一，曰慈悲。若牡丹、芍药、海棠、芙蓉，雍华盛饰，得意尽欢，花中之富贵者也；菊华、梅影、水仙、兰馨，冷落霜雪，寂寞高寒，花中之隐逸者也；蘑菖、桂子、扶桑、山茶，鼻观目嗅，香色空郁，花中之慈悲者也。若荷花，翠盖映日，则极富贵之态；出汙不染，则尽隐逸之致；妙法清净，则涵慈悲之心。众香国中，群芳谱上，君子不器，而兼和三者，独一而无偶也。诗人比兴，要发乎情，情之所感，羡富贵而叹贫嗟微，慕隐逸而超尘脱俗，怀慈悲而积德向善，无情而不可钟于荷花者如此。而画家形意，归于用笔，笔之所用，攒点子则磕然如崩，纵线条则万岁枯藤，乱块面则千里阵云，无笔而不可施于荷花者又如此。故曰：最宜诗画是荷花。

这是我经常用来题跋画荷的一段文字，也是我以荷花为诗画比兴花魁的主要理由。

富贵、隐逸诸花的比兴含义，因周敦颐的《爱莲说》为众所周知，无须我再赘言。只是周氏于二品各举一例，我则分别举了四例。慈悲四花则是我所拟花品的一己独见，而且似前无古人，包括李汝珍《镜花缘》中亦未见，所以需要在这里略作说明。蒼蔔即栀子，因佛经中记天花供养诸佛，尤以蒼蔔异香稀有，国人以为即栀子，因以名之，又名"禅友"。桂子即桂花，因花小如粟，花色金黄，而花香馥郁，故名"金粟如来"。百花中以"子"为名的，似乎仅此二子；论香音，又以二子为最，而且皆与佛教相关，其中因缘，无上甚深，令人不可思议。扶桑，花冠大型而花色艳丽若喷焰，被称作"南无丽卉"，又名"佛桑"。山茶，因佛经中记曼陀罗花异色如燃，此花似之，乃名"曼陀罗花"；后来真的曼陀罗花从印度传入，始知非是，但异花并存同名。百花之中，论色味之浓丽，若喷如燃，以扶桑、山茶为最，亦皆与佛教相关，其中因缘，曼妙庄严，让人欢喜赞叹。《心经》云："色不异空，空不异色，色即是空，空即是色。"佛教慈悲，四大皆空，而这四种花卉分别极香、色之大，以之为"花中之慈悲者"不亦宜乎？有诗为证："移向慈元供寿佛"（王义山咏蒼蔔）、"谁倩天女散浓香"（赵以夫咏桂花）、"净土门传到此中"（桑悦咏扶桑）、"久陪方丈曼陀雨"（苏轼咏山茶）。

回到"最宜诗画是荷花"的题目上来。

俗话说："养花一年，赏花十日。"任何花卉，为大众所观赏，为诗人画家所关注，主要在它短暂的开花期。"谷雨三朝看牡丹"，当花尚未开或花已凋谢，又有谁会相约了群趋以往去看牡丹的呢？贵为花王，尚且如此，其他的花卉更不言而喻。然而，荷花却是一个例外，而且，几乎是百花中唯一的例外。从"小荷才露尖尖角"的新叶初萌，到"映日荷花别样红"的繁花盛放（均杨万里句），再到"留得枯荷听雨声"（李商隐）的凋残败落，从开场到收场，几乎一百八十天，养荷半年，赏荷半年！甚至花事完全散场，"零落成泥碾作尘"，犹有莲心藕，供人们继续观赏、享用！一般的赏花，多有各种名目的禁忌，荷花则宜露、宜风、宜晴、宜雨、宜烟、宜月、宜绿云十里、无边香色，宜一茎孤引、双影分红……可谓无时、无地而不宜，这在百花中更是绝无仅有的。晨露之中，"霏微晓露成珠颗"（齐己）；艳阳之下，"向日但疑酥滴水"（皮日休）；夕晖之中，"无情一饷敛斜阳"（范成大）；月光之下，"月晓风清欲坠时"（陆龟蒙，一作皮日休）；习习风来，"亭亭风露拥川坻"（王安石）；疏疏雨降，"晚雨跳珠万盖匀"（宋祁）；郁茂则"绿塘摇滟接星津"（温庭筠），零落则"翠减红衰愁杀人"（李商隐）……郭熙《林泉高致》论山水给予艺术家的意象，是"山形步步移""山形面面看""四时之景不同""朝暮之变态不同"的，所以极其丰富多彩、层出不穷，一山而可兼数十百山之形状意态。而花卉给予艺术家的意象之丰富，可媲美山水的，无过于荷花。

咏荷诗美，咏荷词之美更胜一筹。小令如温庭筠的《荷叶杯》、张耒的《鸡叫子》，长调如赵以夫的《双瑞莲》、张炎的《暗香》、周密的《绿盖舞风轻》、姜夔的《念奴娇》、卢祖皋的《渡江云》，等等，无不脍炙人口，引人执热而优游清凉世界。而且，不少词牌，很显然也是为了咏荷而专门量

徐建融 《荷花鸳鸯》

身定制的。我们知道,词的格律比之诗更加自由也更加丰富,长短疏密,浅吟高歌,不拘一格,随意赋形。这样的形式,当然更适合于荷花,比之其他花卉更加自由,也更加丰富的美的写生和写意。

宋人的咏荷词固多佳作,但清人也有不少名篇。我在这里准备特别加以介绍的便是陈维崧的一阕《念奴娇》:

> 后湖长荡,见烟鬟雾鬓,红妆无数。叶暗荷深三万顷,一片嫩凉成雨。映水愈鲜,倚风欲笑,月又明南浦。隔江试采,有人一样心苦。
>
> 曾在大士台前,文人舌本,幻出花如许。一自污泥沦谪久,怅望瑶池悬圃。汉苑飘香,吴宫堕粉,几遍闲箫鼓。何时华顶,与君携手归去。

迦陵的词学,成就不在纳兰之下。但这阕《念奴娇》并不是他词作中最好的,甚至在他的咏荷词中也不够上乘。我之所以要介绍它,是因为词中的"汉苑吴宫"句得荷花的富贵态度,"污泥沦谪"句得荷花的隐逸韵致,"大士台前"句得荷花的慈悲心怀。一阕而包罗了荷花不器的三品,这在我所读到过的历代咏荷诗词中是不曾有过的。词虽不甚佳,实获我心者。

"诗是无形画,画是有形诗。"因声转形,总不如以形写形更来得直观传神。因此,论画家对荷花之美的创新性发现和创造性表现,得其"真"而合于"自然",当然又在诗人、词客之上。欧阳修论体味"萧条淡泊之意",以为"忘形得意知者寡,不若见诗如见画"。我以为观赏翻翠弄红之美,反是"遗形得意知者寡,不若见画如见诗"。

不论中西,一切绘画的艺术,要在点、线、面的构成和五色七彩的组合。在百花中,论自然的生态,没有一种花卉具有像荷花这样既对比强烈又和谐统一的形色之美：荷梗的"线"，直行斜插、亭亭挺拔，高可过人；荷叶的"大面"，舒卷铺展、掩映交叠，宽可作伞；荷花的"小面"，单瓣千叶、并蒂重台、妖娆多姿；莲心和莲蕊的"点"，散漫无序、疏密有致，精彩内蕴；再加上荷梗、荷叶、莲蓬的深碧嫩绿，荷花的深红、粉红、纯白、杂彩，莲蕊的浅黄……就使得荷花的描绘，适合于传统绘画的一切技法形式，无论丹青、水墨，还是工笔、写意，借画荷这块用武之地，画家们既可以尽显英雄本色，也可以提升艺术水准。因为，艺术者，所以抒情托志；情志者，要在尽善尽美。尽善尽美的艺术创造，既需要画家具备高超的艺术水准，同时也需要尽善尽美的题材去配合——从这一意义上，尽善尽美的题材也具有提升画家艺术水准的作用。荷花之品，和同了富贵、隐逸、慈悲，尽善之至已如前述；其形，点线面的构成和色彩的组合，尽美之至又如此，则"最宜诗画是荷花"，想必就再没有什么疑义了。为此，我还曾剥东坡咏西湖诗题画荷：

　　丹青骈丽工方好，水墨清华写亦奇；

　　欲画荷花比西子，浓妆淡抹各相宜。

　　画荷，当然以宋人的"夺造化而移精神"为正宗大道。但宋人画荷留存至今的作品却并不多。有几件小品如《出水芙蓉》《太液风荷》等，或朵花片叶，或锦机密云，无不活色生香，精美绝伦，可惜皆佚名。名家的作品，如赵佶《池塘秋晚图》长卷中的片断，钱选《百花图》长卷中的片断以及《白莲图》短卷，皆水墨勾染，淡宕清空，又别是一番韵致。至明代中后期，以白阳、青藤为代表，演为波澜壮阔的水墨大写意，给人以振聋发聩之感。不过，画荷真正蔚成中国画科中的一门大宗，是在清代之后，至近世三百数十年间，名家辈出，名作纷呈，迈绝前代。尤以八大山人、齐白石、吴湖帆、张大千、潘天寿、刘海粟、唐云、谢稚柳、程十发九家的风格、成就为最著，也都是我长年心慕手追的典范。

八大山人的画荷如无盐，形丑而内美，支离而德充。他的画派，由白阳、青藤而来，但化放肆为内敛，笔墨圆凝，形象奇特，结构紧张，"肠断水风凉"（温庭筠《荷叶杯》）。

齐白石的画荷如村姑，粗头乱服、一身村气而别有淳朴天真。他的画派，出于李方膺、李复堂、吴昌硕而印之以童年的生活经历，"记得曾游，短棹红云里"（王十朋《点绛唇》）。

吴湖帆的画荷如李师师，有清贵之气而绮丽优雅。他以恽南田的没骨法写生瓶插盆荷而化身塘荷，尤长于千叶、并蒂而能脱去工艺匠气，香远益清，色妍反素，"还与韶光共憔悴"（李璟《山花子》）。

张大千的画荷如杨玉环，凝脂出温泉，霓裳舞羽衣。他由八大、石涛的画派上窥唐宋，以工整的、放纵的、重彩的、水墨的各种技法，描写单株的、群植的、单瓣的、重台的各种荷花品类，可谓"致广大，尽精微""水殿风来暗香满"（苏轼《洞仙歌》）。

潘天寿的画荷如梁红玉，长枪大戟，魄力非凡。他的画派虽出于八大、石涛的大写意而控之以法度，雄强霸悍，笔阵整肃，"忽然急鼓催将起"（蒋捷《燕归梁》）。

刘海粟的画荷如河东狮，泼辣恣肆，墨彩淋漓。他以青藤、石涛的表现融合凡·高的狂热，无法而法，纵心所欲，下手风雨，搅动"红翠斗娉婷，翠盖几翻倾"（许桢《太常引》）。

唐云的画荷如李清照，清新俊逸，雅隽特胜。他也是由取法八大、石涛而来，但变大写意的颠倒放纵为小写意的潇洒妩媚，"折得清香满袖"（晏殊《雨中花令》）。

谢稚柳的画荷如西施，素面则若耶浣纱，浓妆则吴宫专宠，超然则五湖烟水。早年学陈洪绶，中年学宋人并写生，晚年创"落墨法"，画风三变，"一见依然似语，流水远、几回空忆"（张炎《暗香》）。

　　程十发的画荷如红娘，明慧俏丽，天真娇嗔。他也是由陈洪绶的传统而来，但用笔千变万化，用色瑰丽陆离，率性、合理、有趣，于章侯脱胎换骨、推陈出新，"点破清光景趣多"（石孝友《减字木兰花》）。

　　"艺以花荣艺益重，花以艺传花可知。"这两句诗，记得是从龚自珍的哪一首诗中剥过来的，但原句包括它的意思全忘了。我的意思则是要说，任何一种花卉，一旦被艺术家选作创作的题材，便可以扩大它的知名度；但只有极少数花卉，它被选作艺术创作的题材反而成就了艺术和艺术家——荷花，正是这极少数花卉之一。如果没有了它，传统的诗、词、画，将缺失多少"和而不同"、流芳千载的名作、名家啊！

## 西湖的莲叶

毕竟西湖六月中，风光不与四时同；
接天莲叶无穷碧，映日荷花别样红。

杨诚斋的这首《晓出净慈寺送林子方》，千百年来妇孺皆知，被公认为歌咏杭州西湖盛夏风景的名诗；后两句，更被后世用作粉饰大化、文明天下的盛世写照。但一些经典的"宋诗选""绝句选"中，却往往不取此诗，如钱锺书先生的《宋诗选注》。在很长的一段时间里，我对此感到困惑不解，为什么如此璀璨的一颗珠玉，竟然不入如彼高明的法眼呢？

"接天莲叶无穷碧"的景象，在各地六月的荷乡几乎司空见惯。远的不说，只要到上海枫泾的农村去走一走，在旷野之中，十亩荷田，对望空阔，没有树木屋舍的遮挡，则满目田田的叠翠摇碧，向远方舒展开去，便蔚成上穷碧落的无际无涯。唐温庭筠"绿塘摇滟接星津，轧轧兰桡入白蘋"，诚斋的诗友范石湖"想得石湖花正好，接天云锦画船凉"等，所描写的应该正是这样的景象。

然而，到西湖观荷，却绝不可能得此印象。

今天的西湖，以北里湖的植荷最为茂盛，几乎遍满水面。但无论在白堤上、孤山麓还是北山路观赏，人高荷低，莲叶的碧色都接不到天际。那么，是否南宋时的西湖，湖中植荷殆满，游人就可以观赏到"接天莲叶无穷碧"的景象了呢？应该也不可能的。因为一勺西湖，三面环山，周围绿树，一面城市，楼阁掩映，从任何一个角度望去，莲叶与天空，都必然被楼阁、树荫、山体隔断，无法相接。净慈寺在南屏山慧日峰下，出寺下瞰西湖，纵有满湖的无穷深碧，也只能收在眼下，而不可能穿破宝石山直接到天空中去。

或言诗贵想象，不必写实。诚然。但任何想象须以真实为依据，如"白发三千丈""飞流直下三千尺""燕山雪花大如席"，等等，长的可使之更长，大的可使之更大；但若以短的为超长，小的为超大，已经不宜；若以没有的为大有，我固不知其可也。诚斋此诗，以隔断为相接，就完全违背了真实，难怪诸经典选本多舍而不取了。

钱锺书先生论诚斋诗品："根据他的实践以及'万象毕来''生擒活捉'等话看来，可以说他努力要跟事物——主要是自然界——重新建立嫡亲母子的骨肉关系，要恢复耳目观感的天真状态。"但事实上，他总是"心眼丧失了天真，跟事物接触得不亲切"的，这首"晓出净慈寺"正可作为典型的例证。

仍用钱先生的评论："他的诗多聪明，很省力、很有风趣，可是不能沁入心灵；他那种一挥而就的'即景'写法，也害他写了许多草率的作品。"这首"晓出净慈寺"显然也属于"草率的作品"；但它虽"不能沁入心灵"，却卒能传诵万口，证明它纵然未完全做到"跟事物接触"的"亲切"和失于"一挥而就"的"草率"，却依然不失为一首好诗。

或言此诗的出名是因为它被选入了蒙童读本《千家诗》中的缘故。我以为不尽然。似更因为它的后两句虽然不合西湖六月的光景，却写尽了天下荷乡六月的盛况，天光云影，摇荡绿意，日照暑气，蒸腾红情，自古以来，无有出其右者。

徐建融 《水殿清凉》

我们继续看钱锺书对他的评析:"……不写自己直接的印象和切身的精神……不是'乐莫乐兮新相知'而只是'他乡遇故知'……许多诗常使我们怀疑:作者真的领略到诗里所写的情景呢,还是他记性好,想起了关于这个情景的成语古典呢?"而他的另一个诗友姜白石则称赞他:"处处山川怕见君。"

综合二说,显而易见,诚斋是把此前随处所见荷乡六月的印象搬用来形容眼前所见西湖六月的风光了。"处处山川"之所以"怕见君"者,看来不仅仅是怕被他搜去了精魄,更怕他的移叶接花、张冠李戴,"错认他乡是故乡"。按诚斋生前的诗名极大,与尤袤、石湖、放翁并称"中兴四大家"且居其首,刘克庄至以其与放翁并拟李杜;其身后的声名则远不逮放翁,甚至略逊于石湖——借用昔年请谒启功先生时启老的一句戏谑之言:"盖有之矣!"

虽然,"接天莲叶"与西湖毫不相干,但"映日荷花"与满觉陇的婆娑桂子、孤山畔的横斜梅影、湖滨边的照水碧桃并称西湖的四季花信,却是不争的事实。而且,如果四花之中只能选一种作为西湖的形象标志,那也一定是荷花——众所周知,苏轼"欲把西湖比西子,淡妆浓抹总相宜",所以,西湖又名"西子湖"。而皮日休咏莲有"吴王台下开多少,遥似西施上素妆"句,王安石亦云:"一舸超然他日事,故应将尔当西施。"则荷花宜名"西子花"。

湖比美人人比花。于是,千百年来,咏西湖的名家、名作无数,被公认为第一的当然是苏轼的"淡妆浓抹",如果评选第二,诚斋的"映日荷花"自然是当之无愧的了。这,可能正是这首未被收入经典的"宋诗选""绝句选"的小诗,能够广为流传的最主要原因吧!

## 阳春德泽　万物光辉
## ——诗画艺术中的向日葵

在百花苑中，向日葵绝不是什么不起眼的小花闲卉。相反，其植株高耸达一二丈，花头硕大几如脸盆，格外引人注目，为其他花卉所罕匹。它与人们现实物质生活的密切相关，更称得上众香国中的雅俗共好第一。这便是它高产的结籽。作为炒货的"香瓜子"，从物资严重匮乏的贫困年代直到小康富裕的今天，始终是"新年余庆，嘉节长春"的活动中，大众"嗑瓜子"时价廉物美的首选。其受欢迎的程度，远在瓜子中的"西瓜子""南瓜子"等品种之上。

在我的印象中，对于"花"的最早认识便是从向日葵开始的。我的少年时代，恰逢国家困难时期，一切生活必需品都是限量凭票供应的，仅够维持生计，尤以"吃不饱"为最大的难题。所以，从上小学开始，每年都会自觉地在屋前宅后的篱落间、空隙处，种上十几株向日葵。无须太多的管理，只要耐心地看着它春天发芽、夏天开花、秋天结实，好不容易等到冬天过年，就可以炒葵花籽吃了。

年纪稍长，好上了诗词、书画，发现水陆草木之花原来是文艺创作的重要素材。在各种花卉中，艺术家对它们的移情，主要在"美"的观赏性而不是"真"的实用性。通过历代优秀的诗画名作，我很早便得以多识花卉之名。

但其实，许多名花佳卉与我当时的生活完全没有关系，甚至根本没有见到过它们的真容。

后来，启功先生给我讲到文艺在社会分工中的地位和价值，犹如眉毛之于脸面，作为"五官"之一，相比于眼、耳、口、鼻，完全在"好看"而不是"有用"。当时以为是启功先生"幽默大师"的独创，再后来读到沈德符的《万历野获编》，原来陈继儒之号"眉公"，也正是取"人眉在面，虽不可少而实无用"之义。

向日葵对我们的价值，不仅有其经济民生的实用性，其花朵的观赏性实在也是极富"视觉冲击力"的啊！作为饥饿中的少年，口腹之欲重于眼目之悦，长期对它熟视无睹，当然情有可原。后来成长为了一个文艺少年，便关注起历代文艺家对它的歌咏描绘，竟发现无论诗人还是画家，都很少有以它为创作素材的，更几乎没有什么脍炙人口的作品传世！显然，作为"有用"的经济作物，向日葵远没有那些"虽不可少而实无用"的观赏性植物为艺术家们所青睐。

从初中到研究生毕业、工作，将近三十年的时间里，我陆续搜集到寥寥的十来首咏向日葵诗。其中，以向日葵为主题者如唐彦谦的《秋葵》：

> 月瓣团栾剪褚罗，长条排蕊缀鸣珂；
> 倾阳一点丹心在，承得中天雨露多。

梅尧臣的《葵花》：

> 此心生不背朝阳，肯信众草能翳之；
> 真似节旄思属国，向来零落谁能持？

司马光的《客中初夏》：

> 四月清和雨乍晴，南山当户转分明；

更无柳絮因风起,惟有葵花向日倾。

刘克庄的《记小圃花果二十首·葵》：

生长古墙阴,园荒草树深。

可曾沾雨露,不改向阳心。

不以向日葵为主题但附带提到它的佳句,则有汉佚名《长歌行》中的"青青园中葵,朝露待日晞;阳春布德泽,万物生光辉";杜甫《自京赴奉先县咏怀》中的"葵藿倾太阳,物性固莫夺";范仲淹《酬吴安道学士》中的"但得葵心长向日,何妨骛足未离尘",一种归心倾日、热爱家园、向往光明的感情,朴实真挚,亲切动人。

据专家的考证,向日葵原产北美,18世纪传入亚洲、中国,近年又推前到17世纪、16世纪。则上述古诗中的"向日葵"当非我们今天所熟知的向日葵。但它究竟是何物种呢?从诗情的描绘,实在是形神兼备地契合于向日葵,使人很难别作他想。这就难怪孔令一先生的《咏花古诗千首》(北京出版社1990年版)明知向日葵为"十八世纪传入亚洲"的物种,又以之为"咏葵花"的图解,却编选了三首唐宋诗配图。我们知道,名"葵"的植物主要有三类:一为冬葵,系一种蔬菜,上古时被作为"百菜之主",近世已较少栽培;二为锦葵科的蜀葵、秋葵,系观赏植物;三便是菊科的向日葵。虽然大多数植物都有趋光性,但只有高茎且花、实缀结于顶端者才可能表现为明显的倾日形态。"葵藿倾太阳"中的藿,旧释豆叶(豆角为荚),显然是不妥的,当为藿梁即高粱。三葵中的前两葵,都是四面出叶开花,只有向日葵才有可能是倾日状。近年世界考古学的成果,又有上古时候中国已与北美有了文化交往的证明,则向日葵在中国的种植历史就可能更加久远了。

唐云　《向日葵》　　　　　　　　徐建融　《向日葵》

关于百花的品类，我曾分为四：牡丹类为花中之富贵者，梅花类为花中之高逸者，桂花类为花中之慈悲者，荷花则为花中之君子者。现在则不妨再加一类，以向日葵为花中之劳动者。这个"劳动"，不仅指它的结籽于人类的物质生活具有实用的经济价值，同时也指它的物理可以引申为人类的精神生活所应有而以劳动人民的品格为代表的伦理价值——怀德感恩。

相比于诗歌史（新诗不论），向日葵在绘画史上的地位更微。近世程瑶笙、徐悲鸿等虽偶有描绘，但都是作为动物的配景而不是主题。主题的向日葵创作，是从20世纪60年代的唐云先生开始的。而且，一经面世便以通俗而不是高贵的堂皇、朴实而不是富丽的辉煌，如旭日东升般地喷薄，将向日葵的艺术推向了一个空前的高华境界。评论界每以之与凡·高的《向日葵》相提并论，认为是东西绘画史上的相映生辉。其实，二者的审美取向是大相径庭的。

凡·高的《向日葵》，所描绘的对象并不是作为经济作物的向日葵，而是栽在盆里或插在瓶里，供人观赏的。林风眠先生也有类似的作品传世，从艺术上，大体属于同一种风格类型，所体现的是闲适的情调。这种观赏的向日葵，中国本无栽植，近十年来才开始从西方引进，并在新一代的年轻人中间颇有市场。唐先生的向日葵，所描绘的对象是他当年下乡体验生活时在农家屋前宅后所见的经济作物，高大茁壮，保持并饱含着劳动者的本色和感情。这种向日葵，近三十年的上海郊区似乎很少再有栽植；但在北方农村，仍有几十亩的成片播种，简直就像向日葵的千军万马，蔚为壮观。

我最早见到唐先生的向日葵，还在读初中。由他主笔的《花鸟画谱》由上海人民美术出版社出版发行，封面上便是唐先生的两株向日葵，使我惊艳莫名！但定价三元，在当时是一个不小的数字，当然是我所无力购置的。二十五岁之后认识了唐先生，几次看他画大幅的《朵朵葵花向太阳》，或作

《葵花朵朵向太阳》，更是大受震撼。唐先生表示，前题"有我"，是从诗律的要求组句；后题"无我"，系用从众的俗语。

其时唐先生的画风，正由小笔头转向大笔头，所以铺丑勾点、大开大阖，寓刚健于婀娜，杂端庄于流丽，藤黄的花朵，赭黄的花盘，赭绿的株干，墨绿的叶片，沐浴着霞光露气，一片光明，精神四射！与凡·高、林风眠的"向日葵"相比，独有一种生机勃勃、欣欣向荣的气象，热烈而响亮，令观者有闻金鼓而振奋的冲动。在那一段时期，我也曾用功向唐先生学过这一画法，加上我对向日葵的感情包括长期栽种向日葵的经历，以及此际开始有意识的写生实践，所以能略得其皮毛。嗣后，我于荷花等题材的描绘逐渐琵琶别抱转向了唐宋，但画向日葵，至今还是恪守唐先生的路数，"不改向阳心"。

倾日初心真本性，亦为口腹亦为眉；

无多诗画何须论，除却唐葵不是葵。

这是我以唐先生的"向日葵"，为古今向日葵题材的文艺作品中集真、善、美于一身的"天下之能事毕矣"而发的感佩。直到今天，每次看到唐先生的"向日葵"，总有一种丰收的喜悦、感恩的喜悦、审美的喜悦，油然地涌起于心头。

归有光《守耕说》有云："天下之事，举归于名，独耕者其实存耳，其余皆晏然逸己而已也。"则天下之花，举归于艺，为晏然之眉可，为有用之实尤可者，独向日葵耳。

## 至今犹此论文心

对于今天的上海人来说，银杏是再普通不过的一个树种，在公路边上和小区绿化中多有种植。夏季浓荫深碧，深秋流金溢彩，而且没有虫害，为城市的生态平添了一道亮丽的景观。然而，这不过是近二十年来的事，在这之前，尤其是我辈的少年时代，它还是一个很珍稀的树种，通常称作"名木古树"，仅大户人家的院子里才有栽植。

以我家乡高桥地区而论，记得只有一株，忘了是在高东还是高行。粗可两人合抱，高达二十余米，耸立在一座高墙的深院中。院子的主人在旧社会的上海滩混得不错，又是积善之家，所以新中国成立后房产未被没收。但子女都在市区生活工作，乡下的房子只能空关着，一年难得回来一两次。而我们，每到深秋便结伴来到院墙下，仰望高树，顺便捡拾飘落地下的银杏叶，夹在书中用作书签。这棵银杏是所谓雄树，不挂果。银杏树分雌雄，雌树挂果，雄树不挂果，这是我很小就知道的。但见到挂果的雌树，则是20世纪80年代以后的事了。

跑的地方渐多，才知道作为名木古树的银杏，在浙江、江苏、山东各地均有分布，多见于寺庙、园林之中。那规模，比之上海一般大户人家所植的，不知要气派多少！江苏、山东两地，不仅把银杏用作观赏，更用作生产白果的经济作物。名木古树的银杏中有雌树也有雄树，果树的银杏则必定为雌树。

在儿时的记忆中，白果是一种很珍贵的干果，只有过年的时候才购置少量，去壳后与淡菜（一种海贝）、肉丁、豆腐干、黄芽菜一起煮上一大锅，慢慢地吃上起码半个月。白果的口味，在感觉上比淡菜更好。也有将白果放在锅中带壳干炒的，趁热剥了壳吃，更香更糯。当时的儿歌中，便有"香草腻白果，香是香来糯是糯"的口口传唱。这个"腻"是读音如此，写成此字则是我的揣想。杨万里《银杏》诗云："深灰浅火略相遭，小苦微甘韵最高；未必鸡头如鸭脚，不妨银杏作金桃。"这种炙烤白果的方法我们当年也常常用到，灶肚里熄火之后，便偷出几颗白果放在一个小铁盒里，然后埋入热灰堆中。十分钟后取出背着大人食用，"小苦微甘"的香糯尤胜于锅中的干炒。诗中的"鸡头"指鸡头米，"鸭脚"则是银杏的又一别名，因其叶子的形状似鸭脚有蹼而名之。金桃本指黄桃，形似水蜜桃而更大，不过味道不甚佳，估计这里只是为了与银杏作对举，以推许白果的胜于鸡头而媲美蜜桃。如果说，水果中以水蜜桃为上品，则干果中以白果为名品，还是大体相配的。

说起来，我国的名木古树品种不少，而干鲜果树的品种更多。但是，兼古树与果树于一身的，似乎以银杏为仅有。不仅如此，银杏还是当今世界上极罕见的"孑遗植物"之一。所谓"孑遗植物"，是指在极为久远的地质历史年代，曾经非常发育、种类很多、分布尤广，但到较新时期尤其是进入文明年代以后，则大为衰退，只一二种生存于个别地区并有日趋灭绝之势的物种。乔木中，以我国的银杏、水杉和美国的红杉为典型。

除白果、鸭脚外，银杏还有不少别名，如"公孙树"。旧释因其生长缓慢，祖父种下之后，直须等上七八十年孙子长大成人才能结果。今天看来此释有误。近年上海行道上、小区中习见的银杏，大多为世纪之交前后所植，不过十年左右便垂果累累了。刚开始时，引得不少附近的居民深秋时扛了长竹竿打果,相关的绿化和物业部门还曾予以阻止并以单位的名义采打;但仅一两年的时间,市面上的白果又多又便宜,而自行采果后去除果肉的工序又相当麻烦,就再也没有人采打了。现在,每到深秋进入初冬的半个月时间里,白果每天自然掉落,被行人践踏成泥浆,真是辛苦了清洁工人的清扫。所以,我的看法,公孙树的别名当指树龄的久长。古银杏中,数百年的司空见惯,更有数千年的,如"子子孙孙,永无穷尽"。

李时珍的《本草纲目》以"平仲"为银杏的又一别名,所据是左思《吴都赋》中的一条注:很少有人注意到白果的生长是"无花结果"。当然,事实上并不是无花。大约从清明前后,鸭脚形的叶片已茁壮得初具规模,而就在每一簇叶子的根部,悄悄地萌出了一二片比米粒还小的绿芽,中部略凸起,应为"花心";边缘微白起毛,应为"花瓣"。当然,事实上谁也不会认为它就是花,甚至根本就没有看到过它。而就在叶片"日新又新",欢快地蓬勃茂盛着的同时,它也在偷偷地生长,芽柄抽长,芽片也变成了绿豆般的小圆果。到谷雨之后,小圆果便长成明显的白果雏形。又不知不觉到了夏至,累累的青果才"突然"地开始照人青眼。通常,我们对"开花结果"的认识是以桃花、桃实为标准。其实,"无花结果"如白果、无花果,"开花无果"如绣球、夹竹桃,同样也是"开花结果"的。

传统文化中所注重的"子子孙孙永无穷尽",既是家庭血脉的绵延不绝,更是国家文脉的旧邦维新。这在银杏树的历史上尤其可以看得清楚。

"平仲之木,实如白银。"但后世基本不取此说,不知何故。

我年轻时喜欢壮游,1990年前后的七八年间到得最多的地方是山西,2000年前后的七八年间则以山东尤其是鲁地去得最多。对银杏更深层次文化的认识,正是到了山东之后才获得的。在此之前,关于孔子的"杏坛设教",

 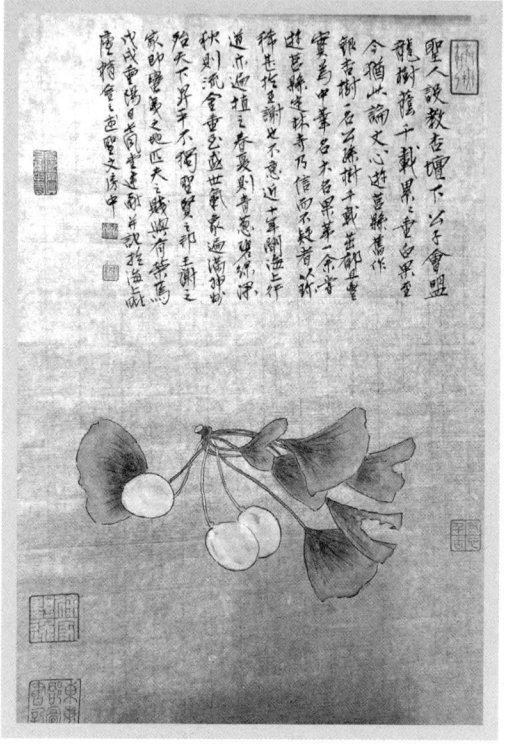

谢稚柳 《唐宗圣观遗址银杏》　　徐建融 《白果文心》

我与大多数人的认识一样，以为是在"杏花春雨"的二月春风中与弟子们一起弦歌诵读，而且似乎也颇合于"吾与点也"的记载。到了山东才知道，这里的杏花并不多见，更不出名。杏花最多见的是新疆，最出名的当然是江南。倒是银杏在鲁地十分普遍，而且不同于江南的古树银杏多为电线杆形的孤干直上，鲁地的银杏名木多为横向四面的张伞式铺展，从春到秋，有八九个月蔚成大片的浓荫密翠、流金垂玉，十分适合在其下聚集二三十人开课讲学。《史记·孔子世家》记孔子在宋国（今河南商丘）"与弟子习礼大树下"，今梁园地区还犹存树龄两千年以上的古银杏多株，当为杏坛的原型。

  好像是1998年的初秋，在临沂市农委刘沂兄的邀请并陪同下，我参观了莒县（今属日照市）定林寺的古银杏。这株银杏高不足三十米，干粗竟需十余人才能合抱，枝条四展，密叶繁荫，垂果累累，覆盖近半亩之广，致使三十米高的大树不仅不见其高，反显其低矮，实为我生平所见古银杏中绝无的壮观，也是我生平所见古名木中第一的稀有！据说树龄已有三千余年，《春秋》隐公八年（前715）九月辛卯，鲁隐公与莒子会盟，以和亲平息两国间的干戈，即在这棵树下举行。南北朝时代，《文心雕龙》的作者刘勰晚年出家，法名慧地，亦栖息于此地而终。1962年为纪念《文心雕龙》成书一千四百六十周年，还曾在这里举办过隆重的纪念活动。我曾写过一首绝句来表达自己的感动之情：

    圣人设教杏坛上，公子会盟龙树荫；
    千载累累垂白果，至今犹此论文心。

  后来，我还专门与刘旦宅先生谈起，古今"杏坛设教"的图画，多以"花影妖娆各占春"（王安石）的杏花为背景，可能是不妥的；包括宋代时在孔庙大成殿前筑杏坛，"环植杏花"；乾隆的《杏坛赞》碑："重来又值灿开时，几树东风簇绛枝；岂是人间凡卉比，文明终古共春熙"；孔子后裔六十代衍圣公的《杏坛》诗："鲁城遗迹已成空，点瑟回琴想象中；独有杏坛春意早，年年花发旧时红"，可能都是误解了《庄子》的"杏"坛所指。刘先生表示同意我的意见。

虽然，银杏的本名或是由杏花而来，因二者果形相似而一白一黄。但银杏为干果，杏先为水果，后亦作蜜饯，其核可再作干果；银杏为银杏科，杏为蔷薇科——此杏与彼杏，若风马牛不相及。唐高蟾《芙蓉》诗："天上碧桃和露种，日边红杏倚云栽；芙蓉生在秋江上，不向东风怨后开。"是以桃杏为东君所爱宠，而芙蓉却遭世人冷落而发的感慨。其实，白果虽有桃之美，银杏亦有杏之名，但比起桃杏在诗国画苑的春风得意，显然也是颇为寂寞冷淡的，甚至尤甚于芙蓉。这个具有物质、精神多重意义的珍稀树种，虽造园家还未曾忘怀，但在诗画比兴的传统中却是并不多见的，而且，几乎没有什么脍炙人口的名作佳什。

今天，银杏已从名园古刹走向行道社区，由珍稀罕有变为普及、平常，完全融入了我们的日常生活。当溽暑的盛夏，我们坐望着它浓翠的清凉；霜寒的初冬，我们感受着它灿烂的温暖，我们是否也能回报些许诗情画意的感恩呢？

# 春江水暖鸭先知

竹外桃花三两枝，春江水暖鸭先知；

蒌蒿满地芦芽短，正是河豚欲上时。

苏轼的这首《惠崇春江晚景》千百年来脍炙人口，尤以"春江水暖鸭先知"被作为冬寒尽褪的标志性形象。但清代，却引起了毛奇龄的质疑。有一次，他与汪蛟门论宋诗，汪举此句以为"不远胜唐人乎"，毛答："水中之物皆知冷暖，必以鸭，妄矣。"一时传为笑谈，而王渔洋、袁子才乃讹毛言为："定该鸭知，鹅不知耶？"钱锺书先生《谈艺录》以为："是必惠崇画中有桃、竹、芦、鸭等物，故诗中遂遍及之……西河（毛奇龄）未顾坡诗题目，遂有此灭裂之谈。"又补订："盖东坡此首前后半分言所画风物，错落有致，关合生情。然鸭在画中，河豚乃在东坡意中：'水暖先知'是设身处地之体会（mimpathy），即实推虚，画中禽欲活而羽衣拍拍；'河豚欲上'则见景生情之联想（association），凭空生有，画外人如馋而口角津津。诗与画亦即亦离，机趣灵妙。"极是。

这里需要补充指出的是，不仅在惠崇的图画中，就是在江南的现实生活中，江水、河水、溪水、塘水的冷暖分界，确实也是以"鸭先知"的。虽然，只要是水禽，鸭也好，鹅也好，一年四季，冬去春来，未尝一日离于水，则于水的冷暖，必以鸭为先知，而不能鹅先知，岂不妄乎？实在这里的"鸭"

[北宋]惠崇　《溪山春晓图》

并非成鸭,而是指乳鸭。成鸭成鹅,于水的冷暖,所知无先后;但乳鸭雏鹅,于水的冷暖,所知相差二十来天。

江南谚云:"鸡正鸭二鹅三。"意谓鸡在一月(农历,下同)下蛋,鸭在二月,鹅在三月(实在二月下旬);而鸡蛋孵化为小鸡约十八天,鸭蛋孵化为乳鸭约二十天,鹅蛋孵化为雏鹅不到二十五天。所以,乳鸭的出生在三月,雏鹅则要到四月,故于水的冷暖,乳鸭一定是先于雏鹅的,而且为一切水禽中之最早。

惠崇以画"江湖小景"著名。所谓"江湖小景",即描绘洲渚水乡鹅鸭雁鹭游息飞集的潇洒虚旷之象,有春夏秋冬四景之别。其传世作品今天还能见到的有若干,但这幅《春江晚景》未见。据我的揣测,画面上除钱锺书先生所述的物象外,当还有乳鸭——或许钱先生所举的"鸭"中就包含了成鸭和乳鸭。现藏故宫博物院的马远《梅石溪凫图》倒是与苏轼的描绘十分相近:山居村野的溪塘一角,花影曲折,溪水清漪,一群子母鸭正游戏追逐于水面上，有的乳鸭依偎在母鸭胸下，有的乳鸭骑到了母鸭的背上，十分自然生动。只是没有芦、竹两物。江南又有谚云："正月梅花，二月杏花，三月桃花。"乳鸭的孵出并下水既在三月，则画中的花影当为桃花；如果是梅花的话，鸭蛋还没有孵化，何来乳鸭下水？如果有乳鸭的话，溪水里还结着冰，如何经得起寒冷？故知旧题"梅石溪凫"有误，当为"桃石溪凫"。

惠崇以画著名，但他同时还长于作诗，是宋初的"九诗僧"之一。九僧分别为希昼、保暹、文兆、行肇、简长、惟凤、惠崇、宇昭、怀古。但奇怪的是，与他们生活在同时而稍后的欧阳修竟说：

> 国朝浮图以诗名于世者九人，故时有集，号"九僧诗"，今不复传矣。余少时闻人多称其一曰惠崇，余八人者忘其名字也……今人多不知有所谓九僧者矣。

这就难怪同时的刘原父要嘲弄"欧九不读书"，清代的阎若璩要认为"学术之陋，亦无过公（欧阳）"。但仔细想想，今天的我们，可以轻易地百度出九僧的姓名、行状及其诗作，是否就能证明我们的"学术之富，甚于公"呢？在我看来，九僧的诗，包括欧阳修所列举的几句"佳句"，实在并不怎么样，忘记了他们和它们，可以省出不少的心力去记住更重要的人和事；而记住了他们和它们，反浪费了不少心力，以致无法关注更重要的人和事。

文莹《湘山野录》记：

> 宋九释诗，惟惠崇师绝出。尝有"河分岗势断，春入烧痕青"之句，传诵都下，藉藉喧著。余缁遂寂寥无闻，因忘之，乃厚诬其盗。闽僧文兆以诗嘲之曰："河分岗势司空曙，春入烧痕刘长卿；不是师兄偷古句，古人诗句犯师兄。"

依我之见，诗的佳不佳，根本不在是不是"偷古句"，而在有无诗才。

有诗才者,虽"偷古句"而能为我所用,往往令人击节,如王安石的"春风又绿江南岸"之于李白的"东风已绿瀛洲草";无诗才者,纵"务去陈言"而独出机杼,也一定乏善可陈。

事实上,艺术上这种移花接木的创作方法,不仅在诗歌中颇常见,在绘画中也有不少成功的例子。如敦煌莫高窟二二〇窟的《维摩诘经变》中,便偷了《历代帝王图》中的一个形象;张大千《高士图》的创作,也常从孙位《高逸图》中"窥陈编而盗窃"。孔乙己说:"窃书不能算偷。"这句话的本意,是讲学术为天下之公器,所以,别人书中、画中的某一段落、某一形象,我把它"偷"来据为己有理直气壮。不过,在讲究"原创",讲究"知识产权"的今天,就需要我们对这一传统的文艺创作方法做慎重的重新考虑了。

作为诗人的惠崇,远没有作为画家的惠崇来得成功。这关系到文艺创作中的又一个方法,即"交叉互补"。他所开创的"江湖小景"画派,便是以介于山水画与花鸟画之间的"交叉画科"而风靡画坛的。钱锺书先生曾以一个"西方旧谑"为近代以来所流行的文艺交叉探索作过提醒:

有士语女曰:"吾冠世之才子也,而自憾貌寝。卿绝世之美人也,而似太憨生。倘卿肯耦我,则他日生儿,具卿之美与我之才,为天下之尤物可必也。"女却之曰:"此儿将无貌陋如君而智短如我,既丑且愚,则天下之弃物尔。君休矣。"

但江湖小景的诞生,算得上是山水、花鸟联姻的"两美相得"。前文讲到惠崇留存至今的小景画,未见苏诗题咏的《春江晚景》,但挂在他名下的春景倒是有一件的,而且还是一个长卷,即故宫博物院所藏的《溪山春晓图》。画面上,碧水两岸,桃花盛开,垂柳摇曳,水禽飞息。画法缤纷浓丽,与其他几件小品的澹宕清空迥不相侔。所以,基本上没有人认为这是一件宋画,

徐建融　《拟宋佚名江湖小景》

或以为是明人的作伪。但从画面上的印鉴、题跋以及文献的著录,证明它从元以来便流传有序,绝不可能是明人所伪。

　　对这件作品的看法,我曾对故宫杨新兄谈过门外的意见:古代艺术品的保护,自古至今主要有两种方法。一是复制,我称作"优孟衣冠"。无论古代的人工也好,今天的科技也好,复制品与原作达到几乎没有分别,在原作并存的情况下"下真迹一等",在原作湮灭的情况下"作真迹替身"。但优孟所扮的孙叔敖,头面是孙叔敖,胎骨却是优孟。

另一是修复，我称作"整容"。今天的修复强调"修旧如旧"，也即"整容复原"，使孙叔敖达到"起死回生"。古代的修复则往往沦于"整容变相"，濒死的孙叔敖虽然活过来了，但已经面目全非。就像云冈北魏的石雕，敦煌盛唐的彩塑，泰山天贶殿北宋的壁画，个别作品经过了清人的修复妆銮，哪里还像是北魏、盛唐、北宋？但这不像的只是头面，其胎骨确确实实还是北魏、唐、宋。惠崇的这件《溪山春晓图》与明人的关系，当也属于"整容变相"。

据陈巨来所述，有一次某朋友从张大千处得一白描人物精彩绝伦，念念不忘，于是倍价请朋友割爱。朋友拿出大千的作品，白描已变成了重彩！是真所谓"眼睛一眨，老母鸡变鸭"。可见，"整容变相"，不仅见于古书画的修复，也有施诸新作品的润色。则"春江水暖"，"先知"者亦由"鸭"变"鹅"矣！或更准确地说，是未脱换"鸭"的胎骨，却改换成了"鹅"的头面。

# 捕蝉、喂鸭、拾蝉蜕的少年时代

每天晨起,早餐后便在小区内散步半小时左右。忽然有一天,遇到一个十来岁的孩子在不知爷爷还是姥爷的带领下捕蝉。爷爷扛着一根长竿,抬头边走边专注地盯着树上张望,循声寻觅蝉的踪影;孩子则提着一个笼子跟在后面,笼子里已装了两三只蝉——这,可是我几十年未见的夏日风景了!不由得勾将起我对少年暑假生活的一段美好回忆。

20世纪五六十年代,是我的小学时代。那时的学生,根本没有什么学习的压力和负担,上课之外,最多每天半小时的作业,大量的空余时间,不是干农活就是玩耍。到了暑假,不上课了,又当三伏农闲时节,玩耍便成了每一天全部的生活内容。虽然,当时的娱乐完全没有今天孩子们丰富多彩的形式,但早起捕蝉,早餐后割牛草,午饭后游泳,然后捉蟋蟀、纺织娘,不捉虫子则看文学、历史的闲书,晚饭后乘凉讲故事——每天的活动"当然如此"地排得非常快乐而紧凑。暑假作业则是拖到假期结束前,集中半天时间完成的。

蝉,半翅目蝉科昆虫,雄性的腹部因有发音器,可以发出响亮的鸣声,雌性则不发声。蝉有众多的种类和别名,如蜩、螗、蝘、蜋、蚻,等等,在《说文》《尔雅》《方言》中各有阐释,令人眼花缭乱而一头雾水。后来,段玉裁、郝懿行、钱绎等分别加以引经据典、条分缕析的笺义疏注,结果却使人更加糊涂了。由此而想起章学诚在《文史通义·博约中篇》中对乾嘉学派末流的批评:"今之俗儒,逐于时趋,误以擘绩补苴谓足尽天地之能事。"虽然,今天我们已经明确知道全世界的蝉有两千多种,而且有昆虫志的图谱一一对号分类,但与我当年生活中的日常认识,俗名与学名还是不能一一对应。

江南地区的蝉,大分应该有三种。第一种名"蚱蝉",身长在五厘米左右,通体漆黑色,如京剧行当中的"黑头";发声"嗞喳,嗞喳……"洪亮而且悠长,从早到晚几乎一刻不歇,偶尔还有"半夜鸣蝉"。第二种名"知了",又称"药胡知",应即《尔雅》中的"胡蝉",身长四厘米左右,通体青绿色,如京剧行当中的"文老生";发声"胡知,胡知……",最为动听嘹亮,多集中于中午到傍晚一段时间。第三种名"寒蝉",应即《尔雅》中的"蜩",身长三点五厘米左右,通体粉绿色,如京剧行当中的"文小生";发声暗哑而轻细,而且似乎没有太长时间的连续鸣叫——卢仝《新蝉》诗中的"泉溜潜幽咽,琴鸣乍往还",苏轼《阮郎归》词中的"绿槐高柳咽新蝉",应该都是写的"寒蝉",即"蜩"之鸣声。

回到我的少年时代,只有孩子帮大人干活的,从没有大人陪孩子玩耍的。捕蝉包括捉蟋蟀、纺织娘,当然也是自己干,而且都是各人单干,干完活再聚到一起互相攀比。

大清早,天刚有些蒙蒙亮,便赶紧起床,拿起顶端用铁丝弯了一个直径二十厘米左右圈套的长竿,到树荫墙角,总之是阴暗潮湿之处,找刚刚织成的蜘蛛网,把它卷到铁圈上,一般要找到三四处蛛网,才能把铁圈糊实。这时,天已大亮,蝉也开始了晨唱。薰风树影中,很容易便能循声发现蝉的藏身处,举起长竿,把圈套对准了蝉轻轻按上去,涵露未晞的蛛丝黏性正强,带着鸣声的蝉虽努力地扑腾挣扎,还是逃脱不了被收入笼中的命运。这时的鸣声短促而乱,一定充满了惊恐,因为它使附近树上的蝉霎时间都噤声了片刻。

这样,两个小时下来,一般可以捕到二三十只蝉。此时,蛛丝也开始干燥失去黏性,便收工回家吃早饭。下午便是捉蟋蟀、纺织娘。蟋蟀可以一直养到冬天,纺织娘也可以养两三个月,天天听它们"瞿瞿""敲敲"地歌唱。蝉最多只能存活两三天,当天午后还可以听到它们的悲鸣,第二天便开始陆续地死去了。无论死去还是活着的,都用来喂鸭子,看得出,蝉是鸭子们大快朵颐的美餐。事实上,对我而言,捕蝉本有别于捉蟋蟀、纺织娘,并非纯粹为了好玩,主要是为了"养家"。因为鸭是农家的重要经济支撑,蝉正是不用花钱的最优质鸭饲料。所以,蟋蟀、纺织娘只要捉到一两只品质好的就可以收手,蝉一定是天天去捕的。

对蝉的速死,我一度感到很迷惘。蟋蟀、纺织娘和蝉,被收入"围城"之后,我都是一视同仁地给它们喂食的。毛豆、菜叶是它们的共同主食,蟋蟀有时还特别优待以肉骨头,蝉则据说是饮露的,所以到了晚间还挂到屋外。可为什么蟋蟀们都显而易见地比野外时生活得更丰富,"乐不思蜀"地天天进食、夜夜歌唱,唯独蝉竟选择了绝食而死呢?难道它也有"不自由,毋宁死"的刚烈?后来才了解到,蝉的进食并不是用口齿咀嚼毛豆之类,而是用刺吸式的口器吸吮植物的汁液。

后来又读到《周礼·天官》,记周天子进膳"珍用八物",其一为"酥酪蝉";《礼记·内则》记蜩和其他多种动物"皆人君燕食所加庶羞也";《毛诗陆疏广要》则记"蜩亦蝉之一种,形大而黄,昔人啖之";《齐民要术》更具体记述了食蝉的三种方法:"蝉脯菹法:搥之,火炙令熟,细擘下酢。又云:蒸之,细切香菜置上。又云:下沸汤中即出,擘如上香菜蓼法。"即炙烤、清蒸、油炸。开始时将信将疑,直到20世纪90年代,先后有山东烟台等地的朋友邀游当地名胜，筵席上以当地特色菜炸蝉招待。口感之佳，远在烤羊肉、炸油条之上，并被告知富含蛋白质营养。不禁深自后悔，当年食物匮乏，营养严重不良，却竟把如此珍馐佳馔的食材去喂了鸭！

除了捕蝉喂鸭，与其他孩子不同的是，我还拾蝉蜕（又称"蝉衣"），即蝉蛹（又名"若虫"）出土上树、羽化成蝉后留下的壳。那可是中药材，有什么用我不知道，也没兴趣知道；我只知道中药店里是高价收购这东西的。一个暑假过去，约略可以积攒到三四钱的蝉蜕，卖得八九毛钱。平时割牛草的所得，每天五六毛，那是自觉上交给母亲贴补家用的；卖蝉蜕的所得则不妨留下买学习用品。自古至今，论文艺以"寓教于乐"为可贵；而我们少年时代的玩耍，至少在我，是十分自觉地追求"寓劳于玩"的。不仅捕蝉、拾蜕，既是玩耍又是劳动；喂雏鸡、喂乳鸭、放羊、养猪、养兔……无不既是劳动又是玩耍。唯其如此，所以玩耍感觉充实，劳动不觉辛苦。直到今天，旁人看我每天写文章、画画，总是不解地发问："这样的工作狂，你不感到辛苦吗？"我的回答则是："我是在玩，不是在工作。"

蝉在今天，被定性为有害于自然生态的"害虫"，是危害大树的"吸血鬼"（《昆虫百科小学生读本》，北京教育出版社，2015年版）。但且不论我从来没有看见过有哪一棵大树是被蝉"吸血"而死的，却知道在中国五千年文明史上，蝉历来就是美好愿景的隐喻。包括殷墟妇好墓在内，上古墓葬出土的大量玉器中，玉蝉占有突出的比重；商周的青铜器上，蝉纹是与饕餮纹并重的两大主体纹样。如果说，饕餮纹所象征的是传统审美中的"狞厉之美"（李泽厚语），那么，蝉纹所表现的正是传统审美中的"优雅之美"。在上古的巫术和艺术中，蝉不仅是主体动物纹饰之一，更是昆虫纹饰的唯一！这不能不引起我们特别的关注。据古今学者的研究，蝉的寓意多在出污不染、

陈佩秋 《一叶知秋》

饮露高洁,虽不无道理,但我以为更在它的蜕化寓意了"入土为安"的文明"郁郁乎文"的生息——这,与青铜铭文中屡见不鲜的"子子孙孙,其永宝之"的祝辞正可互为印证。

此外,《诗经》《楚辞》、汉赋、唐诗、宋词中,更多见咏蝉的名作、名句,尤以虞世南的《蝉》至今为妇孺皆知,朗朗上口:

　　垂緌饮清露,流响出疏桐;
　　居高声自远,非是藉秋风。

意谓一个人的成就,必须靠自己的努力登攀,而不能仅借贵人的提携扶持。

至于图画中的蝉,则以近代齐白石画得最多也最好。他常常以工细的"黑头"蚱蝉,配以粗放的烂漫红叶,使工与放、漆黑与朱红,形成强烈的对比统一。尤其是蝉翼的描绘,筋脉细入毫芒而又精神焕发,"可惜无声"而又"大音希声"、胜于有声。20 世纪 70 年代,唐云、陈佩秋、胡若思等先生有时也画蝉,要我在乡下捉了送去作写生的粉本。所作虽各有千秋,无奈已有"崔颢题诗在上头"。我偶尔也画蝉,画法上"述而不作",全宗白石老人,但题款以诗词,庶使意在画外。

左思《吴都赋》:"檀栾蝉蜎,玉润碧鲜。"木华《海赋》:"朱焰绿烟,窈眇蝉蜎。"蜎,段玉裁引《广雅》释作孑孓,为蚊子羽化前的幼虫。我以为当为"若虫"即蝉蜎。因为,"蝉蜎"喻仪态优雅美好,而蚊自古至今为人类所讨厌,将讨厌的蚊子与美好的蝉联系在一起实在没有道理。今天的高科技摄像,使我们能清晰地看到蝉蜎羽化蜕变的快镜头全过程,那种无比稀有的生命绽放,婉娈妙曼,轻巧牵萦,正如李善、李周翰的注"蝉蜎":"烟艳飞腾之貌""远视貌"。难道古人竟无聊到如此有心,会在半夜凌晨起来,静静观察从泥土中钻出来的"若虫"爬到树干上后进行的蜕化?否则的话,怎么又会有如此精准的形容描述呢？

蝉蜎同时又作"婵娟"。张衡《西京赋》："嚼清商而却转，增婵娟以此豸。""此"，这个；"豸"，没有脚的虫，当指蝉蛹"若虫"。李商隐《霜月》诗有云：

初闻征雁已无蝉，百尺楼高水接天；

青女素娥俱耐冷，月中霜里斗婵娟。

如果说，由蜎而蝉，是蝉的一次生命升华；那么，由"无蝉"而"婵娟"，是蝉的又一次生命升华。"婵娟"之于"蝉蜎"，于笼而统之、"夏虫不可语冰"的仪态优雅美妙之外，从此又增加了两个高冷的实义：美女和月亮。

少年时捕蝉的暑期生活，是那样欢快美好。可是今天，从那一次偶然的相遇之后，就再也没见过任何一个孩子同他的爷爷一道或独自出来捕蝉。这也难怪，今天的孩子们，学习的压力实在太沉重，而他们的娱乐活动，实在又太多样。俱往矣。又到中秋，且剥白居易的《忆江南》词两阕：

蝉蜎夏，早起趁晴天。

树影薰风黏聒噪，不知身在古诗篇。

能不忆蝉蜎？

蝉蜎月，秋水泻长天。

征雁初闻无聒噪，语冰不可转高寒。

千里共婵娟。

# 唤回春色秋光里

"悲哉！秋之为气也！"——宋玉《九辩》中的这一句开宗明义，两千两百多年来，成为大多数人对秋天的一种共通情感。欧阳修《秋声赋》更对之展开了具体的分析，从秋天的萧瑟看到人生的老去，不复少壮而即将步入晚年。叹已往之既逝，知来日之无多，悲哉！秋亦胡为乎来哉！

在瑟瑟秋风里，却有一种花以如春花般的明艳光华，给历代易于悲秋的骚人墨客以慰藉，这就是芙蓉花——为区别于荷花的又名"水芙蓉"，有时专称"木芙蓉"。其实，它不过是落叶灌木而已，与草本的蜀葵等并没有太大的差别。相比于一切秋花，包括同为锦葵科的木槿、蜀葵、秋葵的老气横秋，它完全可以看作是"秋天里的春花"。那种青春的风韵，娇艳、郁茂、明媚、华贵、雍容，简直可以与牡丹相媲美！仿佛就是王昭君，因为毛延寿的恶作剧，造物主在安排她的命运时，竟把她错嫁给了西风苦寒。然而，正如王安石的《明妃曲》所咏，这也为冷漠的秋天送来了一道亮丽柔情的风景。

由于几乎没有争宠者，所以，歌咏秋花，历代诗人的青眼之于它，简直"三千宠爱在一身"而尽其悲欣哀乐、慵愁喜悦的仪态万千，如唐李嘉祐的"平明露滴垂红脸，似有朝愁暮落悲"，柳宗元的"盈盈湘西岸……丽影别寒水"，宋徐铉的"晚摇娇影媚清风……不知歌管与谁同"，王安石的"正似美人初醉着，强抬青镜欲妆慵"……而尤以杨万里的《拒霜花》最得其风华可怜：

木藁何似水芙藁，同个声名各自都。
风露商量借膏沐，燕脂深浅入肌肤。
唤回春色秋光里，饶得红妆翠盖无。
字曰拒霜浑不恶，却愁霜重要人扶。

到了绮罗香泽的诗余中，"人面芙蓉相映红"的形容，就更多见不吝笔墨的以形写神、怜香惜玉了。随便从宋词中翻检，"冰明玉润天然色，凄凉拼作西风客。不肯嫁东风，殷勤霜露中"（范成大《菩萨蛮》），"青春花姊不同时，凄凉生较迟。艳妆临水最相宜，风来吹绣漪"（吴文英《桃源忆故人》），"似佳人独立倾城，傍朱槛暗传消息"（晏殊《睿恩新》），"酒肌红软玉肌香，不与梨花同样"（周紫芝《西江月》），"脸红凝露学娇啼，霞舫薰冷艳，云髻袅纤枝"（晏几道《临江仙》），"爱他楼下木芙蓉，妆罢三千美女出唐宫"（无名氏《虞美人》），"低疑洛浦凌波步，高如弄玉横空"（杨泽民《塞翁吟》），"翠衾空，红鸾蘸影，嫣然弄妆晚。雾鬓低颤，飞嫩藕仙裳，清思无限……最好似阿环娇困，云酣春帐暖"（黄公绍《花犯》）……

众所周知，京剧以梅兰芳、程砚秋、尚小云、荀慧生并称"四大名旦"，如果加上后来"四小名旦"中一枝独秀的张君秋和老旦开派的李多奎，试用不同的花品来比兴这六大名旦：雍容华贵，牡丹可比梅派；幽咽清绝，兰花可比程派；劲健高爽，菊花可比尚派；活泼俏丽，月季可比荀派；铿锵豪迈，梅花可比李派；而清新明艳，芙蓉正堪比张派。尤其是《望江亭》，作为张君秋的代表作，集张派唱腔、做功之精华，芙蓉的秋江冷艳，最能契其神韵。

我与芙蓉花的"一见钟情"，始于1962年入学高桥中学。九月份开学，到了十月份，校园中一丛临水的芙蓉花便渐次地开放了，实在是有生以来第一次见到世上竟有这么美丽的花！入冬之后，花叶尽脱，只留下一丛一人多高的秃枝，一根根地从根部散漫开去，颇碍美观，园艺工人便把它们齐根截去。我向工人叔叔讨要了一根，回家斩成二十厘米左右的几段，扦插在屋后河塘的岸边。想不到第二年都活了！发芽、抽枝、开花。这是我贫困时期最早栽种的观赏植物，直到 1966 年深秋由于种种主客观的原因而把它们划尽挖绝。

1973 年后，我常去浦西向前辈问学。当时的衡山路、复兴路一带，所居住的名家最为集中，所以也走得最勤。在旁边的肇嘉浜路，乌鲁木齐路至吴兴路这一段，中间的绿化带上种植有成片的芙蓉和高架的紫藤。春和景明则一片紫光繁缨，秋高气爽则满目嫣红翠碧。今天的上海，条条马路花团锦簇；但当时，在我的印象中，撇开公园不说，似乎只有肇嘉浜路的这一段称得上"花园马路"。谢稚柳先生于此际多画落墨芙蓉花，程十发先生则多画印象紫藤花，在一定程度上便是受这一段景观的影响而启发了灵感。我于访师之余或访师不遇时，也常去那里观赏写生。

我画芙蓉，一开始当然是学谢老的落墨法，但陈佩秋老师告诫我应该从宋人开始。由于我当时对中国画的认识偏向于写意，再加上其时陈老师也在画八大，所以没有在宋人上用功。直到 20 世纪 80 年代后期，才从头开始按照陈老师的要求临摹、写生、自运。

由于上海的芙蓉都是园艺景观植物而罕有野生的，所以，丛生的枝条，每一根都直上而没有分杈，花、叶缘枝逐层向上腋生，至梢头簇集。包括宋画中的芙蓉，作为苑囿珍葩的写生，也都是这样的形态。温州的吴绶镐兄所画的芙蓉，渍色之微妙，嫣然动人，我真有观止之叹；而其木本的出枝，却不是一根直上，而是有分枝杈椏。我心中暗暗笑他不作写生，而是凭想象用梅花的枝干来分布芙蓉的花、叶。但碍于情面，不便明说。又一年，张索兄邀我与绶镐兄等一起到福建的一个海岛上游玩，走到一处悬崖的峭壁，一株

[宋]李迪　《芙蓉图》　　　　　谢稚柳　《落墨芙蓉》

曲曲折折的芙蓉花横斜直出地赫然映入眼帘！这才明白绥镐兄的芙蓉实在是有野生真本的，反是我孤陋寡闻了！

　　古人以"诗画一律"而"相为表里"。所以，我于自己的画尤其是横卷形式的画上也喜欢题写诗文，芙蓉画当然亦不例外。大体上，我五十岁之前多作词而且是长调；五十五岁以后罕作词而多作诗；六十五岁以后罕作律诗而多作绝句。这个转变，过去沈轶刘、谢稚柳先生也曾给我谈到过他们的体会。沈先生的说法是"渐老渐熟，乃造平淡"，而以绝句的形式为"境界更高"；谢老的说法则是"渐老渐懒，只图开心"，而以绝句的形式为"方便省力"。这一阕咏芙蓉的《贺新郎》，不知是作于哪一年了，记得是题在一个绢本的手卷上的：

　　　　春艳秋风暖。正凝眸、云鬟弄影，浅红轻浣。妆罢娉婷娇
　　倚处，翠袖脂痕婉姿。人道是、湘灵九畹。玉润冰明霜露冷，

更临江流水清凉散。听雁阵、咽声软。

芙蓉应嫁金香辇。问东君、凭谁牵引，一丝红捻？金谷沉香皆无份，绿野平泉谁馆？误入了，塞门僻远。梦醒鸳鸯彤绡薄，望高天爽气清新染。多绚烂、自圆满。

不免有刻意用功、极尽雕饰之处。但当时老一辈人曾给我这一类的词作以溢美的评价，喻蘅先生在指导我的信中，甚至称我为"建融词人"，真使我惭愧无地！

嫣红浅笑绿云深，凉露轻霜九月春。

一片江南今又是，当年金谷唤真真。

这首咏芙蓉的绝句是近两年间题画的即兴口占——更准确地说是无兴口占——之作。一种无欲、无求、无事、无为的敷衍了事，渐渐习成自然。可惜再也没有前辈来指导我了。"悲哉！秋之为气也！"

所幸的是，我们还有芙蓉。它的另一个别名"拒霜"，似乎更加励志。虽然，我们抗拒不了秋天的到来，"黟然黑者为星星"；但有了芙蓉，我们就有青春不老。"渥然丹者"并未全"为槁木"，我们"亦何恨乎秋声"？

# 天堂食府楼外楼

"钱塘自古繁华"。遥想唐宋的时代,白堤上、孤山下,游人如织,酒肆茶楼一定也是不少的。但今天独领风骚的楼外楼,创始于1848年。一百六十多年来,上自各国的元首政要,下至中外的平民百姓,尤以风雅的文人墨客,到杭州,游西湖,几乎没有不在楼外楼用餐的。

楼外楼坐落在孤山脚下,其命名,当然是来自南宋林升的一首题壁诗:"山外青山楼外楼,西湖歌舞几时休?暖风熏得游人醉,直把杭州作汴州。"身当家国危亡,既有东京梦华之鉴,还依然武林春梦当然是不可取的。但我想这首诗的本意并不是要否定"富与贵,人之所欲也;贫与贱,人之所恶也"(《论语》),而是警示人们不要沉湎于此而忘怀了天下兴亡的担当。明乎此,则"食不厌精,脍不厌细",于"志道弘毅"只有好处没有坏处。

我与楼外楼的因缘,始于20世纪60年代的三年困难时期,那时只有十岁出头。没有文化的老祖父因为自幼在上海做工人,所以就有了一个迥别于大多数乡下人的梦想,便是此生一定要去一次杭州,看一眼西湖,尝一口楼外楼的东坡肉。于是发狠心带我到杭州旅游。坐了四个多小时的火车到的杭州,快夜幕降临,找了一家旅馆住了一晚。第二天一早便到湖滨乘游艇直驶湖心亭,从湖心亭折回平湖秋月便到了楼外楼,点了几个菜,只记住了东坡肉和西湖醋鱼,其他的都忘记了。饭后游孤山、文澜阁,文澜阁石牌楼上的一副对子"水水山山处处明明秀秀，晴晴雨雨时时好好奇奇"至今不忘。过断桥后便直奔火车站，连夜返回上海了。

第二次到杭州是在1966年的深秋。这次杭州之行，一是再去领略一番西湖的风采；二是看一看浙江美术学院，因为它是我心中偶像潘天寿先生的学院；三是到楼外楼门前站一站"望梅止渴"。但各处都是冷冷清清，难得有几个行人。

第三次到杭州，大概是1975年吧？那年冬末春初，我在施湾参加围海造田工程。工程结束之后，在我的提议下，我们几位工地负责人便驱车直奔杭州上楼外楼摆了一席简陋的"庆功宴"，当天返回。

1982年，我考上了浙江美院的研究生班，春节过后到学校报到，正逢大雪纷飞。安顿好住宿，冒雪又来到楼外楼。大堂中，虽零零落落的只有三四桌客人，但人逢喜事精神爽，倚窗对雪小酌，颇有"前度刘郎今又来"的感慨，似乎如此湖山，从此终于可以有我的一席了。嗣后直到1984年夏毕业离校，两年半的研究生生涯中，虽无数次地经过楼外楼，但进楼用餐大概不超过四次，除独酌的一次外，有两次是卢鸿基先生请的，还有一次是毕业时王伯敏先生请的"谢师宴"。说来惭愧，作为"谢师宴"，理应由我们学生准备的，但王先生那时见我们清贫，每一次宴聚都是他破费，从来没有让我们请过一次。20世纪90年代中期以后，我与楼外楼的关系可以说是非常亲密了，每年到杭州总要请师友们相聚畅饮，遗憾的是王先生因年事已高，一次也未能光临。

楼外楼，处孤山人文荟萃之地的这座天堂食府，除了饮馔的精美，还有着深厚的人文底蕴。且不说楼名出自林升那首名诗，"楼外楼"牌匾的三个大字也出诸名手，题匾者乃当时杭城的名家张子果。张子果是大画家程十发先生岳父的弟弟，所书端庄稳重。

　　楼外楼与书画界的关系颇为密切，上海名家如吴湖帆、江寒汀、唐云等多曾在楼外楼留下墨宝，至"文革"之前，累积了相当的数量。"文革"中不少作品遭秦火，一度中断了这个崇文的传统。沈关忠兄接手后立即开始了存亡继绝的运筹，一方面从劫余中检理旧藏，重加装裱，布置于贵宾厅；另一方面又组织杭州、上海等地的书画家做贡献，获得了更多的佳作。尤其是新世纪之后，唐云先生的公子逸览兄、十发先生的公子多多兄，包括杭州的一批中青年画家，大多由我出面邀请。楼外楼的餐厅中，无论大堂还是包厢，包括游艇，无不布置有名家的书画真迹。这样的景观，在国内的其他酒店中实属罕见。

　　2010年，为纪念唐云先生诞生一百周年举办大型画展，逸览兄向我提出，展品中缺少巨幅，是否能向楼外楼借展一幅？我当即与关忠兄电话联系，关忠兄慨允将大厅中一幅百余平方尺的《松鹤图》借出，由专车护送到上海。逸览事后向我谈到向藏家借画之难的同时，颇感慨关忠兄的豪爽，也见出楼外楼收藏之不俗。

　　口福而兼眼福——到楼外楼品尝美食时，如果不去留意欣赏墙上的字画，对食客而言岂不是一大遗憾？

# 鬼音仙韵听秋声

程砚秋先生的程派艺术，以其独特的"程腔"唱功最为脍炙人口，令人百听不厌。关于"程腔"的艺术特色，通常归之为忧郁婉转、缠绵深沉、悲切幽怨和以气催声、低回绵延、若断若续，等等，这当然是不错的，但主要是就其腔式、调门而言。一个具有独特风韵的流派唱腔，腔式、调门必然是与演员独特的音质、音色不可或分地结合在一起的。腔式、调门的独特性，可以通过训练而加以复制、推广；音质、音色的独特性，则更归诸天赋，具有不可替代的唯一性。

那么，程派唱腔的音质、音色特点又是什么呢？便是民国年间李宣倜所揭示的"鬼音"："程艳秋（即程砚秋）……其嗓音狭而浑，不吐开口之字，迄今犹带脑后之鬼音。凡低亢不续之处，能藉鬼音以维系之，独开前辈未有之奇举，世诧为异禀。腔调则私淑瑶卿，而每参以己意，变本加厉，幽诞亦如其人，故时称程调。"

所谓"鬼音"，是当时戏曲界的一个术语，专指"童年旦角未变嗓以前，皆有极幽细之高腔"。按程砚秋六岁从荣蝶仙学戏，十一岁登台演出，十三岁倒仓，旋得罗瘿公的帮助，十五岁变嗓成功，乃问学王瑶卿，并拜梅兰芳为师，十八岁开始独立挑班，一举而声名鹊起。李宣倜"鬼音"的点评，便在此际。

虽然，当时还只是程砚秋的莺声初试，但这个"鬼音"的点评却异常精准，提醒了程派唱腔的精华神采，不久即与梅兰芳几乎并驾齐驱，并和尚小云、荀慧生被称为"四大名旦"。尤其是程派的经典《荒山泪》《文姬归汉》《六月雪》等悲剧，我们可以比较一下程砚秋本人和他的传人们所唱，那种"凡低亢不续之处，能藉鬼音以维系之"的幽咽效果，轻如呼气，细若游丝，其间的区别，再明显不过。其啾切凄警，低而不沉，亢而不高，微妙稀有，直如鬼斧神工，不可思议而难能企及。

程砚秋晚年曾自述，少年时每天早起到陶然亭喊嗓，"从低到高再转下来，越到高音越觉得音在脑后，好像打一个圈子再回来似的"，正是通过脑后音的共鸣，有别于胸腔的共鸣，使"极幽细之高腔"的"鬼音"表现出魔幻一般的迷离。又说："唱要分什么戏，悲哀时就要唱悲音，声音要带一些沉闷，好像是内里的唱……特别是一句中最后的一点尾音，对唱有很大的关系，尾音的气一定要足……气的控制要轻重得宜，音出来要有粗有细。"这"内里的唱"和尾音的气足而控制得宜，好比金庸武侠小说中段延庆的"腹语"，与"鬼音"互为因果，极大地提升了唱腔的悲剧质量。还说："要叫观众听着鼻子酸！只要一点儿，搁对了就行了……如果搁对了，再用一种带悲的声音去表达它，往往就能产生预期的效果。"可见，程派的唱腔之美，不仅在腔式、调门的设计处理，更离不开其得天独厚的音质、音色。虽然"只要一点儿"，但"如果搁对了"，便能让"带悲的声音""叫观众听着鼻子酸"！所以，同样的腔式、调门，演员天赋的音质、音色不同，唱出来的效果也就不可能一样。当然，异禀的音质、音色，也需要相应的腔式、调门去量身定制地配合，才能最大限度地发挥其悦耳动心的精神意境。

李宣倜早年毕业于日本陆军士官学校，历任大总统侍从武官、军事幕僚，后特任文威将军,晋陆军中将。虽为武人,却雅爱文艺,尤沉湎梨园,与罗瘿公、梅兰芳等交游,并担任梅的诗词老师。当时戏曲界风行品剧捧角,李氏俨如菊部司命、角色权衡,天下的名伶俳优,一经品题,便作佳士。但由于"鬼音"的用语,无论从字面上还是"童年旦角"的辈分上,对程砚秋都显得不太尊敬,尽管当时的程砚秋还只是一个刚崭露头角的小青年,传统的戏曲也素有"搬演古今事,出入鬼门道"(苏轼)的代称,包括元代钟嗣成的戏曲论著也以《录鬼簿》为名,但在大多数观众,毕竟都是把自己所喜爱的角色视作天人的。再加上李氏在抗战期间出任汪伪政权的印铸局局长、陆军部政务次长等职,所以,这一精准的评语,后来自然不为人们所广泛认可了。

然而,如果舍弃了"鬼音"二字,对深刻精准地认识程派唱腔的幽婉之美,实在是一大遗憾。窃以为,如果从屈原《九歌·山鬼》的意象来认识、评价"程腔"的"鬼音",那也就不存在什么不敬了。"若有人兮山之阿,被薜荔兮带女萝。既含睇兮又宜笑,子慕予兮善窈窕……怨公子兮怅忘归,君思我兮不得闲……君思我兮然疑作……思公子兮徒离忧。"王夫之"释":"此章缠绵依恋,自然为情至之语,见忠厚笃悱之音焉。"这段"凄凄惨惨戚戚"而"声声慢"的一唱三叹,"缠绵依恋"于"忠厚""情至","怎一个愁字了得"?既是"山鬼"之音,不也正是"程腔"之声,足以"叫观众听着鼻子酸"?

"山鬼"当然不是离魂的倩女,而应该是藐姑射山仙人的原型。《庄子·逍遥游》:"藐姑射之山,有神人居焉,肌肤若冰雪,绰约若处子,不食五谷,吸风饮露,乘云气,御飞龙,而游乎四海之外,其神凝。"王夫子专"解"其"凝":"神人之上,凝而已尔。凝则游乎至小而大存焉,游乎至大而小不遗焉。物之小大,各如其分,则已固无事,而人我两无所伤……所存者,神之凝而已矣。""程腔"幽诞而凝,庄骚诡谲而凝,凝之以神,小大如其分,高低如其分,并存而无遗,是"山鬼"即仙人,"鬼音"实仙韵。

古今的画家,有不少人画过山鬼的形象。或奇形怪状似妖,或披头散发如鬼,实皆未解山鬼即神仙之义。也有画成姣好的藐姑仙人容样的,尤以徐悲鸿和刘旦宅先生所画,最能得其美丽之旨。虽然,二家所作同为无声诗,但相对而言,徐悲鸿笔下的山鬼,更适合于为程派艺术的"鬼音"作有形的造像;而刘旦宅笔下的山鬼,则更适合于为程派艺术的"鬼音"作希声的传神。

据老辈相告,程砚秋身形高大,所以每次登台,出场伊始,不少观众至有心中暗喝倒彩的;而当他启唇吐声,幽咽的"鬼音"仙韵立刻弥漫全场,惊采绝艳,引起满堂的叫好和掌声,如雷似潮,此起彼伏。予生也晚,当然无缘观赏程砚秋的演出,但他唯一的影像《荒山泪》还是不止一次地看过的。只觉其形象,恰如徐悲鸿的山鬼;而其音韵,恰如刘旦宅的山鬼。"硕人"而倩影,"鬼音"而仙韵,秋之为气,悲而不哀,哀而不伤,幽诞两清绝。则大地欢乐场中,石破天,鬼夜哭,秋声大雅,自以"程腔"为绝唱!恰好在诗歌史上也有一位"鬼才"即中晚唐的李贺,"秋坟鬼唱""雨冷香魂"。稍后的杜牧有《李长吉诗序》,评其:"云烟绵联,不足为其态也;水之迢迢,不足为其情也;春之盎盎,不足为其和也;秋之明洁,不足为其格也;风樯阵马,不足为其勇也;瓦棺篆鼎,不足为其古也;时花美女,不足为其色也;荒国陊殿,梗莽血垄,不足为其怨恨悲愁也……"并认为"盖《骚》之苗裔"——移作对程砚秋先生程派艺术的评语,实在也合适不过。

更加巧合的是,在词曲史上也有一位"鬼头",即北宋的贺铸。称他为"鬼头",是因为他的相貌,"长七尺,面铁色,眉目耸拔"(《宋史》本传)。但所制词曲却一片倩影楚楚,以缠绵美艳著称,黄山谷推为"解作江南肠断句,只今惟有贺方回"。论者以为出于李商隐、温庭筠、杜牧、李贺,张耒序《东山词》则以为"幽洁如屈、宋"——看来,一切美丽之鬼,都可以追溯到楚辞的传统。则我以程砚秋先生的"鬼音"为似黄泉而实碧落的"山鬼""姑射",也就绝非无端的比拟了。

噫嘻,悲哉!秋声胡为乎来哉?念天地之义气,亦何讳乎"鬼音"。

## 寒食《春秋》忆旧游

我从少小就怀有壮游之志，但限于家庭的经济条件，足迹所涉，不过江浙有限的几个地方。直到 1982 年考入浙江美院研究生班，两年的学习期间，每年都有足够的考察经费；1986 年后又参加了王朝闻先生主编的《中国美术史》的编撰，获得了更坚实的经费保障。在十多年的时间里，每到暑假必有一个多月的外出，挟《中国地图》一册，孤身一人，几乎跑遍了先前所"卧游"过的神州景观。

我的行旅，志在考察人文景观的历史，而与山西的关系最为密切。这一方面缘于山西的地理环境，使历代的人文景观得到了最好的保存；另一方面，更因为中国历史上精彩纷呈、跌宕起伏的人文事件，尤其是"春秋"的轰轰烈烈、荡气回肠，大多是演义在三晋这方舞台上的。为此，我还结交了《太原日报》的一批朋友，并长期为他们的副刊写稿，少年意气，文酒相交，极慷慨磊落，仿佛穿越到了热血的"春秋"时代。

大约是三十年前，那一次山西之行的目的地是绵山。到太原与朋友相聚后，第二天便驱车直奔介休，追寻介子推的故事去了。入山，杂木繁茂，溪流屈曲，一洗山下的风尘仆仆、灰头汗脸。如果不是森郁的古柏成林，标举着三晋的雄风霸气，真使人宛如置身于江南清秀，虽酷暑而不觉炽热。山中有"李姑崖"，传为李世民妹妹的修道处；山巅有"云峰寺"，一坪如砥，峭壁下另有"抱腹岩""佛掌痕"。而介子推的遗迹，虽曾在此山中，却踪迹无处寻了。

山上没有一个游人，寺庙也冷落得很，只有我们二三子。薄暮时分，居高临风，四望空阔，在漠漠烟色中凭吊介子推淡泊名利的高风亮节，眼前渐渐浮现出"刀枪剑戟摆得齐，五色旌旗空中起，人马纷纷绕树迷"的喧嚣，幻化在夕阳的残照下，飞腾起熊熊似火！不由得我引吭高唱了一曲马连良先生的《焚绵山》："春草青青隐翠溪……莫不是来访我介子推？任你搜来任你洗，稳坐绵山永不离！"

世人有热衷并追逐名利的，也有淡泊并逃避名利的；有为追逐名利而死的，却几乎没有为逃避名利而殉的。严子陵"天下有大有为之君，则必有不召之臣"，便足以留下"万世仰高风"的"山高水长"；为逃避名利而付出生命的代价，介子推算得上是千古一人！但"四海同寒食"，后人景仰介子推，只是因为他"士甘焚死不公侯，满眼蓬蒿共一丘"（黄山谷）的鄙弃功名利禄吗？近年重读《春秋》，忆想绵山旧游，对介子推的"高风亮节"又有了新的认识，而颇感千百年来我们对他约定俗成的评价，还是不无误解的。

"王迹息而诗亡，诗亡而春秋作"，这是《孟子》说的。什么是"王迹"呢？就是周公制定礼乐统治下的西周三百年历史。除立国之初的管蔡之乱、中间的厉王之昏，几乎天下无事。相比于东周以来，重大的事件几乎年年有、月月有、天天有，西周也许是中国历史上最为平淡乏味的一个时代。或言，这是因为文献记载的缺失所致。但此前的文献记载更为缺失，不也有牧野之战、大禹治水、黄帝战蚩尤、共工触不周的惊天动地吗？而正是这个平淡乏味的时代，却被孔子视作"郁郁乎文"的理想社会，各阶层人等正常地"日出而作，日入而息"，皆得以安居乐业于风、雅、颂。这就是"诗"。《诗经》三百篇，一言以蔽曰"思无邪"；《孟子》十四卷，自强不息在"行无事"。"思无邪"则各安本分，"行无事"则各尽本职。那不是叫人不要有上进心，不是埋没了人才吗？不是的。因为社会的分工中，"舜以不得禹、皋陶为忧而不忧稼穑，农夫以稼穑为忧而不忧皋陶"，每一个人只要安分尽职，不需要怀才不遇的抱怨，也不需要毛遂自荐的钻营，自有相关的职能部门以发现人才、考察人才、擢用人才为自己的本分本职。"诗亡"，并不是说采诗的制度消亡了，采诗的制度一直到"春秋"还保存着；而是指"思无邪""行无事"的风俗消亡了，由一部分人并带动许多人，都有了不安分的想法，并付诸不安分的行动，天下从此便纷扰多事了，风起云涌，惊心动魄。折腾的事端虽各有不同，"思有邪""行生事"的性质则一。孔子删《春秋》的目的，正在于"乱臣贼子惧"的邪思生事，庶使天下复归于无邪无事、安分尽职的礼乐初心。

《春秋》的微言大义，《公羊》概括为"大一统，攘夷狄"；《孟子》则说"诛乱臣贼子，治邪说暴行"。后来，常州学派的钱名山先生发挥为"大一统，重人伦，警僭窃，正名分，诛弑逆，外夷狄"(《名山六集·左传论》)。"大一统"所以"尊王室"，"重人伦，警僭窃"所以"思无邪"，"正名分，诛弑逆"所以"行无事"，然后可以"内中国而外诸夏，内诸夏而外夷狄"，天下归心，变非常为正常。

但我们读《春秋》尤其是《左传》，既愤慨于乱臣贼子的倒行逆施，又感动于忠臣烈士的成仁取义。那么，为什么孔子、公羊、孟子们包括名山先生删、释《春秋》，只重诛乱贼而不言褒忠义呢？因为，在他们看来，"春秋无义战"，根子便在"思有邪""行生事"，包括后世所认可的忠臣烈士，事实上也并非"思无邪""行无事"意义上的理想人物。如专诸刺王僚，站在姬光的立场上，专诸固然称得上是一位义士。但姬光之于王僚，实非以正义易不义，而是以不义易不义。这一点，即使当事人之一的季札也是看得很清楚的。

只是，孔子删《春秋》而真使"乱臣贼子惧"的实在少之又少，不惧而变本加厉者则前仆后继。于是，大约从董仲舒的《春秋繁露》开始，《春秋》义例，便以诛乱贼、治邪暴与襃忠义、奖贤良并重了，遂使"乱臣贼子惧"演绎为"见善足以戒恶，见恶足以思贤"。但这样一来，也就遮蔽了安分尽职的《春秋》本义。

介子推，正是《春秋》所襃奖并受到后世敬重的人物之一。他与狐偃、先轸等追随重耳，颠沛流离，历尽艰辛，终于复国。在这期间，包括晋文公后来成就了霸业，介子推称不上特别的忠臣烈士，狐偃等更不是什么"乱臣贼子"。那为什么《左传》要襃介子推而贬狐偃等呢？难道真的仅止于对淡泊名利和热衷名利的襃贬吗？显然，《春秋》大义绝不可能是如此简单，因为它所襃奖的人物中，有不少便是以艰难困苦地成就功名著称的。

原来，追随重耳助其复国，在介子推仅视作自己的本分、本职，"如吃饭睡觉，当然如此"（钱名山先生语）；而在狐偃等，则一个个胸怀图谋、行有目的，视作霸业的博弈。所以，侥幸成功之后，介子推视作"天之功"而"不言禄"，狐偃等则视作"己之力"而争功名；且晋文公所赏，在彼而遗此。这就使他"且出怨言"。所怨者，当不在自己的"禄弗及"，也不在狐偃等的得享高官厚禄，而在"思无邪""行无事"的风俗沦丧，使"思有邪""行生事"的风气大炽，"上下相蒙，难与处矣"。介子推的悲剧，不正是"王迹息而诗亡"的一个具体例证吗？

一个平凡的人物，坚守着一颗平凡的日常之心同时也是礼乐之心，在"春秋作而霸业兴"的背景下，就这样引发了一场风风火火的历史大事件，并因此产生了中华民族一个重要的民俗节日，与后来屈原的端午节火烬水灌，并垂千秋。但屈原之死，高扬的是英雄主义的忠义精神，而介子推之死，伤逝的只是日常生活的无邪无事。所以，后世的人们过端午节，没有不怀想屈原的高风亮节的；而过寒食节、清明节，又有几人联想到介子推无邪无事、安分尽职的春秋大义呢？至于历代的诗人，多有借寒食节作怀才不遇感叹的，实在是离题愈远了。

近年，山西的朋友时有相邀，说是介休县正以"介子推就住在这里"为题，大力打造旅游胜地；今日的绵山，也远非三十年前的景象了。我却以种种原因，"树犹如此"，无暇再作旧地重游，乃以小诗一首为寄：

寒食春秋忆旧游，风云龙虎斗恩仇。
心无邪思行无事，天下归仁乐九州。

# 长者之心与赤子之心

### 长者之心

记得女儿刚上小学的时候,每天放学回家都兴高采烈地人未进门声已入室:"爸爸!我又得了一颗五角星!"然后把作业本推到我的面前,翻开,又一颗红灿灿的五角星赫然在目,有时还有简短的赞评。不久之后,她当上了班干部,回到家中却颇有不悦。问她原因,原来,今天收作业的时候,偷偷翻看其他同学的本子,全都是打的五角星!

再后来,我们学校相继设立了美术学的硕士点、博士点。常有研究民国美术史的同学,从图书馆中搜罗爬剔旧报刊,发掘出今天早已为美术界遗忘的某一小名头,在当时竟得到了蔡元培等显要人物高度的题词褒奖。于是,便以此为课题,完成论文,充分论证了该小名头的卓著成就和重大贡献,堪称民国大手笔,后世的今人把他遗忘,实在是非常不公正、不应该的。这篇论文,自然也因此而成了"填补民国美术史空白"的优秀论文。

由此又联想到韩愈、苏轼等唐宋时期的文坛领袖人物,当时的文艺青年多有向他们请益的。他们对年轻人的批评,一定是讲他们的优点多,是一个难得的人才,几乎不讲不足。事实上,为他们所奖掖、推许过的青年,后来真在文学史上留下姓名、作品来的,十不一二!

原因何在呢?是韩、苏没有眼光吗?并不是的。

虽然,"文人相轻,自古而然",文学艺术家们谈文论艺,大多自恋而卑人,年轻人在他们眼中,更是百无一可。但韩、苏包括蔡元培等,尽管在文艺上有卓绝的成就、高标的风华,他们的志向却不在文艺而"志于道",其弘毅的精神,在"行己有耻""为仁在我";至于文艺,在他们仅"游"之而已,不过是"德之糟粕"。所以,事关道义,他们一定会挺身而出、指名道姓地抨击悖离道义之人,虽权贵而不畏,虽千万人吾往矣。而对于文艺,牵涉到具体的人物,尤其是年轻人,则往往只言其长、无视其短,非无视也,乃不言也。这就是韩愈在《原毁》中所说的:"古之君子,其责己也重以周,其待人也轻以约。"而绝不是"文人相轻"的"其责人也详,其待己也廉"。即使一个极其平常的普通人,在他看来也必曰:"彼人也,能有是,是足以为良人矣;能善是,是足以为艺人矣。取其一,不责其二;即其新,不究其旧。恐恐然惟惧其人之不得为善之利。"

然而,被他们表扬过的年轻人,知道了他们这个"秘密",高兴过后却要不高兴了。

有一个李翊,贞元十七年(801)时拜谒韩愈,极得器重赏识,韩还给他回了一封《答李翊书》,著名的"惟陈言之务去"句即出于此。文章的开头,更高度称赏他"书辞甚高","道德之归"指日可待;次年,权德舆主持礼部考试,祠部员外郎陆傪为副,韩愈郑重推荐李翊于陆傪,遂中第。李翊得到韩愈如此高的评价、期望和提携,心里当然非常高兴。但不久却发现,原来这样的赞誉,并不是他一个人独享的专利,而是每一个向韩愈请益过的年轻人都能享受到的公益!如"出群拔萃"(崔群)、"语高而旨深"(陈商)、"吾子非庸众人"(李秀才)、"年少才俊,辞雅而气锐"(窦秀才)、"才高气清"(孟东野)、"后生可畏,安知不在足下"(刘秀才),等等。

这就使他颇感不爽，便再次上书韩愈，质疑他对后进"泛爱无别"，没有对自己作特殊的看待。

为此，韩愈又回了他一封《重答李翊书》，说明："君子之于人，无不欲其入于善，宁有不可告而告之，孰有可进而不进也？"就是没有长处的，也要表扬他的"长处"来鼓励他，哪有确具长处而不表扬他的长处的呢？不同的年轻人来向我求教，"虽其心异于生，其于我也皆有意焉"，都是希望上进。如果从我这里得到的不是鼓励而是打击，"言辞之不酬，礼貌之不答，虽孔子不得行于互乡，宜乎余之不为也"。我希望年轻人到我这里来，是来"求益"的，而不是来"求知"，然后拿我的评价来显耀"其身而使人不可及"的，你又何必"汲汲于知而求待之殊也"。"贤不肖固有分矣"，对每一个年轻人，我所能做的只能是鼓励他的优长，至于不足的改进，是要看他自己的觉悟的。希望你"急乎其所自立，而无患乎人不己知"。最后，以"属有腹疾，无聊，不果自书"作结，颇有一点不耐烦的意思。

君子成人之美而不言人之不善。这句话的前半是孔子说的，后半则为孟子所说。我很早就把它们合而为一，但直到最近读到韩愈的《重答李翊书》，才真正明白它的意义，也进一步明白了小学的老师、蔡元培、韩苏，包括自己所接触到的诸多前辈对后生的一片长者苦心。

## 赤子之心

王国维《人间词话》力倡"纯粹美术"而重"赤子之心"，尤推崇李后主、宋徽宗和纳兰性德，不以世俗功利而以"自然"观物写情，"描写人生之苦痛与其解脱之道""真所谓以血书者也"，甚至"俨有释迦、基督担荷人类罪恶之意"云。

何谓"赤子之心"？即李贽所论的"童心"，未受"闻见道理""污染"的"真心"，因一己之欲而无所禁忌地得失悲喜的"私心"。故曰："赤子之心""不必多阅世，阅世愈浅，则性情愈真"。作为一个"小皇帝"，他是生活在个人的世界里的，别人都必须让着他。与此相对的便是成人之心，它不纯粹、不单一，而是伴随着阅世的深浅而有善恶错综的复杂性，以"闻见道理"制约自己的本性应对人事的关系。"赤子之心"都是一样的，成人之心则各有各的不同，无非一个人从赤子走向成年，能永葆"赤子之心"的少之又少。

李煜的《虞美人》是"赤子之心"的千古绝唱。词作于破国后被拘汴京，虽然衣食无忧，但遥想当年在金陵时随心所欲的车水马龙，不啻霄壤。从成人之心，作为人家的阶下囚，即使不作慷慨玉碎，不作卧薪尝胆，也一定懂得在人屋檐下不得不低头的道理，万不会表现出怨天尤人的不满。而他却不知隐忍，不加伪饰地回首故国，怨愁一江。于是，最终落得一个被鸩死而收场。

不过，宋太宗实在是以成人之心高估了后主的"赤子之心"，包括后世把此词当作爱国主义的悲歌，也完全未得"秉笔人之本意"。在李煜的心中，其实未必有多少政治上的"故国"观念，他所关心的只是"故国"时的寻欢作乐。而现在，过着囚犯般的简陋生活不论，还处处受到管制，自己想要的得不到，不想要的却强加给你。这就是王国维在《红楼梦评论》中所说："生活之本质何？欲而已矣。欲之为性无厌，而其原生于不足，不足之状态，苦痛是也。"王氏认为，因欲之不足而引起的苦痛有二：一欲既偿，十百欲未偿；诸欲悉偿，更无可欲之对象而生厌倦。这种"人生皆苦"的理论是否可取姑不论，何况"生活之本质"不止于"欲而已矣"。但论后主此际的苦痛，既不在一欲既偿十百欲未偿的不足，更不在诸欲悉偿而生的厌倦，而主要在"故国"时得偿百千欲而今一欲难偿的强烈落差。设使宋太宗给他所偿的是千万欲，以他的"赤子之心"便不会生故国月明的怨思,反会生"乐不思蜀"的欢喜了。

说起来,阿斗刘禅其实也是一个扶不起的大小孩,只是他没有后主那样的艺术才华而已。正因为是"大小孩",所以作为蜀国之主,受到诸葛亮的处处制约,宫中之事则郭攸之、董允,军中之事则向宠,以及陈震、张裔、蒋琬等,把他管得严严实实。而一旦沦为亡国之君,苟活于敌国的拘禁,他却会觉得"此间乐",无怨尤地做着"安乐公"。李煜、赵佶、纳兰,才华盖世了吧?但在处世中又何尝扶得起来?才华,在"赤子之心"者,只有当它被用于文艺创作才可以有大的成就;除此之外,大到治国、理政、领军,小到务农、作工、经商,都是不可能扶得起来的。

那么,文艺创作是否只有"赤子之心"才做得出成就,成人之心就做不出呢?也不一定。若屈原、杜甫、韩愈、苏轼、陆游,皆有"抱负"天下的担当,"如此者,世谓之大诗人矣"。但在静庵看来,他们的文艺却是"无独立之价值"的非"纯粹美术"!但社会之需要艺术,既需要"自然"的"纯粹美术",也需要"阅世"的"依存美术";"赤子之心"可以保证"纯粹美术"之真,成人之心则可以教化"依存美术"之善。此亦西哲所谓文艺有两种,一"服务于闲适之心情",一"服务于崇高之目的"是也。

而且,事实上,即使对于"纯粹美术",王国维虽然推重"赤子之心",却也并非独许"赤子之心"。在《人间词话》中,同属"纯粹美术"而被置于二李(璟、煜)之上的冯延巳,便是一个机心深重之人。对于自己在官场上的坎坷起落,他从不直抒怨尤的情感,而总是"和泪试严妆",借"闺思"来隐晦地表述,与西蜀韦庄的"弦上黄莺语"有异曲同工之妙。当然,单论情感的深挚痛切,后主毕竟要比正中天真得多,所以也更感人动人。这就像讲到可爱,"赤子"婴儿一定是胜于老成尊长的。

## "扬声息苦"的钟声

中国古代的城市和寺庙中,大都设有钟鼓楼,用以播报时辰。一般以撞钟报晓,击鼓播晚,即俗称的"晨钟暮鼓"。如陆游《短歌行》所云:"百年鼎鼎世共悲,晨钟暮鼓无休时。"我们今天所读到的古诗词中,自然也多闻晨钟的堂堂之音、正正之声,如"清晨入古寺,初日照高林……万籁此俱寂,惟闻钟磬音"(常建)、"金阙晓钟开万户,玉阶仙仗拥千官"(岑参)、"长乐钟声花外尽,龙池柳色雨中深"(钱起)、"晓上篮舆出宝坊……已觉钟声在上方"(高翥),等等。

基于这样一个常识,对于唐代张继脍炙人口的绝唱"月落乌啼霜满天,江枫渔火对愁眠;姑苏城外寒山寺,夜半钟声到客船",北宋的欧阳修便在《六一诗话》中提出了质疑:"句则佳矣,其如三更不是打钟时?"

不过,这一质疑也遭到了后人的反驳。南宋叶梦得《石林诗话》认为:"盖公未尝至吴中。今吴中山寺,实以夜半打钟。"

但是,这样的解释,事实上并没有恰切地说明打钟的时间问题。在古代,不仅包括寒山寺在内的"吴中山寺",天下寺庙皆然;不仅寺庙,甚至城市亦然,除了清晨拂晓,夜半也常被规定为打钟的时间。汉崔元始《政论》:"永宁诏:钟鸣漏尽,洛阳城中有不得行者。"三国魏田豫则有言:"年过七十而居位,譬犹钟鸣漏尽而夜行不休,是罪人也。"后二句意谓夜半钟声响过之后,还在城中行走,不肯睡觉休息,等同犯罪的行为。无非清晨的打钟制度较为普遍并执行得相当严格,而且钟声嘹亮,人们已早起,故闻者众;夜半的打钟制度不太普遍并执行得相对宽松,而且钟声空寂,人多在深睡,故闻者罕。致使大多数人误认为打钟只能在清晨,不能在夜半。王维《山中与裴秀才迪书》中提到:"夜登华子冈,辋水沦涟,与月上下……村墟夜舂,复与疏钟相闻。"这里的"疏钟",显然也是在深夜打响的。当然,它未必出于辋川山庄,而是来自远处的城市或寺庙。

尤其在寺庙中,除清晨和夜半之外,其他时间也是可以打钟的,其目的不一定是为了播报时辰,而是为了做功课、做法事、集聚僧众、接待香客,等等,主要是作为一种宗教的仪轨了。

著名的"饭后钟"故事,打的是午钟,用来召集僧众用餐。王定保《唐摭言》记:"王播少孤贫,尝客扬州惠昭寺木兰院,随僧斋餐。诸僧厌怠,播至已饭矣。后二纪,播自重位出镇是邦,因访旧游,向之题已皆碧纱幕其上。播继以二绝句曰:……'上堂已了各西东,惭愧阇黎饭后钟;二十年来尘扑面,如今始得碧纱笼。'"

至于暮钟,那就更清响不绝于古诗文中了,如"浩浩风起波,冥冥日沉夕……独夜忆秦关,听钟未眠客"(韦应物《夕次盱眙县》)、"客心洗流水,余响入霜钟;不觉碧山暮,秋云暗几重"(李白《听蜀僧濬弹琴》)、"古木无人径,深山何处钟……薄暮空潭曲,安禅制毒龙"(王维《过香积寺》)、"别来沧海事,语罢暮天钟;明日巴陵道,秋云又几重"(李益《喜见外弟又言别》)、"卧闻岳阳城里钟,系舟岳阳城下树"(欧阳修《晚泊岳阳》)、"但闻烟外钟,不见烟中寺……唯应山头月,夜夜照来去"(苏轼《和梵天僧守诠》)、"晚度孔间㠘,林间访老农;行冲落叶径,坐听隔岸钟"(贺铸《题田家壁》)、

"鸟外疏钟灵隐寺，花边流水武陵源"（洪炎《四月二十三日晚同太冲、表之、公实野步》），等等。"西湖十景"的"南屏晚钟"，更为众所周知。这些钟声，不外是做功课、做法事、召集僧众、接待香客时所撞发。它的意义，与播报时辰基本无关，而是重在"扬声息苦"。

据佛经所载，昔罽昵吒国王贪虐作殃，受马鸣大士教化，殁后生大海中作千头鱼，常受剑轮斩截，苦不胜忍，唯闻某寺钟声，剑轮暂停，苦亦少息。王致梦白维那曰："惟愿大德垂怜，矜悯击扬，延之过七日已，罪报毕矣。"以是因缘，西域诸寺，不时叩钟震响，遍地咸闻。我国则肇始于梁武帝问志公："朕欲息地狱苦，宜以何法？"曰："冥界惟闻钟声，苦能暂息。"于是遍诏天下佛寺，凡击钟声，随缘不时，宜舒其声，庶几无尽法音，响震重泉，超拔冥界，惊醒尘寰，护佑福报，广大教化。

今天，无论城市还是寺庙，基本上都已不再用钟鼓来播报时辰。即使大年三十（除夕夜）的"烧头香""撞头钟"，也只是象征意义上的。但寺庙里凡做功课、做法事、召集僧众、接待香客等活动，仍不同程度地保留着撞钟的仪轨。自然，这时钟声在什么时候响起，是因人因事，随缘无定的。

以我个人的经历，浙江慈溪的伏龙禅寺，是与我十分亲近的一座千年古刹，寺中的大部分建筑包括钟鼓楼，早已毁于日寇的兵火。一口大钟，便只能置于重建的琉璃宝殿内。我每次上山，一般多在薄暮时分，首先到大殿中上香礼拜，礼毕，便在住持传道法师的引导下撞钟三响——这钟声，同样不是按规定的时间所击发。

## 也谈薛湘灵的身份定位

《笔会》7月21日刊刘连群先生的《薛湘灵是谁家女》一文，认为程派名剧《锁麟囊》的主角薛湘灵不是出身"另有自家传统的礼仪、风范和教养""经受过一定的家风和文化熏陶"的"大家闺秀"，而是"尚未形成良好闺教和严谨家风的暴富之家的女儿"。

刘先生的依据有二。

其一，是2015年初李世济先生在一次关于《锁麟囊》研讨会上的抱病发言："薛湘灵是暴发户的女儿……"李先生是程砚秋先生的干女儿，并长期追随程先生的前后，她的见解应该是有相当权威性的。但是，我们看李先生在此前谈《锁麟囊》的一些文章，无不称薛是"大家闺秀"，为什么晚年突然把她定位为"暴发户的女儿"呢？我的理解是，李先生可能是借题发挥，以针砭暴发户在今天不再只是个别的现象，而是蔚然成了一个社会现象的时弊。所以，我们似不能把一时戏谑之言，当真地讣作是对薛湘灵身份的正式定位。

其二，"选妆"一折中对绣鞋样式要求闻声不见人的念白，刘文认为暴露了薛的"胡乱""根本没有自己的审美眼光"；"春秋亭"一折中不赠金银而赠麟囊，更表现出薛的缺少教养而"不晓轻重"。绣鞋的样式，我的认识无非是极错金镂彩以彰显薛的富贵娇嗔，乃至刁蛮任性，并反衬后来入佣赵府时的"把七情俱已昧尽"。至于刘文质疑的"穿在脚上会是什么样子",最多也只能证明薛不谙女红而已,用来证明她出身于缺少"家风和文化熏陶"的"暴发户",似乎并不具说服力。如此的话,同剧中后来薛细数囊中珍宝竟有"红珊瑚"一支,岂不荒谬?而《荒山泪》中张慧珠"谯楼上二更鼓声声送听"的一段"西皮",我们岂不可据之以隽雅幽婉判定她出身于书香门第而下嫁荒山猎户了?至于"春秋亭"中不赠金银而赠麟囊,在"三让椅"中事实上早有呼应:虽然"那时节奴妆奁不下百万,怎奈我在轿中赤手空拳"。附带需要指出的是,在刘文中被用来定位薛湘灵不是"大家闺秀"而是"暴发户女儿"的最有力证据即对绣鞋样式要求的"胡乱"而"没有审美眼光",在李世济先生的《"锁麟囊"久演不衰的秘诀》长文中,分段引述分析后得出的结论,恰恰是"充分表现出一位大家闺秀出嫁时的派头和用心"。

其实,薛湘灵的身份定位,在翁偶虹、程砚秋编剧创演之初便已十分明确。戏出清焦循《剧说》里转载的《只麈谭》的"赠囊"故事,文字极短,经翁、程两位先生的演绎才有了《锁麟囊》具体的人物姓名和完整的故事情节。据翁先生的《知音八曲寄秋声》:此剧的基本构思,是"把富家写为书香门第的阔小姐,把贫家写为书香门第但已破落贫寒的穷姑娘。她们的基本性格,当然有富而骄娇,贫而卑悲的不同。但是在故事因素的提供下,贫富双方都是具有善良心地的人物。富者出于朴素天真的心理……慷慨赠囊,不留姓名,不想受报;贫者也出于朴素诚挚的心理……耿耿思想,铭刻在心,体现了人与人之间真与善的美德"。明乎此,从薛湘灵出场的第一段唱腔"怕流水年华春去渺,一样心情别样娇",到收场的末段唱腔"回首繁华如梦渺,残生一线付惊涛",清词丽句、锦心绣口中,如贯意珠,以高华清丽的"审美眼光",体现了她"另有自家传统的礼仪、风范和教养""经受过一定的家风和文化熏陶"的"大家闺秀"的身份定位便再也清楚不过。

当然,"有一千个读者,就有一千个哈姆莱特""览者所得,未必是秉笔人之本意也"。翁偶虹、程砚秋把薛湘灵定位为"书香门第的阔小姐",李世济在晚年把薛湘灵诠释为"暴发户的女儿",只要鸡蛋美味可口,又何必纠结它是哪一只母鸡所下的呢?回想起20世纪50年代,基于"阶级分析"的方法,把薛湘灵的出身定位于"地主剥削阶级",赵守贞则定位于"贫苦人民",赠囊的行为也被斥为风马牛的"阶级调和论",遂使这出脍炙人口的经典名剧,遭到长期的封杀禁演。则"书香""暴富"的接受分歧,毕竟无伤大雅。

## "常把老娘挂心怀"

《四郎探母》是传统京剧的一出经典骨子老戏,同时又是一台喜庆祝寿的吉祥大戏。故事取材于《杨家将演义》,但戏文略有不同,加强了对杨四郎在忠孝两难境地中矛盾纠结心理的铺陈刻画。故事背景是宋辽交兵,杨四郎(延辉)被擒后改名木易,为辽邦招为驸马,与铁镜公主成婚。夫妻恩爱十五年后,萧天佐摆天门阵,佘太君押粮草至边关御敌。四郎得知后思母心切,为公主看破,乃以实相告。公主甚为同情,计盗令箭,助其出关,私回宋营,母子、夫妻、兄弟相会,互诉离情,绵绵无尽。无奈时限将至,不得已挥泪相别。四郎复回辽邦,萧太后欲问斩刑,幸公主代为求免。

相传此剧最早为张二奎(1814—1860)改编。张原为道光年间工部都水司经承,因酷爱皮黄,常客串"和春班"的演出,触犯朝廷官员不得粉墨登场的规定被革职,当时才二十四岁。后自组"双奎班"为老生主演,与程长庚、余三胜并称京剧"老三杰",兼"精忠庙"庙首,以体表英伟,扮相雍容,嗓音宽亮,唱腔豪迈,气沛神足而又朴素自然,被誉为"奎派",俞菊笙、杨月楼等皆得其教授。"四郎"一剧以唱功见长,尤集西皮之大成,将西皮的各种板式、唱腔,应有无遗地发挥到高难度的美轮美奂、淋漓尽致。三眼、二六、导板、原板、流水、快板、摇板、散板……从开场唱到收场。老生(杨四郎、六郎)、青衣(铁镜公主、萧太后、孟四娘)、老旦(佘太君)、小生(杨宗保),各有精彩的戏份和表演,尤以杨四郎和铁镜公主的唱予和汝,抑扬顿挫,以情催声,节奏紧逼,最为扣人心弦。众所周知,在京剧的两大主要腔调中,二黄长于表现低回凝重、悲伤感叹的情感,西皮更适合于焕发活跃畅快、慷慨激昂的精神。此剧却大胆地将西皮唱腔密集地组织在压抑郁闷的剧情氛围中,好像置鲲鹏于牢笼、困蛟龙于浅水,使痛快豪迈在迂回低沉的掣肘中,因一波三折、不能舒展而愈显痛感之美。

张二奎之后,谭鑫培更以"四郎"为代表作之一,"杨延辉坐宫院"和"老娘亲请上受儿拜"两个唱段叫天遏云,万口传诵。再后,余叔岩、马连良、杨宝森等皆擅演此剧;铁镜一角,则以梅兰芳、尚小云、程砚秋、张君秋等所演惊采绝艳、脍炙人口。作为一出高扬精忠孝义、祈盼天下和同的传统优秀剧目,经过几代艺术大师的千锤百炼,在艺术性、思想性上,日臻圆满。今天更成为戏曲舞台上一道不可或缺的视听饕餮大餐,尤以北京京剧院杜镇杰、张慧芳的主演,在前辈矩度的基础上立定精神,使唱念做演,愈趋炉火纯青,对剧中人物的性格、心理,有了更清晰、细腻的刻画和更合于今天时代精神的诠释。去年中秋节,在长安大戏院的策划下,由杜、张两位老师与上海京剧院的郭睿玥等名家在周信芳艺术空间作了一场全本"四郎"的交流演出,南北合作,雄秀交辉,极盘郁慷慨、委婉豪迈之致。

清人刘献廷有云:"传奇堪比六经,虽圣人复起,不能舍此为治。"意谓隆万以降,因性灵的泛滥而导致名教的崩坏;"礼失而求诸野",赖戏曲主要是花部乱弹演义忠孝、教化人伦,好比是六经(《诗》《书》《礼》《乐》《易》《春秋》)的形象化,使读书人与不读书人,尤其是不读书之妇人小儿,皆易懂而受其感动。特别是《春秋》"左传"中的故事,诛乱臣贼子、治邪说暴行、明华夷大防,更成为各地方剧种尤其是京剧剧目所取材的核心内容。后来专把京剧称作"粉墨春秋",正是就其作为"名教乐事"、载歌载舞以尽善尽美的忠义千秋而言。明末清初,张溥曾发问:"编伍之间,素不闻诗书之训"辈,却能够"激昂大义,蹈死不顾,亦曷故哉"?顾炎武更将"文化"所系的"天下兴亡",责之于"匹夫之贱"。根本上,正是归功于此际传奇戏曲的兴盛,使闾闾大众得到了忠义的潜移默化,所以能葆斯文不丧。

天波府杨家将的故事,父子兄弟、婆媳妻女、主仆妇孺,一门忠烈,千秋正气,为保家卫国前仆后继、可歌可泣。作为《春秋》义例在宋代的演绎,在京剧剧目中占有突出的比重,正是传奇而代六经为治的典型例证。从《金沙滩》《李陵碑》《清官册》到《太君还朝》,传统剧目二三十出,《四郎探母》正是其中之一;新编剧目亦有《状元媒》《雏凤凌空》《穆桂英挂帅》《杨门女将》等六七出。这些剧目,故事情节各异,但无不围绕着北宋朝廷的忠奸之争和边关的华夷之防,高扬了杨家将大义凛然、一往无前、慷慨赴死的爱国主义和英雄主义精神,惊天地而泣鬼神!然而,杨四郎的表现却与此主调似乎显得格格不入,甚至让人不免有"软骨头""投降派""不忠不孝""给杨家将脸上抹黑"的遗憾。在宋与辽、母(佘太君)与子(大阿哥)、原配(孟四娘)与后娶(铁镜公主)、兄与弟妹(杨六郎、八姐、九妹)的二选一中,他最终选择的是弃宋、弃母、弃原配、弃弟妹!那么,精忠孝义又从何谈起呢?如果以其所弃取者为不忠、不孝、不义,那么,演绎这一出剧目的教化意义又何在呢?

带着这个问题,我曾几次请教过杜镇杰、赵洪涛兄。他们谈到,其实,在很长一段时期内,戏曲界对这一问题也颇为纠结,所以,一度还有过修改剧本的反复尝试。在蒲剧中,甚至把故事情节改为杨四郎最后被佘太君杀死而收场。这一"大义灭亲"的改动,虽然简捷痛快,令人有热血沸腾的冲动,但实际的效果却殊不佳。冷静下来,联系前后的剧情细加回味,杀子之举不仅有悖人伦,而且实在太过简单化,让人不能接受。结果,"还是老一辈有本领,"杜镇杰说,"我们所想到的,其实前辈们都已想到过了。"于是,就像对待断臂的维纳斯一样,保留其残缺正是最大可能的完美;"四郎"的情节,也以恪守前辈"缺憾"的处理为最大可能的圆满。

剧情即人情。人情的难处,不只在非此即彼的二选一,更在亦此亦彼的二选一。"熊掌,我所欲也;鱼,非我所欲也",当然是取熊掌;"熊掌,我所欲也;鱼,亦我所欲也",虽然弃鱼而取熊掌,但实际上已经有些为难了;"女朋友落水了,我要去救;母亲同时落水了,我也要去救",则究竟救哪一个?或者先救哪一个、后救哪一个?这样的两难,必须而且只能选一,才是真正的让人情何以堪!对于四郎来说,返回辽邦,固然是对母亲、原配、弟妹的"不孝""不义";但如果留在宋营,又让公主、大阿哥怎么办呢?

恰好,在《名山九集》中有两则关于《春秋》义例的讲解,与杨四郎的两难之选以及我们应该如何看待其选择的问题相关。

其一"父重于君":

邴原别传:太子曹丕燕会,众宾百数十人。太子建议曰:"君父各有笃疾,有药一丸,可救一人。当救君耶?父耶?"众人纷纭,或父或君。时原在座,不与此论。太子咨之于原。原勃然曰:"父也。"太子亦不复难之。

其二"孝弟":

圣人之言孝也,合弟而言之,合友而言之,合慈而言之。未有疾视兄弟、鞭挞子女而可以言孝者也。故曰:"妻子好合、兄弟既翕、父母其顺矣乎。"子路问士,子曰:"朋友切切偲偲、兄弟怡怡。"是语也,包乎忠孝而言之……孝不可不弟,忠可不和乎?宋明忠臣乃始有水火冰炭不相入者,其误天下事必矣。

试将钱名山先生的这两段话,与韩愈《原道》所言"孔子之作《春秋》也,诸侯用夷礼则夷之,进于中国则中国之""夫所谓先王之教者,博爱之谓仁,行而宜之之谓义,由是而之焉之谓道,足乎己无待于外之谓德";以及欧阳修《新五代史》论忠孝"私则至善,义则两得",要在"身从其居,志从其义"结合起来,再来看四郎的不能尽忠、不能尽孝、不能尽义,实非不忠、不孝、不义,而是将至忠、至孝、至义的中华美德,置于一个"人有悲欢离合,月有阴晴圆缺,此事古难全。但愿人长久,千里共婵娟"的情境之中。

四郎身在辽邦一十五载,既没有乐不思蜀,更不是卖国求荣,而是沙滩会的铁血豪情时涌心头,对老娘亲的念想常"肝肠痛断""珠泪不干"。相比于轰轰烈烈的精忠孝义,杨四郎不能尽忠、尽孝的至忠、至孝,对于日常生活中的人们,实在具有更深、更扪心自问的精神感染力。通过四郎从"坐宫""见母"到"返辽",一段又一段声情并茂的唱腔,或委婉沉郁,或豪迈激越,或欢欣鼓舞,或痛彻肝腑……重要的并不在告诉我们应该何取何弃,而更在告诫我们,能够平平常常、"只如吃饭睡觉"般地工作生活,以报效国家、侍奉父母、慈爱子女,是多么值得珍惜的无上福分啊!如果把四郎和六郎的忠孝,视作如"水火冰炭不相入者,其误天下事必矣"。

回想20世纪90年代初,家慈在劳作时不幸遽然离世。嗣后的一段时间里,我翻来覆去地读欧阳修的《泷冈阡表》,听余叔岩的《四郎探母》,每次都有一种"子欲养而亲不待"的伤痛油然涌上心头,逼到眉头不能自禁地潸然泪下，引起小女的困惑不解："爸爸，你怎么又哭了？"——胸中一段，"哭头"三叠，回肠九转，"每年间花开儿的心不开"，于兹而对四郎的精忠孝义有了更切身的体会。

天长地久，此情无绝：愿天下的"老娘，福寿康宁，永和谐无灾"！

## "天下莫大之文章"

近日检理家中旧藏，翻出了钱振锽名山先生写给朱大可的一副对子："无江海而闲，不导引而寿；是邦家之光，非闾里之荣。"不由得引发我的诸多感慨。

名山先生是江南大儒，光绪二十九年（1903）进士。因批评朝政而遭黜归乡，设"寄园"讲学。弟子中如谢玉岑、程沧波、吴作屏等皆有名于时，尤以谢稚柳先生的成就最著，影响最广。道德文章之外，尤擅书法，融碑帖于一炉，端严庄重，气宇堂皇。徐悲鸿先生极爱重之，曾致书玉岑先生求购，"愈多愈佳"。20世纪80年代时，谢稚柳先生为老师刊《名山集》四卷，同时着意搜求老师的墨迹，不惜用自己的精品山水与人交换。曾长期挂在谢老书房中，后来又被刻在他墓碑上的"绚烂归平淡，真放本精微"一联，便是在此际获致的。我的这副对子，约略于同时在朵云轩购得。上款人朱大可为民国知名报人，只是我无缘识荆，因为我知道他的时候，他早已去世了。当时喜欢这副对子，不仅因为它是谢老的老师所写，而且写得好；更因为它的句子寓意深刻。不过说来可笑，当时我所认为的"好"，主要在上联的《庄子》语，属于"少年不识愁滋味"的"为赋新词强说愁"。今天重新打开，注意力已转到下联上了。

句出欧阳修的《相州昼锦堂记》。这篇文章，许多文选都没有收录。《古文观止》是收入的，并引"人云"："天下文章，莫大于是。"这个"人"虽不

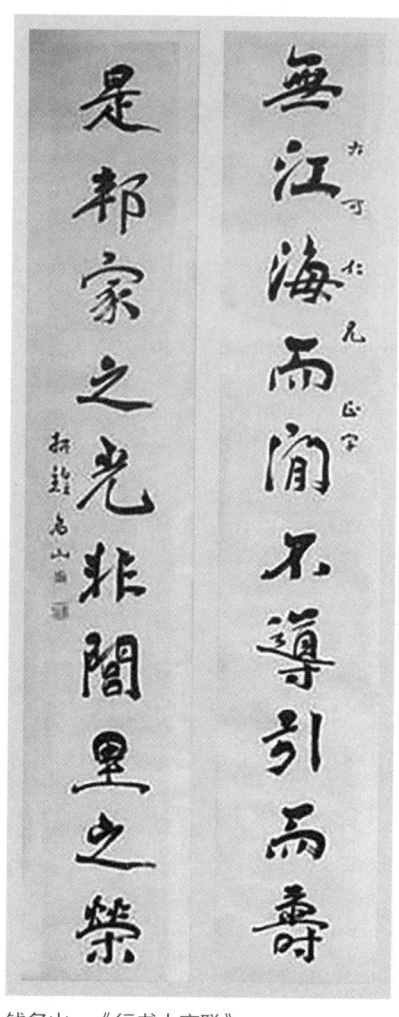

钱名山 《行书十言联》

知是何人，但所"云"却深合我心。

这篇"天下莫大之文章"写的是北宋初的贤相韩琦，但劈头先写到的却是苏秦和朱买臣。所论系针对"富贵不还乡，如衣锦夜行"而发。尤其是年轻时"困厄闾里，庸人孺子，皆得易而侮之""季子不礼于其嫂，买臣见弃于其妻"，以不平的心态，激发他们的发愤拼搏，"侥幸得志于一时，出于庸夫愚妇之不意"。于是"高车驷马，旗旌导前，骑卒拥后"，意气之盛，"惊骇而夸耀"，让当年轻侮他的人，一个个"奔走骇汗、羞愧俯伏，以自悔罪于车尘马足之间"，领教他的颜色。王禹偁《待漏院记》中所斥的"或私仇未复，思所逐之；旧恩未报，思所荣之；子女玉帛，何以致之；车马器玩，何以取之……"，大抵以出身穷厄者居多。所以一旦得志，还乡显摆以出当年的一口恶气，是他们十分看重的一个"政绩"。

韩琦则不然，"世有令德，为时名卿，公自少年，已擢高科、登显士，海内之士，闻下风而望余光者，盖亦有年矣"。包括苏洵、苏辙父子，都曾上书于他。小苏之书称"非有取于斗升之禄"，而"愿得贤人之光耀，闻一言以自壮"，我也曾与李白的"上韩书"以"龙蟠凤逸"自居而乞拔"我"泥涂、"激昂青云"相比较。而韩琦的志向，"惟德被生民，而功施社稷，勒之金石，播之声诗，以耀后世而垂无穷""岂止夸一时而荣一乡哉"！他"才略冠天下，天下之所恃以无忧，四夷之所惮以不敢发，入则周公召公，出则方叔召虎"，但他从来没有考虑过什么衣锦还乡的计划。仁宗至和年间（1054—1056），韩琦节度家乡相州（今河南南阳），同僚以衣锦荣归请其有所纪念，他拗不过众人的美意，便在旧宅的后囿造了一座"昼锦堂"，"既又刻诗于石，以遗相人"。诗中所言，"以快恩仇、矜名誉为可薄——盖不以昔人所夸者为荣而以为戒"！这就完全颠倒了从来的"衣锦昼行"观。欧阳修有慨于此，便写了这篇《相州昼锦堂记》，借表彰韩琦的德行，重申人生得意的真义，不在荣耀乡里，更不在荣耀家庭和个人，而在光烈天下！即所谓"乃邦家之光，非闾里之荣也"。然而，古往今来，苟富贵，而能不生衣锦还乡之心者几人哉！而一旦以"闾里之荣"为念，能葆"邦家之光"者又几人哉！

或言，韩琦因为出身富贵，所以把一己、一乡的荣耀看得很淡；对于出身贫贱困塞的人，一旦发达，扬眉吐气实属人情之常啊！大体上，这当然是不错的，但也不尽然。因为富贵贫贱，不仅是物质上的，更是精神上的。这在苏轼的《上梅直讲书》中分析得非常清楚。当时的苏轼，还处在困厄之中，但他的精神却很富有。他上书梅尧臣，当然有企求功名以报效家国的意思，但更看重的却是精神的操守："人不可以苟富贵，亦不可以徒贫贱。（不得志）有大贤焉而为其徒，则亦足恃矣。苟其侥一时之幸，从车骑数十人，使闾巷小民，聚观而赞叹之，亦何以易此乐也！"相形之下，苏秦、朱买臣之辈，即使跻身到了物质的富贵者之中,精神上实在还是可怜的贫贱者。而历来对君子、小人的区分,正在于精神而不是物质的富贵、贫贱之别;更准确地说,是心理的健康宽广和疾病狭隘之别。

"唯心理疾病者为难养也,远之则怨,近之则不逊。"这是为今天的心理医学所证明了的。心理健康者处贫贱,"分之宜也"而安贫乐道;处富贵,"责之在焉"而鞠躬尽瘁。心理疾病者处贫贱,"天道宁论"而怨天尤人;处富贵,"出人头地"而得意忘形。俗称"小人失意",好比疾病方生,虽然有损于人,但对社会的破坏力还不是太大;而一旦"小人得志",好比病入膏肓,由衣锦还乡的趾高气扬,膨胀而为无所忌惮,对社会的破坏力之大就不可估量了。文章者,经国之大业,治世之良方。医之大者,世推治大病的扁鹊而不是"治未病"的其兄长;则文章之大者,世推不砭失意而砭得志的《相州昼锦堂记》,宜矣!

至于名山先生,虽无韩琦的赫赫功名,但其一生的行藏,全以邦家为重、天下为忧。虽处江湖之远,蓄道士之装,而道德文章,忠义贯日月;其讲学,要在修齐治平,故门下多志道弘毅的国士;赈灾民、吁抗战,更奋不顾身,满头风雨,慷慨以赴。大江南北,一时奉为士林正气。这副对子,与其说是他对朱大可的寄望,毋宁说正是他本人的自况。而人生于天下的莫大文章,显然也不限于作为居庙堂之高、被衣锦之荣者的规鉴,同样也可以成为处江湖之远、赋道冠之闲者的目标。先生《梦江南》云:"只有人心望甘雨,从无天意惜闲云。"但"天下兴亡,匹夫有责",不悔人心望甘雨,纵无天意惜闲云!其君子的操守,决不以位卑而有愧于韩琦;私谥"清惠先生",亦"是邦家之光,非闾里之荣"也。

# 庐山与石钟山

庐山飞峙九江口,石钟小隐鄱阳湖。二山者水脉相通,距离相去并不十分遥远,而所蕴含的道理却截然相反、判若泾渭。

"横看成岭侧成峰,远近高低各不同;不识庐山真面目,只缘身在此山中。"苏轼的这首《题西林壁》,万口传诵到如今。它所告诉我们的是这样一个道理:要想认识一个事物的真相或做好一件事情的真谛,不在置身山中,而必须移足山外。也就是"当局者迷,旁观者清"的意思。例如一个画家,要想画好画,必须"功夫在画外",摒弃形似造型而求诸诗文、书法等"画外功夫"。

但苏轼的《石钟山记》同样众所周知:"事不目见耳闻而臆断其有无,可乎?……士大夫终不肯以小舟夜泊绝壁之下,故莫能知;而渔工水师,虽知而不能言,此世所以不传也。"它所告诉我们的是这样一个道理:要想认识一个事物的真相或做好一件事情的真谛,必须像认识石钟山一样,要深入彭蠡的绝壁实地;远离绝壁的实地,根本搔不到痒处。也就是"不入虎穴,焉得虎子"的意思。具体仍以绘画为例,要想画好画,必须锤炼坚实的"术业有专攻",即求诸"以形体为第一要义"的"画之本法"。

那么,苏轼所主张的识事、处事方法,究竟是求诸事外呢?还是求诸本事呢?

徐建融　《松壑幽泉》

我多次提到,有别于科学上的真理如数学中的勾股定理和圆周率,正确的答案只有一个而且适用于所有的三角形和圆,不同于这个答案的结论都是错误的;文化艺术上的真理却是多元的,甚至两个截然相反的观点也都可以是真理。山外求山与穴中求虎如此,"画外功夫"和"画之本法"如此,可杀不可辱与忍辱负重亦如此,陈言务去、蹊径独辟与踵役常途、窥窃陈编还是如此。但它们各有特定的时间、空间、条件和对象,离开了时空条件来讨论哪一个观点对,哪一个观点错,实际上并无意义而只能使真理愈辩愈糊涂。

庐山为巍峨的大山,宽广而高峻,森罗万象,其"真面目"在全局的气势。郭熙《林泉高致》曰:"远观之以取其势。"如果置身山中,必然"一叶障目,不见森林",故以山外为重。石钟山为幽深的"江湖锁钥",其名声在绝壁中流"空中而多窍"的一石。郭熙《林泉高致》又曰："近观之以取其质。"如果不临其地，难免臆断其奥而不中，故以穴中为宜。

　　以绘画论，泛滥于明清以降的文人画为综合艺术，须赖诗文、书法的文化修养而成笔精墨妙的高雅意境，徐渭、董其昌、八大、石涛等，是谓山外得庐山。徒执于"逸笔草草"的"不求形似"则陷"荒谬绝伦"（傅抱石语），"家家石涛，人人清湘"，是谓山中失庐山。盛行于唐宋之际的画家画包括士人画和工人画为造型艺术，须凭"真工实能"（李日华语）的六法皆善而成形神兼备的高华境界，黄筌、李成、李公麟、张择端乃至莫高窟的众工，是谓穴中得石钟。疏于以形写神的规矩法度则"徒污绢素"（张彦远语），"具其形似则失其笔法，备其彩色则无其气韵"，是谓浅尝失石钟。

　　可是，在现实中，人们总是偏执于自己所认同、践行的观点而排斥、否定不同的尤其是相反的观点。无限放大自己观点的正面例证和相反观点的反面例证，而无视自己观点的反面例证和相反观点的正面例证，来证明自己的观点为唯一的绝对正确，其他观点尤其是相反的观点都是绝对错误的。这使人联想到祖孙携驴进城的故事，孙骑祖步、祖骑孙步、祖孙并骑、祖孙并步的不同方式，在苏轼看来，它们本身应该并无对错，须视不同的实际情况而定夺取舍。然而，在执一者的眼中，却不问实际的情况，认定只有自己认可的方式才是对的，否则便是错的。结果，祖孙俩也就只能扛着毛驴进城了。

　　卧游庐山、石钟山，有感于今天学术、艺术界不同观点的论争如此。

# 一样心情别样娇
## ——戏曲和绘画的两个共同话题

传统的戏曲和书画,是关系亲密的一对姊妹艺术。老一辈表演艺术家和书画艺术家之间的情谊,梅兰芳、程砚秋、俞振飞等的一手翰墨丹青,关良、林风眠、程十发等的擅作戏曲人物,都是"戏画相通"的绝佳诠释。中央电视台戏曲频道有一档"翰墨戏韵"节目,是专门论证"戏中有画",尤其是"画中有戏"的。被采访的书画名家们有一个共同的观点:传统的书画与戏曲是相通的,它们有同样的风格,体现同样的艺术境界。所举的例子,则有诸如以一支蜡烛于光明朗照中表现伸手不见五指的黑夜,以抑扬顿挫的节奏处理唱腔和笔墨的变化,以"少少许胜多多许"的写意手法象外取神,等等。

这不禁使人联想起钱锺书先生的《中国诗与中国画》。相比于"戏画相通","诗画一律"在中国艺术史上有着更悠久、广泛的共识。"我们常听人有声有势地说,中国旧诗和中国旧画有同样的风格,体现同样的艺术境界。"但钱先生却提出了疑问:"那句话究竟是什么意思?这个意思能不能在文艺批评史里证实?"经过反复的论证,他的结论是:"诗和画既然同是艺术,应该有共同性;它们并非同一门艺术,又应该各具特殊性。"典型的例证,便是"在中国文艺批评的传统里,相当于南宗画风的诗不是诗中高品或正宗,而相当于神韵派诗风的画却是画中高品或正宗。旧诗和旧画的标准分歧是批评史里的事实。我们首先得承认这个事实,然后寻找解释、鞭辟入里的解释,而不是举行授与空洞头衔的仪式。"需要补充指出的是,诗画标准的分歧还有一个例证,这就是钱先生在《宋诗选注》中所指出的"具体的诗中有画",也即闻一多所说的"用颜料来吟诗",并没有被作为"诗中高品或正宗";而"具体的画中有诗",也即闻一多所说的"用文学来作画",却被作为"画中高品或正宗"。

戏曲与绘画的相通关系,大抵亦如此。它们也有两个共同话题可以分说。

梅兰芳先生有一句名言:"移步不换形。"这个话题,是从郭熙《林泉高致》的画论中变用过来的:"山,近看如此,远数里看又如此,远十数里看又如此,每远每异,所谓山形步步移也;山,正面如此,侧面又如此,背面又如此,每看每异,所谓山形面面看也。如此,是一山而兼数十百山之形状。"其意为,山水画的写生、创作取景,不宜固定一个位置作"焦点透视",而应该上下、左右、前后多角度地作"动点透视",应使"山重水复疑无路,柳暗花明又一村"的景象能尽萃于一局之中而引人入胜。

但梅先生的"移步不换形"却不是讲艺术的处理手法,而是讲艺术的创新问题。任何艺术都需要创新而不能墨守成规、故步自封,这就是"移步";但任何创新都不能偏离该艺术的本质属性,这就是"不换形"。用程砚秋先生的话说,便是:"守成法,要不拘泥于成法;脱离成法,又要不背乎成法。"程先生的表演尤其是唱腔,在发声、吐字、行腔、归韵方面,恪守皮黄的基础,又广泛汲取各地方剧种乃至民间小调,更自觉地借鉴西方的音乐元素为我所用。如其代表作《锁麟囊》"春秋亭"一折的流水板"忙把梅香低声叫……"一句,末尾加上了十几板的拖腔,便是从欧洲电影《翠堤春晓》中施特劳斯的《大圆舞曲》中引进过来的,使唱腔更显美丽多姿,但又一点不露西方圆舞曲的痕迹！同剧"团圆"一折中最后的"哭头"，也巧妙地糅入了美国电影《凤求凰》的歌曲音调，丰富了旋律的色彩效果，尽其曼妙。

绘画中的"移步换形"，与戏曲中的"移步不换形"，其含义的不同如此。

"行家"和"戾（一作利、隶、力）家"，也是戏曲界和书画界常用的一对术语。"行家"，本指经过专业训练而具有过硬专业技能的职业从业者，即"内行"；"戾家"，则指未经专业训练而疏于专业技能的业余涉事者，即"外行"。宋元时梨园中所称的"行家"，当然是专职的优伶，而"戾家"，则为"追星"自娱的票友。但赵孟𫖯却为之翻案，他认为"良家子弟"才是杂剧界的"行家"，而"娼伎优伶"应为"戾家"。他的本意，主要是以戏文的编剧多为文化人，对杂剧的发展具有领衔的意义，所以应为"行家"；而优伶不过是逢场作戏、照本宣科的工匠，所以应为"戾家"。在很长的一段时期内，无论杂剧还是传奇，编剧的关汉卿、王实甫、徐渭、汤显祖、李渔、孔尚任、洪昇等成为中国戏曲史上的显赫人物，而表演的优伶则基本上不著其名，应该正是受赵孟𫖯这一观点的影响。但从清代徽班进京以后，花部的势头压倒了雅部，传统的戏曲亦由重文学的剧本变而为重演艺的角色，专职的演员作为"行家"，业余的票友即使如溥侗、程君谋、张伯驹、韩慎先也只能作为"戾家"，就再也没有争议了。

长安戏院的赵洪涛兄曾为我讲解"行家""戾家"的分别。第一，"戾家"一定是按照"行家"的标准来唱念做打的，功夫非常到家，甚至专业的年轻演员也需要向他们请教。所以，并不是所有的戏曲爱好者都有资格称得上"戾家"、票友的。第二，根本的是，"行家"以唱戏为职业，可以挂牌卖座；而"戾家"则仅以唱戏为业余的爱好，更不能挂牌卖座，一言以蔽之，在戏曲界，"行家""戾家"仅是职业身份的不同，至于在艺术要求上，容有水平的高下,却并没有标准的分歧。而且,支撑戏曲发展、繁荣的核心力量,是"行家"而不是"戾家",如佛门中的和尚与香客。

赵孟頫不仅为戏曲中的"行家""戾家"作翻案,他还与钱选一起,率先将这一对概念引进了绘画。《六如画谱》中记载了一段二人的对话:

赵子昂问钱舜举曰:"如何是士夫画?"舜举曰:"隶家画也。"子昂曰:"然观之王维、李成、徐熙、李伯时,皆士夫之高尚者,所画盖与物传神,尽其妙也。近世作士夫画者,所谬甚矣。"

在钱选眼里,绘画的"行家"如吴道子、黄筌、崔白等职业画工,具有"与物传神"的真功实能;而文人士大夫中有游戏翰墨者,不过"隶家"而已,不足称道。赵孟頫却提出了异议,他认为李成等非职业的士夫画家同样具有"与物传神"的真功实能,决不能一概地归于"隶家"。但他又承认"近世作士夫画者,所谬甚矣",

徐建融 《春秋亭外》(国画)

虽未具体点名，所指应是类似于苏轼、米芾之类"心识其然而不能然""不学之过"的逸笔草草。

李成等"戾家"，相当于溥侗等票友，虽不以绘画为处世立身的专职，但水平并不在"行家"之下甚至更在其上，而苏轼等"戾家"，则相当于荒腔走板的戏曲爱好者。这样的"戾家"，相比于"行家"，不仅身份不同，更在于标准相异。"行家"画的标准，在"与物传神"的"画之本法"的深厚扎实。从这一意义上，李成等的身份虽为"戾家"，但他们的艺术仍属当行本色的"行家"。而"戾家"画的标准，则在疏于"画之本法"、却具有专职画工所阙如的丰厚博洽的"画外功夫"。赵孟頫虽然不同意把李成等归于"戾家"，但对于把苏轼等归于"戾家"，应该是没有间言的。

然而，进入明清以后，文人画沛然大兴，蔚为画坛的主流，画家画则被排斥到了画坛的边缘。从此，"戾家"成为绘画艺术批评史上表征高雅的褒词，而"行家"则成为表征低俗的贬词，如禅林中的南宗与北宗。

戏曲中的"行家""戾家"，与绘画中的"行家""戾家"，其含义的不同又如此。

其实，何止诗与画、戏与画，世界上任何两件不同的事物，其基本的道理都是一律的、相通的。但此事物之所以为此事物而不为彼事物，彼事物之所以为彼事物而不为此事物，根本上不是因为它们的一律、相通，恰恰是因为它们的分歧、不同。"我们首先得承认这个事实，然后寻找解释、鞭辟入里的解释，而不是举行授与空洞头衔的仪式。"

## 文房和雅集
### ——读《琅玕馆修史图》有感

冼玉清先生（1894—1965）是民国时期史台文苑的一位才女兼奇女，广东南海人，自署琅玕馆主、西樵女士、西樵山人。出身于实业之家，早年求学澳门、香港，青年时矢志教育和学术，决意终生独身，不受家室之累。1924 年毕业于岭南大学后留校任教。新中国成立后历任岭南大学文物馆馆长、中山大学教授、广东省文史研究馆副馆长。著有《粤东著述录》《广东艺文志》《岭南掌故录》《赵松雪书画考》等，并副纂《广东通志》。世以史学家、文献学家、诗人目之。

虽然冼先生的学术生涯早在三十岁便正式开始了，但在当时的社会背景下，条件十分艰难，诚如其 1934 年完成《元管仲姬之书画》后的自述："僻处海陬，参考书不周不备。仓卒成此，自愧芜陋，修订尚俟异日。"直到中华人民共和国成立，百废俱兴，文史工作尤为人民政府所重视，冼先生的弘文修史之志备受鼓舞，才得以充分地展开，进入到其学术生涯的欣盛期。1950 年夏，吴湖帆先生特意为其绘制了一幅《琅玕馆修史图》，并题《四园竹》一阕，以贺其学术新生涯的开启，并题祝其修史有成，斯文永翠。画面碧水环绕中，云石峰起，杂木葱茂，新竹万竿，馆舍掩映，女史正据案修史，题词以为可以"千秋比美"于班昭（曹大家）、李清照（漱玉）。画法在南宋二赵、元代四家之间，允为吴氏画作中的极精之品。

冼先生获赠此卷后，不敢私秘独享，乃广邀京、沪、粤三地文史艺术界的耆硕名流，歌咏题跋，鼓吹休明。至1953年，在四年不到的时间里，得二十七家的诗、词唱和，若商衍鎏、冒广生、龙榆生、吴眉孙、瞿宣颖、汪东、沈尹默、陈寅恪、岑学吕、邓之诚、陈云诰、张伯驹、柳诒澂、顾廷龙、叶恭绰，等等，近代传统型的文化名人，几乎都荟萃到了这一卷画图中。

冼先生于生前将自己收藏的一大批名家书画和古籍、善本捐赠给广东省文史馆，《琅玕馆修史图》正是其中的一件。2019年，广东省文史研究馆为体现"敬老尊贤，崇文尚德"的宗旨，将此卷付之剞劂，分身五百；受惠于现代科技的发达，印刷本清晰精彩，与真迹无异！此举的意义，不仅在表彰冼玉清先生的文心史德，更在弘扬中华优秀文化中两个重要的传统元素：文房和雅集。

文房即书斋，是传统文化创造的主要空间。众所周知，西方文化主要是在隔离于日常生活的"工作室"中创造出来的，如康德哲学论著的写作、鲁本斯绘画作品的绘制，等等，一如实业家的生产之在工厂、商业家的经营之在商场。然而，中国文化的创造却不需要专门的"工作室"，它往往是在与日常生活一体化的文房中进行的。文房的形式，可以是居家中单独辟出的一室，也可以没有单独的一室，而是与起居的卧室、饮食的餐厅共用一室。无论何种形式，它一定有一个名称亦即斋号，这个斋号一定是清雅的，又能体现主人志操情趣的。

以《琅玕馆修史图》的作者吴湖帆先生而论，他的文房以"梅景书屋"之名著称海内，此外还有"迢迢阁""宝董室"等十数个斋名，大多与其收藏的书画名品相关。拥有这么多的斋名，并不是他真的有大量的房产。文徵明曾说：自己的斋馆多于印上起造。也就是说，这个斋那个阁，其实都是刻在印章上的，真正的文房实际上只有一间，甚至连一间也没有。我曾交往过不少老辈艺术家，条件差的两代数口住在二十来平方米的逼仄空间，平时吃饭的桌子餐后便成了画桌，儿子放学回家又成了儿子的课桌，而文房的斋名竟不止一个！吴湖帆先生在那一个时代是富豪级的艺术大家，但他在嵩山路上的居室不仅是租的，而且远比今天书画家的豪宅要小，比之同时的政府要员、商界巨子之花园别墅更不啻小巫见大巫。然而，就是在这狭小的空间中，包蕴了"梅景书屋"等诸多文房的丰富内涵。

冼先生的琅玕馆又名"碧琅玕馆"，也是文房的斋名。琅玕即绿竹，也许她的居室外有竹，也许没有竹但她的心中有竹；而竹子又与修史相关，所谓"留取丹心照汗青"。所以从这个斋名正可以见其心志之所向，并不是说她真有这样一处幽雅的建筑。

此外，从题跋诸家的署款或钤印，如冒广生的"水绘庵"，龙榆生的"忍寒楼"，汪东的"寄庵"，李宣龚的"繁霜馆"，廖恩焘的"半舫"，张伯驹的"平复堂"，等等，莫不是文房的斋名，各有其文化的意蕴。它们不仅仅是一个物理的甚至是心理的空间，更表征了文化创造与日常生活一体化的特色，一如工匠的前作坊后日常，商贾的前店铺后生活。今天，伴随着西方文化的涌入，世界文明的交流，中国的工业、商业打破作坊、店铺的局限而向西方的工厂、商场形式趋同当然是完全必要的；但文化的创造却不仅需要向西方的"工作室"趋同，更应该保存传统的"文房"形式以与西方存异。

印上斋室、画上斋室的兴盛始于明代中叶的吴门画派。文徵明不仅为自己常于印上起造斋室，他还常为朋友于画上起造斋室。迄今还能见到的如《深翠轩图》《猗兰室图》《东园图》《浒溪草堂图》《木泾幽居图》《真赏斋图》等数十幅。此外，沈周、唐寅、仇英等也有不少斋馆图传世。研究者认为，明代中叶，苏州商业繁荣，城市寸土寸金，文化人的文房大多物理空间狭小，所以斋馆图的绘制正可以扩大其文化心理的空间。吴湖帆出身苏州的世代簪缨之家，又是民国时期"吴门画派"复兴的代表人物。寓居上海的"十里洋场"，他当然更深谙文房在传统文化创造中的意义，以及斋馆图在扩大逼仄居处的物理空间为宏敞的文化空间中的意义。所以，整个民国画坛，他不仅是为朋友画斋馆图最多的一个"营造师"，同时又是请朋友为自己画斋馆图最多的一个"物业主"。

雅集即文会，今天一般称笔会，作为传统文化创造的一个重要形式，它类似于西方的"沙龙"，又不同于"沙龙"。"沙龙"活动一般是口头上的交流，而雅集一定是笔头上的交流；"沙龙"的参与者是必须一起在场的，而雅集的参与者则不妨不在同一时空——这便是书画鉴赏的题跋，又称"纸上雅集"。

"纸上雅集"作为传统文化创造的一种独有形式，尤其集中地表现在书画艺术的鉴赏方面。众所周知，面对一件艺术品的鉴赏，在西方，鉴赏者不可能把自己的观感题写到作品上去。例如《蒙娜丽莎》经达·芬奇之手完成之后便终结了它的创造，被定格为达·芬奇的作品；后世的观赏者纵有见仁见智的不同感受即所谓"再创造"，它们也不可能被加诸《蒙娜丽莎》这件作品本身。从这一意义上，西方的文化创造是"完成时"的。然而，在中国，李成的《茂林远岫图》也好，黄公望的《富春山居图》也好，经李成、黄公望之手完成之后并没有终结它的创造，同时、后世的观赏者可以继续在上面进行各自的"再创造"，把自己的观赏感受题写到画面上和画面之外的裱件上如引首、隔水、拖尾诸部位，从而使这件作品的文化创造永远处在"进行时"之中。当然，这需要两方面的条件相匹配，其一，作品本身必须是名家名作；其二，题跋者亦必须是名家高手，然后才能锦上添花，相映生辉。如果水平低劣者把题跋写到名家名作上，便成了佛头着粪；而名家高手为低劣之作写题跋，虽或可提携后进，毕竟有些明珠暗投。

我曾多次讲到，有国学中的书画、国学中的文史，又有美术中的书画、学术中的文史。二者的分水之所在，便是看能否题跋，包括文言和书法。能题跋者也就取得了雅集的资格，有可能在传承、振兴传统文化方面有所作为；不能题跋者，也就主动放弃了自己参与雅集的资格，殊难在传承、振兴传统文化方面有所作为。

通常的情况下，书画鉴赏的题跋，都是以书画作品本身为中心而展开的。但是，《琅玕馆修史图》的鉴赏题跋却别开生面，题跋者们所歌咏的主要并不是图卷作者吴湖帆先生的艺术成就，而是图卷主人冼玉清先生的斯文操守。吴先生的图画辞章，是向冼先生文心史德的致敬，诸名流的诗词题跋，还是在向冼先生致敬。虽然，冼先生本人并没有在这卷作品上留下任何痕迹，但她作为该图卷的核心人物，作为发起这一场纸上雅集活动的东道主人，再也清楚不过。

我们看《琅玕馆修史图》上参与纸上雅集的诸名流耆宿，有国粹派的如冒广生，有新文化人如沈尹默，又有虽非新文化人但却有长期留洋经历的如陈寅恪，其文化的履历虽各有不同，但一手诗词、书法，无不各具精彩。反思今天的文化人，包括文史家和艺术家，又有几个拿得出不求精彩、只求上得了台面的诗词、书法的呢？而当时的中国，不仅文化人，就是自然科学界、商界、政界乃至青帮中的人物，往往也能文言、诗词、书法。每有传统的专家追责传统的衰落，辄归咎于五四或某人的"反传统"。闻一多认为：故步自封的"国粹派"、全盘西化的新学派,皆不足以言"振兴国学";"唯吾清华以预备留美之校,似不遑注重国学者,乃能不忘其旧,刻自濯磨。故晨鸡始唱,踞阜高吟,其唯吾辈之责乎!"

事实证明,正是五四之后,以闻一多、鲁迅、陈寅恪等为标帜,迎来了传统文化革故鼎新的又一兴盛期。至于自己在"弘扬"传统却把传统不振的责任推卸给某人的"反传统",就好比足球运动员把足球踢不好的原因归咎于王楠打乒乓球,这更从根本上违背了传统"仁者如射"的原则,一如颜李学派的程绵庄所说:"今之害道出于儒之中。"

今天,我们正投入到中国特色社会主义文化的建设,其核心之所在便是"坚定文化自信"。坚定文化自信就需要我们创造性地转化并创新性地发展传统的优秀文化,故《琅玕馆修史图》中所包含的文房和雅集这两个元素,也就值得引起我们格外深思。

## 寄园弟子谢玉岑

谢玉岑（1899—1935），名子楠，号觐虞，是20世纪30年代海内公认的一个文艺天才，尤以词、书、画的成就最高、影响最大。其词，被誉为纳兰之后哀婉独胜；其书，以金文大篆被认为足可媲美缶庐的石鼓文；其画，则被推为并世文人画第一。当时的各种文艺社团和活动，也多以其为中坚的核心人物。以他的成就和声望，完全可以以职业化的词人、书家、画家或单独或综合地活动于世，他却始终以一介教师的身份"传道、受业、解惑"。从1925年先后任教广州中山大学、永嘉浙江第十中学，到1926年任教上海南洋中学、1930年任教中国文艺学院，再到1932年任教上海爱群女子中学、1933年任教上海商学院，终其一生，文艺，无论诗、词还是书、画，在他都是作为业余的几门爱好"游"之而已，没有一门被他用作立身处世的本职。

或曰：谢玉岑之所以选择教师作为自己终身的职业，是迫于生计，为稻粱谋的一份稳定的薪资。窃以为其说缺少说服力。据《近代金石书画家润例》："一九二九年教育部全国美展出品标价，谢玉岑八尺屏六条一百二十元""一九三三年书画价目，谢觐虞三尺十三元"；而同期"王师子三尺十元，王个簃三尺八元"，其书画的市场价格高出当时不少职业书画家甚多，如果选择鬻艺为生，其收入肯定在做教师之上。

不仅谢玉岑，从寄园出来的人才，包括名山先生本人，无不以诗文、书画等文艺名世，却没有一人以文艺处世的。这是颇为令人不解的一个现象。直到 2017 年，常州博物馆举办"风雅与归"的钱谢联展，邀我作主题演讲，才"逼"我花工夫对这个谜团作了自认为还说得通的疏解。

在很长的一段时期里，我们都是通过文艺包括诗词和书画来解读谢玉岑包括其弟谢稚柳，并借此而认识了钱名山和寄园。这显然是本末倒置的。事实上，只有在充分认识钱名山和寄园的前提下，我们才能真正认识谢玉岑、谢稚柳包括他们的文艺。

被誉为"江南大儒"的钱名山，其学问的根本是经史，尤其是《春秋》和《孟子》。自然，寄园的教学内容，重点也在经史而不是文艺。其弟子程沧波说："先生之学，不拘名物训诂之微，而宗文章义理之大者。故'十三经'、《通鉴》、诸子为寄园之正课，而'三通'与《宋元学案》附丽之。寄园之徒，无长幼贤愚，谈'二十四史'如数家珍。"今天还能见到的部分钱名山批点《寄园选录及窗课文抄》即弟子的课堂笔记和课外作业，没有一篇是有关诗词文艺的，足证程氏所言不虚。而钱名山论《春秋》义例，在公羊的"大一统，攘夷狄"之间插入了四条："重人伦，警僭窃，正名分，诛弑逆。"这里的"正名分"，不仅包含了对上下、长幼、尊卑社会秩序的认识，同时也包含了对自己和自己所要培养人才的职业身份的认识。

钱名山对谢玉岑的期望是："当博读古今书，成大儒""志求温饱者，非吾婿也"。这段话的缘起，是因为少年谢玉岑入寄园一年后，在一位族叔的主张下考入上海的一所商业学校学贾，而玉岑受浙东学派"工商皆本""士行贾业"观的影响，以为"天下贫病"，救国"以理财为急"。常州学派的钱名山却恪守士为四民之首，当以志道弘毅为任，力阻其步尘陶朱，要他重返寄园。

韩愈《符读书城南》云："文章岂不贵，经训乃菑畲。"对于儒士来说，文艺虽然可贵，止于"游"之的余事，经史才是必须"志"之、弘之的根本。司马光认为："经者儒之根本，史者儒之一端，文者儒之馀事。"与韩愈所说完全是一样的意思。欧阳修更认为，不以器识为涵养，"勤一世以尽心于文字间者，皆可悲"而"不可持也"！所谓"文章"或"文字"，包含了多种体裁，大略文以载道、诗以言志、词以缘情。则"六经皆史，诸史皆经"，文为经史之余事，诗为文之余事，词又为诗之余事。夏承焘先生的弟子吴战垒兄曾和我讲到，年轻时陪乃师拜访马一浮，一代词宗竟对马"执礼甚恭如弟子"；当时颇为不解，后来才认识到两位先生间的关系，正反映了传统文化中经史与文艺的关系。文艺固可锦上添花，但作为根本的锦却不在文艺而在经史。

所以，司马光编《通鉴》，以"不载文人"为原则，"词赋等若止为文章，便可删去"。其意有二，一、其人止以

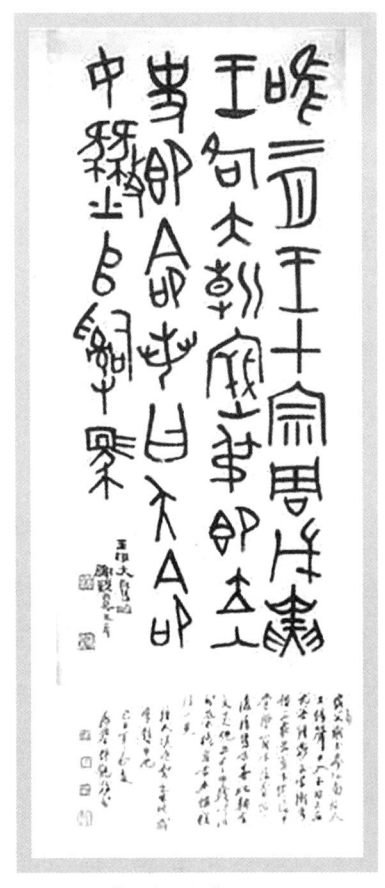

谢玉岑　《临金文轴》

撰写文章立身于这个社会；二、其文仅止于文学抒情的意义而无关载道、经国。同时的刘挚诫子孙曰："士当以器识为先，一号为文人，不足观矣。"可为此下一注脚。

《宋史》"文苑传"序："国初，杨亿、刘筠犹袭唐人声律之体，柳开、穆修志欲变古而力弗逮。庐陵欧阳修出，以古文倡，临川王安石、眉山苏轼、南丰曾巩起而和之，宋文日趋于古矣。"意谓宋朝文艺之盛，功在欧王苏曾。但文苑纪传"海内文士彬彬辈出焉"，却不载四人，正因为四人并非"止为文章"之人。

《新唐书》"文艺传"序以韩愈、柳宗元、李翱、皇甫湜为"唐之文完然为一王法，此其极也"，但同样不载四人。原因也正在"夫子之门以文章为下科"，故文艺纪传，但"取以文自名"亦即"止为文章"者，而不取志道游艺的儒士尤其是大儒。四家之外，在序中列举的文艺成就卓著者还有杜甫、李白、李贺、李商隐、元稹、白居易、刘禹锡、杜牧等，在"文艺传"中同样有取有舍，而取舍的标准仍在"职于艺"与"游于艺"之分。序中还特别提到，不同于志道者的立德、立功，文艺家的立言，"天之付与，于君子小人无常分，惟能者得之，故号一艺。自中智以还，恃以取败者有之，朋奸饰伪者有之，怨望讪国者有之。若君子则不然，自能以功业行实光明于时，亦不一于立言而垂不朽，有如不得试，固且阐绎优游，异不及排，怨不及诽，而不忘纳君于善，故可贵也"。所谓"文人无行"，显然，这也正是古今许多文艺才华高赡的儒士热心于游艺却不愿意职艺的原因之一。顾炎武甚至认为，韩愈如果不写文学性质的诗文，其"原道"的形象将更高大。

昔人论苏轼、李白异同，谓"太白有东坡之才，无东坡之学"。才者，物喜己悲以吟咏性情的才华，更多地表现于文艺的创作；学者，忧乐天下以

谢玉岑　《双真图》

经世继圣的器识,更多地表现为经史的涵养。所以,区别于"止为文章"的李白以"日试万言,倚马可得"自诩,苏轼在《上梅直讲书》中明确表示对职业身份的自我认定:如能进入仕途,则以周公的"功业"为榜样,尽心尽责于国计民生;如无缘于仕途,则以孔子的"行实"为榜样,安贫乐道于斯文教化。是即"不为良相,即为良师";文艺之事,不过"志道、据德、依仁"之余的"游"之而决非"志"之的本事。

明乎此,对寄园之学包括对钱名山、谢玉岑的认识,也就需要以经、史、文、诗、词、书、画为序,而不能割裂了经、史、文,单论其诗、词、书、画。盖前者关乎器识,后者止于才华,弃其器识而赏其才华,无异于买椟还珠。由于以器识为先,所以,从寄园走出来的弟子,不是供职于政府部门,就是从事教育工作。几乎没有一个以文艺为职业的,不仅没有鲁迅所说的"空头文学家",就是于文艺功力深厚、声望高华的,也不做职业文艺家。为人师表的钱名山如此,弟子中如谢玉岑、唐玉虬、邓春澍(皆从教)、程沧波、王春渠、郑曼青、吴作屏、谢稚柳(皆履职政府部门)亦如此。谢稚柳先生直到晚年还经常表示:"绘画是我的业余爱好,我的本职是博物馆的征集、鉴定和研究工作。"虽然,中华人民共和国成立之初,谢先生曾负责过上海中国画院的筹备工作,但画院正式成立之后,他的编制却不在画院而仍在原先的文管会。当然,寄园的经史之学不同于今天的经史之学,它是落实、融汇在学者日常和常识的生活行为之中的,而不是以体系庞大、逻辑缜密的著述填补学术研究的空白。换言之,它是"学养"而不是今天所谓的"学术"。论学术,钱名山的《左传论》根本无法与今天《春秋》学专家的皇皇巨著相提并论,谢玉岑更没有留下关于经史的专门文字。然而,论学养,"春秋"义例,在钱名山、谢玉岑包括其他弟子的行为中,以及他们载道、言志的诗文中,则如龙光牛斗,正气浩然。

关于谢玉岑的事迹以及他的文、诗,因为为他的词、书、画所掩,我们知之甚少。所喜近几年来,他的裔孙建红世兄不遗余力地爬罗剔抉,所获甚丰,通过对其行为和文、诗的认识,玉岑先生在我们面前的形象,渐渐地也从以往所见的哀婉悱恻的爱情、词情所赋予的性灵风雅,转而呈现出豪迈慷慨的器识所涵养的"春秋"风雅的另一面。如其姨父吴放题其《秋风说剑图》两绝所云:

东山裘马客，年少自翩翩；三尺青萍剑，摩挲到酒边。

甚向秋风哭，长沙此志同；男儿当爱国，热血一腔红。

准此，仿昔人对苏轼、李白所作的比较，我们也不妨对谢玉岑与纳兰性德作一比较："纳兰有孤鸾之才，无孤鸾之学。"黄山谷评苏轼，以为"文章妙天下，忠义贯日月"，移作对谢玉岑的评价，无疑也是合适的。至于李白、纳兰，纵以性灵的文章妙天下，却未有"春秋"的忠义贯日月。至此，对于谢玉岑包括钱名山、程沧波、谢稚柳等一代文艺的宗师、大家，为什么不是"职于艺"而只是"游于艺"的谜团，一如开两宋文风的欧王苏曾和极三唐文艺的韩柳李皇之不入"文苑（艺）传"，也就自然得到了破解。

值此玉岑先生诞生一百二十周年，谨以此小文作为纪念。

# 钱名山论书三句话

传统的优秀文化,"闻道有先后,术业有专攻","职于艺"者要"进于道",而"志于道"者不妨"游于艺"。由于"职""游"的不同,所以,对于同一门艺术,二者的认识有时不免会发生相当的分歧,尤其在书画艺术上更是如此。近读《名山书论》,其所倡与平时习见的专业书家的观点,便大有径庭之处,但又似可以作为专业书家的参考。

钱名山先生无意作书家。他一生的学问,全根柢于经史尤其是《春秋》之学,于《左氏》《公羊》《谷梁》三传多有发明而尤重《左传》,识者以为"精思独创,实清儒著述中所未尝有"。但不同于作为专家的经学家、史学家、《春秋》学家,他不是把经史、《春秋》作为研究的"学术",而是作为贯穿于日常生活、立身处世包括"余事"之书法的"学养"。这一点,从他的《名山书论》尤其可以看得清楚。名山先生作书,迥异于近世专业书家的悬腕、悬肘,即使作盈尺的大字,他也是手腕靠在桌面上的。抗战期间鬻书赈济难民,甚至写到把手腕磨砺出血!他的弟子谢稚柳先生作书,同样也是如此。对这种书写方式,可能当时便有人提出质疑,因此,他在《名山书论》中用大量篇幅论证了古人作书未必"以悬手(即悬腕、悬肘)为法"。但我以为名山先生书论的主要价值并不在此,因为"执笔无定法",悬手还是不悬手,更是各人的习惯问题,二法尽可并存,不必执此而斥彼。

钱名山信札

在我看来,《名山书论》的最大创见有三。一是"行其所无事"。什么是"行其所无事"呢?就是书法最基本的规矩法则,"是'画',还他平;是'竖',还他直;是'口',还他方;是'田',还他四孔均匀;是'林',还他两木齐整;'川''三',还他两夹清明;'齐''灵',还他左右轻重如一;长的还他长,短的还他短,扁的还他扁,如此,则所谓'行其所无事'也。俗书之坏,只为习气多。凡所谓习气多,皆非字之固有者,皆作伪,心劳口拙之类也"。又说:"奇形怪状,一切皆是野狐禅。夫道若大路然,书犹如是也。所见书家,方其初学,弥为近理,及其成家,必入丑怪。一入歧途,永无出路。故曰:中庸不可能也。不偏之谓中,不易之谓庸"。横平竖直,是写字的基本准则,当然不是水平、垂直而不妨右上、左偏,但移步不换形,决不能把横写成不平到不成横,竖写成不直到不成竖。这就是《论语》中"博学于文""亦步亦趋""无过无不及",和韩愈《进学解》中"踵常途之役役"的意思。"天下本无事,庸人自扰之",不少书家却把心力用到了无事生非的"大跨度创新"上去,舍常途而欲"独辟蹊径",弄得"奇形怪状"以博取观者的眼球,他认为是不可取的。

《老子》说:"治大国,若烹小鲜。"名山先生于书法,则可谓"烹小鲜,如治大国"。这个"行其所无事"的书学思想,便通于《春秋》"大一统,攘夷狄"的义例。横平竖直好比周室,变化创新好比诸夏,而"奇形怪状"便成了夷狄。"内其国而外诸夏,内诸夏而外夷狄",有"用夏变夷",无"用夷变夏",这其间的等次彝伦、文化差异,施诸"治大国"为《春秋》学,施诸"烹小鲜"便为书学。

其二是"拼命到自然"。其说:"或问作书如何?曰:'拼命。'或曰:'艺之为至者曰自然,拼命不与自然左乎?'曰:'拼命到自然。'""拼命"讲的是用功,"自然"讲的是随性。用功于规矩法则,不能进入到"自然"之境便拘执于刻意;个性的创造,没有在规矩法则上"拼命"用功的基础便沦于野狐禅。对于名山先生来说,书法只是经史的余事,经时济世的小道,但"有暇即学书",不仅可以"消日"养心,而且也可以有补于世道。所以,他的"拼命",首先在于"敬事":"因学书悟到先儒一'敬'字。"《逸周书》"敬事曰恭";韩愈《进学解》"业精于勤,荒于嬉;行成于思,毁于随"。盖事有正余、大小,"敬事"的态度则一以贯之,无有分别。他的"自然",在于不存功利心:"为学求益,非善之善者也。学之为益也无形,日计不足,月计有余;月计不足,岁计有余;一岁计之不足,十岁计之有余。假使有益然后学,是无益将不求矣。是故为学之道,当视为吃饭睡觉,当然如此,乃善之善者。夫学书不可求益,临书不可求工,尽之矣。"他的"拼命到自然"于是便臻于心信手、手信笔之境:"下笔最忌疑,要使心信手、手信笔,则不疑矣。要求其信，莫善于熟。虽然，去一'疑'字，则天下事皆可为之。孙吴用兵，不过如此，何止于书。"可证他的书学思想，还是从经史之学而来。

但即使如此，个性的创造还有雅俗、高下之分，并不是只要有个性就是好的，"奇形怪状"不也是个性，而且是更富于视觉冲击力的个性吗？所以，名山先生论书的第三个重要观点便是"胸中有道理"："胸中原来无字，所以临下笔写出多少奇形怪状来。问：'如何胸中便有字？'曰：'也须要有些道理，有些见识，然后胸中有字。'东坡谓'胸中有个天然大字'，只是胸中有道理而已。"又说：若王、虞、颜、柳，"大都有高旷绝俗之资，有勤苦不易之志，亦皆为道之一体，未可谓全无道理也。若只是一个世俗人，如何胸中有字来"？这个"道理"，我们今天一般理解为"风雅"。典型的标举，便是袁中郎、董其昌辈性灵诗文的风流闲雅而"平居大异于俗人"。但在名山先生，更重经史、《春秋》之学，《诗经》国风、大小雅的"温柔敦厚""思无邪"，而"平居无异于俗人，临大事而不夺"。没有这样的学养，即使在"行其所无事"的基础上"拼命到自然"，也不过技术之事，艺术的境界是不能高旷的。更遑论有些书家要在无事生非的创意下，带着强烈的功利目的"拼命"到不"自然"，并把不"自然"当作习惯成"自然"的"创新"风格。

昔者，欧阳修论"颜（鲁）公书如忠臣烈士、道德君子，其端严尊重，人初见而畏之，然愈久而愈可爱也"；苏轼论"（文）与可之文，其德之糟粕；与可之诗，其文之毫末；诗不能尽，溢而为书，变而为画，皆诗之余。其诗与文，好者盖寡，有好其德如好其画者乎"？我于名山先生的书艺、书论，亦作如是观。读孔子《春秋》，要在微言中见大义，则读名山书论，宜于余事中见正心。志道而"游于艺"，与职艺而"进于道"，其同而不同、不同而同者如此。

# 入乡随俗的倪云林

> 看画哦诗重慨慷，百年翰墨付微茫。
> 已怜挥洒如摩诘，可忍悲歌似子昂？
> 名世几人称妙手，旧游随处搅愁肠。
> 云林故事惟文藻，遗迹偏多在远乡。

这是明初韩奕《奉次云林画上诗韵》对"斯世与斯人，邈矣不可攀"（亦韩奕句）的一代高士倪云林（1301—1374）的缅怀念想。今年是倪云林诞生七百二十周年，不由得想到"云林故事"及"遗迹偏多"与上海松江的甚深因缘。

在元代不到百年的时间里，以松江为枢纽的浙西（钱塘江以北、太湖以东的苏锡常、松、杭嘉湖地区）是当时文化艺术的中心，尤以云间曹知白、昆山顾阿瑛、无锡倪云林以招徕四方文艺之士闻名天下。但曹、顾均为谦谦君子，彬彬长者，待人处世，既清操自守，又温柔敦厚。倪云林却年少轻狂，恃才傲物，尤多怪癖。在当时传得沸沸扬扬者有二，一是洁癖，每次洗脸、洗手，"易水数次"，院中树石，亦常洗拭。二是"避俗如恐浼""见俗士索钱，则置钱于远所，索者自取之，恐触其衣也"；"客非佳流，不得入"门庭。故曹、顾家中宴客不断，而倪家却从不设宴款客。曾有外人（估计是中亚人）入关，闻其名而专诚来访，以沉香百斤为贽，云林明明在家，却命家人说是"适往惠山饮茶，明日再至"；至，"又辞以出探梅花"。其人徘徊数日，不去，乃密令开"云林堂"使登，"堂东设古玉器，西设古鼎彝尊罍，其人方惊顾间，问其家人曰：'闻有清闷阁者，可一观否？'家人曰：'此阁非人所易入，且吾主已出，不可得入也。'"其人望阁再拜而去，终不得一面。云林之不近人情如此！

不仅对"俗客"极尽歧视，就是对同为高雅而名声与其相埒者他也不无傲慢。1342年题曹知白《溪山无尽图》卷：

吴淞江水碧于蓝，怪石乔柯在渚南。
鼓舵长吟采萍去，新晴风日更清酣。
松瀑飞来到枕边，道人清坐不须弦。
曹君笔力能扛鼎，用意何止让郑虔。
脉脉远山螺翠横，盈盈秋水眼波明。
西北风帆江路水，片云不度若为情。

至正二年春三月，偶过廉夫杨君斋头，得观曹贞素卷，别有会心，爰题三绝于左方。时扁舟欲西，因草草也。

"廉夫杨君"为杨维桢，"曹贞素"即曹知白。曹知白的"玉照堂"与顾阿瑛的"玉山草堂"、倪云林的"云林堂"，当时并称浙西的三大风雅渊薮，且曹氏长其整整三十岁，算得上是他的长辈。但题诗不称"曹公"而称"曹君"，跋语更直呼"曹贞素"，其迂傲的个性可见！是否他真的不懂长幼之序的礼仪呢？并不是的。就在上一年他题黄公望《雪山图》：

雪上溪山也自佳，黄翁摹写慰幽怀。若为剩载乌程酒，直到云林叩野斋。倪瓒题大痴翁写《雪山图》以赠山甫卢君，至正元年十月四日。

黄公望年纪与曹知白相当，只大曹两岁，其当时的社会地位远逊于曹。倪云林对之一口一个"黄翁""大痴翁"，两相比较，他对曹知白的态度，正如法坤宏的评价郑板桥："惟不与有钱人面作计。"可见倪云林除"避俗"之外，还有一个怪癖"嫉名"，亦即"文人相轻"。这样的性格，在待人处世中肯定引起不少人的不爽，如杜甫的论李白"世人皆欲杀"。用《颜氏家训》之所诫，则所谓："文义之士，多迂诞浮华，不涉世务，纤微过失，又惜行捶楚，所以处于清高，盖护其短也。"人们之所以容忍他们，不忍"捶楚"他们，甚至还把他们捧得很高，实在是因为爱才而护短，而绝不是肯定他们的怪癖为高标。

当然，在倪云林还因为有一个厉害的哥哥。

倪云林兄弟三人，二哥子瑛弱智，不论。大哥文光则是道教中的重要角色，又善治生产，上自朝廷官府，下至地方百姓，不仅人脉广，而且人缘好。倪家的万贯家产以及社会特权，都是靠文光打拼得来的，为云林呼朋引类、诗酒书画的风流文采提供了坚实的经济基础。但1328年秋，文光突然病逝，云林却只知挥霍，不事生产，不过二十年的时间，兄长留下的家财渐为耗尽，人脉的余荫也不复留存，终于1350年前后宣告破产，流落江湖以乞食为生。其中他到得最多的地方，便是松江和吴江，即《明史》等多种文献所载的"扁舟箬笠，往来震泽、三泖间"。事实上，倪云林在最后的二十年里，到过的地方有宜兴、常州、太仓、昆山、吴江、苏州、松江、嘉兴、湖州等多处，但是，为什么众多文献不约而同地单取吴江、松江两地呢？我想，吴江是因为他待的时间最久，松江则于他文化上的意义更大。

吴江与无锡相近，在倪家巨富时，得到其照顾的人家应该是不少的。云林有子二，长孟羽，早卒；次季民，应该仍生活在这一带；女三，长适徐瑗，次适陆颐，幼适母舅蒋氏子，亦皆生活在附近。亲友既夥，则投桃报李，落魄后找上他们，也可以说是人情相抵。但松江的朋友，当年的倪云林显然是不太看在眼里的，这从前引倪题曹知白画诗便可见出。而现在，松江的朋友们竟然仍然对他若无其事地以礼相待，这对他的触动实在是极其震撼的。

众所周知，倪云林的传世作品，在清閟阁中时所作者甚少，绝大多数都是破散家财流落江湖后所作，这就是"遗迹偏多在远乡"，且以在松江者为尤夥。

上海博物馆藏其《竹石霜柯图》，疏笔渴墨，极秋意之萧瑟淡泊，似园林的一隅，又似江渚的边角。画面自题："十一月一日灯下戏写竹石霜柯并题五言：久客令人厌，为生只自怜。每书空咄咄，聊偃腹便便。野竹寒烟外，霜柯夕照边。五湖风月迥，好在转渔船。云林子。"应该便是在松江所作，只是不知具体的年份。因为上方另有钱惟善、杨维桢的题诗，而钱、杨正是长期寓居松江的两位大名家，又是倪云林的好友。钱惟善的题诗：

去年溪上泊轻舟，笑弄沧波狎海沤。

云去楼空无此客，寒林留得数竿秋。

是回忆与倪云林同游松江小金山（今属金山区）入海口时的高兴不可一世，眼空四海而目中无人，如今却脱胎换骨般地变成了似乎是另一个人。变成了怎样一个人呢？再来看杨维桢的题诗：

懒瓒先生懒下楼，先生避俗避如仇。

自言写此三株树，清閟斋中笔已投。

是说当年的倪云林可是清高得很，对俗人简直就像对仇人一样，严划界限绝不亲近！现在，终于放下了清閟阁中的架子，入乡随俗了。

倪诗自述的"久客令人厌，为生只自怜"，正表明他已经认识到当年的

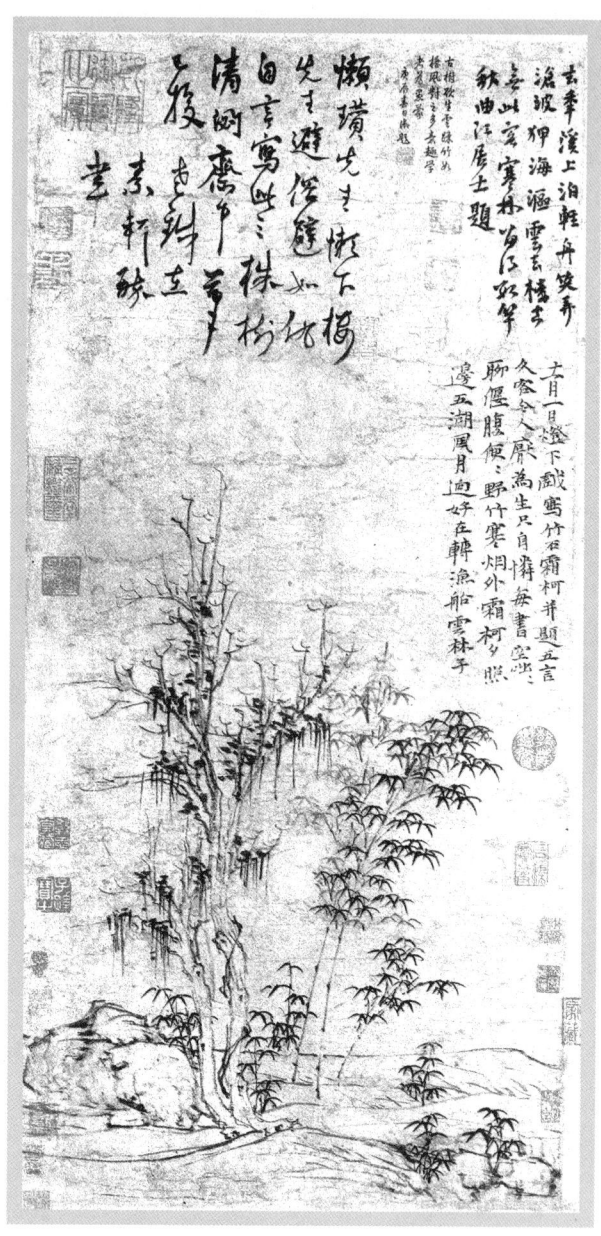

[元] 倪瓒 《竹石霜柯图》

讨厌别人,实在是很不应该的;倒是如今的自己,老是赖在朋友家里打秋风、吃白食,不会引起别人的讨厌吧?所以,为了回报朋友的招待,从此便"投"下了清閟阁中的绝俗之笔,不再鄙夷他人,而是提起了另一支从俗之笔,恭维他人。从此,倪高士的形象也就不再是"令人厌"的敬而远之,而是令人亲的"大众情人",一时江南人家,竟以有无倪画为清浊。

　　不过,他的这一洗心革面也引起了别人的不满。同样也是流寓松江的陶宗仪在《辍耕录》中提到,有一位陈云峤,时在杭州,以富贵豪放名世,云林落魄后慕其名求见,陈为张宴湖山间,罗设甚至。酒终为别,云林以一帖为谢。云峤馈米百石,命从者移置近所,举巨觥,引妓乐、驺从,悉分散之,斥倪云:"吾在京时,即熟尔名,云南士之清者,它无与比,其所以章章者,以米沽之也。请从今日绝交。"且骂诸曾誉之者。时张伯雨亦在座,不胜踧踖。谢稚柳先生当年给我讲起这个故事,对比以当年清閟阁中的避俗如仇,认为是"角色反转",并戏和杨维桢诗:

　　　　诔辞诗笔信堪投,高士何时懒下楼。
　　　　宴罢殷勤重馈米,当筵真见俗成仇。

　　回过头来看这张《竹石霜柯图》,长期以来并未为美术史和倪云林的研究者所特别关注。但是,从作品中所包含的倪瓒、杨维桢、钱惟善三人关于倪氏人生和艺术思想转换的对话,我称之为"松江对",则是任何一幅倪画所无法取代的。

　　倪云林画为元人逸品第一,然世以避俗如仇视之则非。盖避俗如仇,清閟阁中懒下楼时事也。至门庭衰落、破产散家,求助亲友、乞食江湖,久客人厌,为生自怜,于是到处应酬,遗迹偏多,"清閟斋中笔已投(扔弃)"而"诔辞诗笔信堪投(回报)"矣。山谷道人论不俗有二,平居无异俗人,此不俗人也;平居大异俗人,此真俗人也。大异俗人者,清閟阁中之云林也;无异俗人者,三泖水畔之云林也。故观倪画,宜以从俗处见其不俗,方得逸品之致;避俗观之者,去逸品转远。

这是我拟云林笔意时常用的一段题跋,也是我对"云林故事"和"遗迹偏多"中"松江对"的见人所未见。当然,这一认识的来源是谢老。1991年,无锡市文联编《倪瓒画集》,请谢老撰序,谢老命我代笔。文章完成之后,谢老亲自在结尾处加了一句:"明清之际学他画风的人不少,但却没有一个能得到他的精髓。"这个"精髓",正是指其"从俗"的"不俗"。"不食人间烟火"的画品,恰恰全是世俗的烟火气。

# 董其昌的身后是非

"历史是任人打扮的小姑娘"。——"胡适"的这句名言,虽属误传曲解,但它洞悉历史在现实中的意义和价值,实在入木三分。虽然,这样的意思古人早就讲过,如陆游的"身后是非谁管得,满村争说蔡中郎"。但把历史比作死去千百年的糟老头,总不如比作鲜活水灵的小姑娘,更为人们所喜闻乐道。则"胡适"的这句名言,在史学界的影响比陆游的诗句大得多,也就在情理之中了。

本文要说的历史人物是晚明的董其昌。这位书画大家身上的是是非非,从"民抄董宦"故事的哄传众口,到对其画艺画论的大毁大誉,三百八十年来可谓争执不断。

董其昌官居显赫。当时内乱外患,天下动荡,他在其位不谋其政,深自远引,属于王禹偁《待漏院记》中"无毁无誉,旅进旅退,窃位而苟禄,备员而全身者"。但他流连书画,倡为"南北宗"论,却是成就卓著的一代大宗师。他的朋友陈继儒评测他的人生:生前"画以官传",身后"官以画传"。准得不得了。生前"画以官传",这并不稀奇,只要官职高了,你的画总有人欢迎的;但身后"官以画传",就非常难得了,如果不是你的画艺确实高超,无论你生前的官职再高,身后也不再会有人买你账的。如晚清的张之万,道光二十七年进士,历任兵部、吏部尚书,官至东阁大学士,工山水,生前"画以官传",名气甚大,身后却未能"官以画传",只落得一个三流的小名头。

然而,以董其昌的画艺超群,在身后的评价也绝不是盖棺定论的,而是有着落差如云泥的反复不定。晚明至清末,他被人们打扮成风华绝世、集万千宠爱于一身的国色天香;民国之后,直到80年代,他又被打扮成一个蓬首垢面的"灰姑娘"。先是因为他的摹古、保守,不合"笔墨当随时代"的创新潮流;后来又因为他大官僚、大地主而且是大恶霸的身份。总之,在我的年轻时代,讲到中国画的优秀传统,便是齐白石、黄宾虹、吴昌硕、扬州八怪、石涛、八大、徐渭;董其昌不仅不在其列,而且常被作为典型的"反面教员",人皆掩鼻而过。

20世纪80年代初,陆俨少先生出版了《山水画刍议》一书,其中讲到"学石涛,往往好处学不到,反把他的毛病染到自己的身上"(大意),真是我闻所未闻!于是便到晚晴轩中请教:"人们不是称誉您的笔墨是石涛之

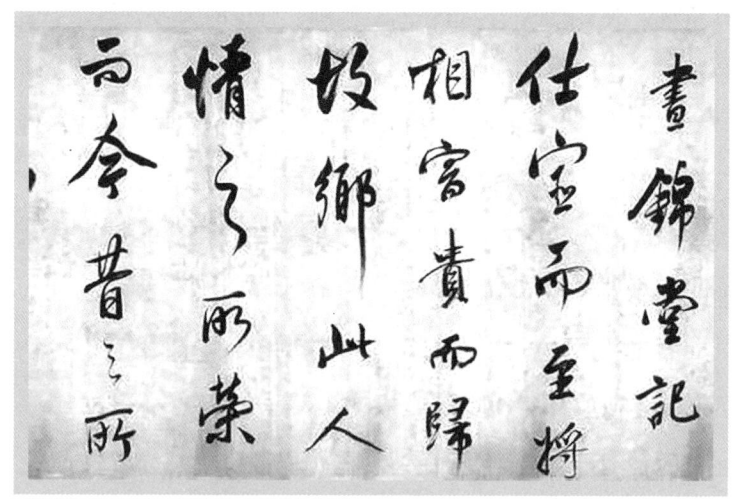

董其昌书欧阳修《相州昼锦堂记》(局部)

后三百年来第一人吗？"陆先生便指出石涛"出奇无穷"的精彩绝伦中所埋藏着的诸多不足，并表示："石涛的笔墨对我已是不在话下了，董其昌的笔精墨妙才是我难以企及的啊！"还语重心长地告诫我："你要好好看看董其昌，只有等你看懂了董其昌，才能真正看懂笔墨，看懂中国画。"于是，在陆先生的指点下，我便开始认真地研读董其昌，包括他的作品和画论；还把研读所得的体会写成一篇万言长文《一超直入如来地》，几经修改后由陆先生推荐给中国画研究院的院刊。不久，陆先生告诉我，叶浅予先生给他来信了，说文章见解独到，极富新意，已准备刊用。陆先生笑着说："讲石涛不好，我是第一个；讲董其昌好，让侬做第一个。"我赶忙表示："讲董其昌好，您才是第一个，我不过是鹦鹉学舌而已。"当然这里的"讲石涛不好"，并不是说他全部不好，而是在大家都认为他全部好、没有不好的形势下，指出他也有不好的地方；同样，"讲董其昌好"，也不是说他全部好，而是在大家都认为他全部不好、没有好的形势下，指出他也有好的地方。但这份院刊是不定期的，等了两年，还没有轮到发我的文章便停刊了。叶浅予先生便把它推荐给了《美术》月刊，不久便登了出来，大约是1986年吧？记得那一期扉页的卷首语中还重点谈到了此文。当时正是八五新潮反传统的高涨期。我的文章虽然是拥护传统的，但也许因为它拥护的是长期以来的传统所批判的传统，所以既得到了传统派的认可，也得到了反传统新潮派的认可。又过了几年，上海书画出版社和美国纳尔逊美术馆相继举办了"董其昌国际学术研讨会"，董其昌便得到了彻底的翻案，完全改变了"灰姑娘"的形象，被打扮得花枝招展、人见人爱了。甚至连曾经对他百般不顺眼的专家，也视其为玉叶金枝，恨不得用最美丽的花朵装饰他。

这种从一个极端走向另一个极端的历史观，引起了谢稚柳、陈佩秋先生的质疑。他们认为,董其昌在艺术上的成就固然高旷,但人品上的问题却很大;而且,即使艺术上,他的成就主要在笔墨的创造,而绘画之所以为绘画,根本在形象的塑造。董其昌的艺术追求,旨在"论径之奇怪,画不如山水;论笔墨之精妙,则山水绝不如画",也即"论形象之优美,画不如真实;论笔墨之精妙,则真实绝不如画"。而唐宋绘画,不仅"论笔墨之精妙,真实绝不如画",而且"论形象之优美,画高于真实"。所以,中国画传统的"正宗大道"是在唐宋,我们不能简单地用董其昌来遮蔽唐宋。谢先生还讲到唐宋画的笔墨,"并没有固定的形式",而是量体裁衣地"配合到描绘的对象""是从对象出发,从对象产生""对象,正是描绘的依据和根源"。董其昌的笔墨,于形象的描绘是削足适履的,"缺乏真景的体验,限制了他的意境"。陈先生后来更进一步指出了董其昌在鉴定方面的不少问题,无非是旨在打破人们把特殊性当作普遍性的迷思,打破对董其昌神话的迷信。

在谢、陈两位先生的启导下,我后来又陆续撰写了多篇关于董其昌的文章,并把他作为中国文化史上"隆万之变"的典型之一,希望尽可能客观地还原历史的真实,而不是任意地打扮他。虽然,绝对的客观是任何人都不可能做到的,但相对的客观理应作为我们敬畏历史的态度。

2005年,为纪念董其昌四百五十周年诞辰,澳门艺术博物馆举办了以"南宗北斗"为题的董其昌书画展及研讨会。面对一片欢喜赞叹,我不由得口占一绝:"南宗北斗竞清高,积劫从今输一超;江海可怜汗漫水,尽归池沼作幽寥。"中国画的主流传统,排遣闲适、发抒磊落的自娱之乐兴,有国鸿宝、理乱纲纪的名教乐事便废了。

众所周知,董其昌是明清画史上"正统派"的鼻祖,石涛则是"野逸派"

的翘楚，长期以来被认作如冰炭之不同器。其实，石涛的画学渊源，正是由董其昌一脉而来的分支。今天，国内外的专家多有将董其昌、"四王"类比于塞尚的构成主义，而将徐渭、石涛类比于凡·高的表现主义的。塞尚、凡·高同属西方美术史上的现代派，以区别于之前的印象派、古典派；同理，董其昌、石涛也同属中国美术史上的"现代派"，以区别于元代的"印象派"、唐宋的"古典派"。现代艺术侧重于主观的表现和个性的自娱，古典艺术侧重于客观的再现和共性的教化。陈亮《语孟发题》云："公则一，私则万殊。"托翁《安娜·卡列尼娜》则开宗明义："幸福的家庭都是一样的，不幸的家庭各有各的不幸。"因此，无论中西，相比于"古典派"包括"印象派"，"现代派"艺术家的人生、艺术总是表现得更丰富多彩、与众不同，越是声名卓著的，越是光怪陆离。从而，在当时，尤其是后世人的评价中引起"此亦一是非，彼亦一是非""仁者见仁，智者见智"的分歧。则董其昌在身后不是被"捧杀"就是被"棒杀"，被"棒杀"之后再被"捧杀"的遭际，也就不足为怪了。倒是晚清时吴荣光跋其《秋兴八景图》册所说："香光以禅理喻书画，有顿证而无渐修，颇开后学流弊，然其绝顶聪明不可企及。近来覃溪老人渐而未顿，而考鉴未至，足留人指摘，奈何奈何。"于西子捧心，既赏其美，又能阻东施效颦，庶几陆俨少先生所谓真正读懂董其昌者，如其论石涛，须"知其短长"，方为真知。

# 王伯敏先生

清晨还赖在床上，突然得到王伯敏先生于昨夜去世的消息。赶快与先生家属联系，果然。一时心情大坏，久久不能平静。近几年，先生几次病危，皆安然度过。今年初，在各方的建议下，干脆搬进医院调理，我几次专程去杭州探望，见先生日渐康复，甚感欣慰。虽仍有瓜熟之态，但以现代医疗技术的发达，近期内似绝无蒂落之虞。不料先生自觉已经无事，坚决要求回家，竟几天的时间，便自然地离我们而去。

先生是一个平凡的人，以平淡的心态对待命运，包括苦难和荣誉。但他做成了不平凡的事业，被公认为中国美术史研究领域的一座里程碑。当年沙孟海先生称其为"三史罕人"，时在他的古稀之年，已经先后编著了《中国版画史》《中国绘画史》《中国美术通史》。嗣后，他又在八十岁前完成了《中国少数民族美术史》的宏编，八十岁之后，不顾老病来袭，竟然还一个字一个字地独力写出了近百万字的《中国剪纸史》！

回想 2002 年深秋，浙江的有关部门为王伯敏先生举办八十岁祝寿活动，我应邀前去，场面之热烈隆重，令人感动。我当场填了一阕《千秋岁引》——"席上看公，松清竹瘦。似共青春斗长久。当年吉降甲子岁，而今又过重阳九。一城风，满湖月，宛如旧。三史罕无人匹偶，三绝诣谁堪措手。况有文章焕星斗。烟云淡平作供养，林泉致远推淳厚。筑南山，固金石，为公寿。"但因发言的要人太多，轮不到作为学生辈的我，所以只能回上海后用毛笔写成小卷寄呈。祈盼先生寿如金石，忽然听到山崩木坏消息，不禁黯然神伤！

往事历历。难忘1981年，我在浦东东沟中学任物理教师，恰逢先生首次招收中国画学硕士研究生。在这之前，我读过先生著述甚夥，一直期盼能有机会进入先生的门墙受教，所以不自量力地报了名。由于生怕水平不够被拒之门外，在单位里没有面子，所以耍了个小小的狡狯，于报名终止日期之后才寄出申报材料。先生看过以后，与教务处的李嵩先生商量，准许我报名参加考试。记得当时的专业考题中，有一则以莫高窟二百十二窟窟檐的题记"维大宋乾德八年岁次庚午……"为题，题目注明乾德年号仅用六年，问这里出现的"乾德八年"怎么解释。我的回答是当时中原动荡，敦煌地处遥远边陲，交通闭塞，信息不畅，所以不知道开宝改元的重大事件。后来先生对我讲起，这道题，只有我一人答对。考完一个星期后，收到了先生的来信，说是几月几日要来上海见我，要我给他联系的方式，我知道有希望了。

这天下午，先生和李嵩先生两人乘公交车来到东沟中学，到我的物理实验室中，一看全是书画，就顺着问了我不少问题。又随手拿起桌上一幅刚完成而尚未题款的画，要我当场写一篇题跋。我拿起毛笔便在画面的适当处，写下一段有关画论的短文，在恰好的位置结束。先生不露声色，但他后来多次对人说起我当时的表现，对学生的一点"长处"多有赞许。此时已经下午三点，先生又提出到我家中看看，我表示家在乡下，不太方便。先生说没关系，我只能带了他们再乘公交到高桥镇，又徒步四十五分钟到家。陋室之中，除了狼藉图书外，只有一架手提收录机，先生要我播放，放出的是外语教学的声音。等到两位老师离开回上海市区，已是四野暝漠了。一个月后，收到录取通知书，我就这样成了先生正式的学生。

王伯敏 《松岳凝云》（局部）

当时文化部规定的研究生学习期限只有两年，先生则要求学校延长至两年半。被录取的学生，除了我还有一位洪再新。我倾向于传统强调实践的方法、观念，洪则更看好西方强调史学的方法、观念。所以，后来我致力于倡导"实践美术史学"，洪则致力于倡导"独立学科的人文美术史学"。先生本人虽然也侧重于传统，对西方的一套几乎格格不入，但他指导学生时，却绝不把自己的观点强加于学生，而是鼓励学生发展各自的所好所长。只是对基础的要求，他布置的作业还是一视同仁的，这便是通读古今包括国外学者所著的各种中国美术史、中国绘画史著述，一一写出心得笔记，并以自己的认识，搭出中国美术史、中国绘画史的新框架。在这基础上，向实践方向发展，还是向人文方向发展，则听凭我们各自的选择。我选择了实践的方向，把学校图书馆所藏有关中国美术史，尤其是中国绘画史的典籍、图册，几乎全部翻了一遍，有不少并反复精读；同国画系的一些老师如陆俨少、陆抑非、卢坤峰、孔仲起、宋忠元等过从尤密，还常去教室与本科的同学一起听课；更难忘的是先生亲自带领我和洪再新两次外出考察，涉足河南、山西、内蒙古、陕西、甘肃、新疆。在先生的指导下，我每到一处，对历代遗存的文物古迹都作了详尽深入的记录，归来后加以整理，还在《文物》等刊物上发表了多篇论文。附带说一下，我对洪再新的研究方向也颇感兴趣，受到一定影响。不久"文化热"兴起，新观念、新名词爆炸，我没有一点阅读上的障碍便缘于此。

  在读期间，我的研究思路与先生似乎更默契一些，所以交流也更顺畅。先生写好文章，或编好著作，有时会要求我们一起想想题目，其实也是给我们学习、提高的锻炼机会。如先生写了一篇从原始彩陶到"黄徐异体"之前中国"花鸟画"的论文，一时没想好题目，我建议名之为"从画花画鸟到花鸟画的形成"，为先生首肯。由此又想到前几年，先生故乡的温岭政府要为他建艺术馆，为这个馆名，他反复斟酌，总觉得"艺术馆"之名不妥，而且与其他并世书画家的艺术馆名雷同。先生来上海时，要我给出出主意。我建议可以叫"王伯敏艺术史学馆"，先生立即表示赞同，认为这个馆名准确地反映了他的治学特色。开馆那天，先生多次向人说明："这个馆名是徐建融起的。"

  然而，毕业之后，毕竟湖海阻隔，虽交通越来越便捷，与先生的往来还是难免疏离了。所以，许多学术上的工作，洪再新便成了先生最得力的助手，如《中国绘画通史》的编撰，洪的服劳最多。后来洪远赴美利坚，任道斌、毛建波又成为先生学术的左膀右臂。而我，却几乎再没有能为先生出一点力。今天想来，这是我一生的遗憾！可是，先生在世时我竟一点也没有觉得！古人云："树欲静而风不止，子欲养而亲不待。"所谓"一日为师，终身为父"，师生之谊对于生死之隔的感受，又何尝不是如此呢？痛哉！

　　先生的学术，用一个词来概括，便是"踏实"，包括资料的翔实和文风的平实。他的著述没有高谈阔论的冲击力，只有实事求是的说服力。他一生的治学，发表了千万字的文章，全赖于几万张分门别类的卡片。这个数字，看似庞大甚至伟大，令人生畏，有些像挟泰山以超北海，实质却非常平凡。人生三万六千日，用于学术的两万日，一天做十张卡片并不是什么难事，不过是折枝之类的举手之劳，无非是有没有心思去做的问题。好大喜功的学者，往往不愿举手去折枝，而把心思用在一鸣惊人的负山渡海上，创造"一超直入如来地的奇迹"。而像先生这样的学者，却信守一分辛劳一分收获，甚至不惜以十分辛劳换取一分收获，不期于大而大至，不期于功而功成，铁杵成针，终于"积劫而成菩萨"。今天，网络的发达，使得做卡片的方法自然成为被淘汰的"落后"方式，但这种"踏实"的精神，我相信绝不会是"落后"的，而永远代表着先进的文化方向。哲人已矣！作为先生的学生，我向先生致敬；作为先生不算好的学生，我向先生致歉。

## 王朝闻先生印象

眼前的这张照片,是二十多年前与王朝闻先生的合影。作为新中国文艺理论开山和权威的王老,他的为人十分平易随和,他的理论观点非常注重艺术的生动性和灵活性。"艺术"的规律千古不易,"艺术标准"不妨"古为

王朝闻先生(前坐者)与作者(后排中)等合影

今用,洋为中用"地推陈出新。王老所"开创"的新中国的文艺理论,便正是由古今中外优秀的文艺理论一脉相承而来,即使在今天看来,其基本的观点也并未过时。

我从少年时代便读到王老的《新艺术创作论》《一以当十》等著述,只觉其"艺术"的生动而不觉其"政治"的说教。认识王老是从1986年开始的。这一年,王老主持的国家重点项目《中国美术史》十二卷本的工作正式启动,汇聚了全国老中年一辈的美术史家和刚毕业乃至还在读美术史专业的研究生,而把主要的任务交给了年青一代。

在动员大会上,王老明确表示:这一项目的开展,完成研究、形成著作只是其次的,更重要的目标和成果,是通过实践的参与,磨炼、培养、造就新一代的美术史家。这使初出茅庐的我十分振奋,立即全身心地投入到工作状态,会议结束后便带着任务直接离京外出考察了。在这个大会上,针对会前印发的编撰大纲体系,我还发表了这样的意见:从来的"美术史"著述,都是只写"创作"的人事而不写"史论"的人事,像《历代名画记》等,只是被用作认识"创作"的佐证,其本身并没有被写进"美术史"中,我们的《中国美术史》,应该把"史论"的这一块也写进去。我的这个提议,得到王老很高的评价,在大会总结时还专门给予了肯定。《中国美术史》的副总主编、王老最得意的学生、最得力的助手邓福星兄也因此与我格外亲近起来。其实,我的这一认识正是从学习王老的文艺理论而来。在他主编的《美学概论》中,有一段话我一直印象深切:"人类的艺术活动,包括了创作和欣赏两个部分,缺一不可。马列主义经典作家认为:'没有生产就没有消费,没有消费就没有生产。'我们也可以说:'没有创作就没有欣赏,没有欣赏就没有创作'。"(大意)历代的美术史论著述,不正是当时、后世艺术欣赏活动的反映和成果吗?

缺少了它，一部美术史就不可能是完整的。

《中国美术史》的编撰队伍，其规模虽然空前庞大，达近百人之数；后来这部著作正式出版，以浩浩荡荡的《八十七神仙图》卷涵盖十二卷的封面，便有隐喻参与这一项目的人数众多之意。但人多不一定好办事，专家们各人有各人的奔忙，致使这个项目从"八五"而"九五"，一直拖到"十五"规划初期才完成。在这段时间里，王老的对策是放手让福星兄锻炼。于是，作为副总主编的福星兄和办公室主任的刘兴珍大姐便找到我。他们注意到我对这一"千载难逢"学习机遇的高度珍惜，率先完成了分配给自己的任务，便让我"救火"，承担更多的工作。大概从一九八九年开始，我每年暑假进京一段时间，分担完成本属于其他专家的撰稿和统稿工作，一时在《中国美术史》编辑部中，竟有戏称我为"写作机器"的。

不久，福星兄和兴珍大姐又大胆地向王老举荐，把我增补为《中国美术史》的编委，并临阵换将，任命我为多部分卷的副主编、主编，以便于更快、更好地开展工作。王老不假思索便当场同意了，还专门为我签了一张任命书。之所以说这个举荐是"大胆"的，一是因为《中国美术史》的编委和各分卷的主编，原则上全部都是北京的专家，北京之外的仅一人，可以说是破了"天荒"；二是列入编委、承担分卷主编的专家，须征得所在单位的同意。记得王老当时对我说："你们领导在中央美院念书时我还是他的老师呢！这样吧，我给你开一张任命书，你以后就可以方便一些。"福星兄和兴珍大姐对我说："给编委开任命书，这可是其他编委都得不到的待遇啊！"当然，以我的性格，这张任命书也不可能真的拿去给单位领导看的，后来也不知放到什么地方去了。但王老对我的提携和关爱，我是永远铭记在心的；王老的一点不"左"，亦由此可见一斑。

成了《中国美术史》的编委之后，到北京工作的次数和时间便多起来，向王老和其他老一辈专家请教的机会也大大增加。当时的某些专家，对王老是有些意见的，在我面前讲到王老，每不屑地说："王朝闻嘛，教条、僵化。他的理论就是三句话不离'性'。"所指的是王老的文章中常常要用到诸如"视觉性、造型性、空间性和审美性""研究对象的复杂性规定了研究任务的复杂性"之类的措辞。这实际上是延安过来的文艺干部的一个语言习惯问题，本无伤大雅。但当时对裸体艺术的研究刚刚解禁，这样的说法实有嘲讽的意味。我听后一笑置之，心里想："什么是教条、僵化？王老的文风、观点可亲切、生动得很，一点也不教条、不僵化呢！"

　　用今天的话说，王老的思想是"与时俱进"的，他不断地学习，不断地吸收新鲜的营养。当时的他，正在原有的理论基础上广泛地吸取"文化热"中涌进的新思潮、新观念，尤其对"接受美学"的兴致更高，并表示自己长期以来的文艺理论正可归属于"接受美学"的体系。每次我们去拜访他，向他请示有关《中国美术史》编撰工作中的问题，或他到下面来视察我们的工作、生活状况，他总是把话题转到"接受美学"上去，作深入浅出、生动活泼的讲解。王老毕生致力于艺术规律的探索。如果说，他早年的重点，是在探索"新艺术"的"创作"规律，那么，从80年代之后，便把重点转移到了对古今中外优秀艺术品乃至大自然中一草一花、一石一水之美的"欣赏"规律的探索。如何"超以象外，得其环中"，在规定的"不自由"中放飞"自由"，又在任性的"自由"中落实"不自由"？他的表述总是既感性又理性，既富于严密的逻辑性又富于通俗的常识性。当时，他的《论凤姐》刚出版不久，又在写《雕塑雕塑》。这个书名本身就充满了智慧：当前一个"雕塑"作为动词，后一个"雕塑"作为名词，那么，"雕塑雕塑"讲的是"创作"问题。

当前一个"雕塑"作为名词，后一个"雕塑"作为动词，那么，"雕塑雕塑"讲的就是"欣赏"问题。就这样，他把"创作"和"欣赏"的关系完全打通了。尤为奇特者，他对自己的文稿、书稿，总是一改再改，不断地增加、补充内容。一校上加得密密麻麻了不够，还要加附页，二校、三校还是如此，据说有加到六七校的，直到责任编辑"勒令"他不可再添加了，再添加永远出不成书了，他才不得已封笔杀青。用他自己的解释，是因为在不断学习、不断研究中不断有接受、不断有新得。我戏言："您的写作好比雕塑、素描。一般的画家，一张素描画上三个小时就画不下去了，再画就会画坏；高明的画家，一张素描画了两个月还可以继续往上画，越画越深刻，越画越结实。"他马上又回到"接受美学"的话题上来："仁者见仁，智者见智"是一个方面；还有一个方面，就是"仁者"在今天所见的是"仁"，到了明天也可能见"智"。这个"智"可能是推翻昨天"仁"的认识，也可能是充实昨天"仁"的认识。一件艺术品的欣赏也好，对某一个事物的看法也好，不仅因人而异，还因时、因地而异。所以说，无论"创作"还是"欣赏"，"雕塑"都是需要不断地"雕塑"的啊！

我那时到北京，一般在昌平郊外虎峪的一处市政府招待所工作。我好酒，王老得知后，对我特加优待，每天除规定的伙食标准之外，还自掏腰包供给我一瓶二锅头。后来，其他分卷请我统稿（实际上几乎是重写），也由该卷主编为我自费供酒，成了一条不成文的"潜规则"。我中午小酌二两，晚餐便八两痛饮干净，酒后与同伴上山放声《借东风》《二进宫》，声振林木，尽少年意气风发的豪兴。有一次，恰好一批戏曲班的研究生也在招待所开会讨论什么事情，本来的一人独唱，变成了你方唱罢我登场的"争鸣"，就更大畅胸怀了——可惜只有两晚。

说来惭愧，我虽是物理系毕业，但对照相机却从来不会摆弄，所以很少拍照，有之，则必是别人给拍的。以至于在与王老以及其他前辈的交往中，几乎没有留下合影。最近，我女儿整理家中的旧照片，无意中翻出这张与王老的合影。恍惚记得是在90年代初北京的一次美术理论会议散会后拍的。当时有一位朋友硬是要我找王老合影，我便把王老请过来，结果一下子围上来一大批人，都希望合影，于是分批拍了好几轮。我的这一张上，王老端坐中间，神情祥和，侍立的五人中，除我和朋友外，其他三人都是不认识的。

睹照思人，感慨系之。王老离开我们已有十多个年头了，但他的音容笑貌，他的学术、艺术，一直印在我的心头。在我走过的途路中，曾得到诸多前辈的关爱和提携，王老则是对我影响最大的有数的几位之一。在他的面前，我永远怀有一种敬而不畏的感情。

# 分钗半钿尽生尘
## ——谢稚柳先生的艺术观

**一**

老友郭慰众兄雅好收藏近代海派名家的书画,数十年来所获颇丰并精。前不久,郭兄邀赏其近几年新得的佳作珍品,谢稚柳先生的一卷《梅竹双清图》给我留下了极其深刻的印象,并勾起我对二十五年前一段往事的记忆。

1995 年的春夏之交,谢老突然冒出"准备后事"的念头,而且颇为迫切。他的所谓"后事",也就是把他一生的著述尽可能完整地整理、结集出版。产生这一念头,也许是因为他预感到属于自己的时间已经不多;但除此之外,在与他的交谈中,我还了解到至少这三方面的原因:

一、他对自己的著述成果非常看重,因为他坚信自己的思想观点绝不是"从文字到文字"的无的放矢,而是有着切实的意义和价值。但在特殊的背景和形势下,长期以来未能引起学界应有的关注,尤其是伴随着岁月的推移,他的不少文字在社会上已经难以觅得,更使他的观点未能在继承、弘扬优秀传统的实践中产生应有的作用。

二、他深信并已经看到,经过实践的检验,书画界形势的发展正在证实着他思想观点的价值,因此,因势利导,将过去的著述重新整理并结集出版恰当其时——果然,在先生身后不久,"晋唐宋元书画国宝展"、《宋画全集》，等等，谢老所倡导的传统观获得空前的肯定和推赞，优秀传统文化的复兴势不可当。

三、在他的晚年，有些署他姓名的著述并非出于他的亲笔，而是由友朋、门生捉刀。尽管所体现的是他的思想，但他表示，为了不"掠人之美"，在新的结集中一律不收入这类文字，以免后人误传。

当时，先生嘱我参与其著述的编辑出版事宜。我根据先生的意图分为三部：《敦煌石窟叙录》的再版；《鉴馀杂稿》（增订本）的整理，主要是加入《水墨画》；《壮暮堂诗钞》的收集整理。最后一种是在1984年香港赵汉钟《壮暮堂诗词》的基础上再增加一倍的内容，基本上是从1993年开始，由大家分头搜集供稿，再由谢老亲自确认誊抄而得。在紧锣密鼓中，1995年12月，《壮暮堂诗钞》率先正式出版；翌年6月，《敦煌石窟叙录》的新版又正式推出，《鉴馀杂稿》（增订本）也已发排，定于同年12月出版。所以，1996年的夏天，先生的心情特别舒畅，认为自己的"后事"已经全部办妥，可以"放心"了。其间，还特地为我班级的同学作了一次关于美术史研究的讲座，时间长近两个小时；后来由王彬同学根据录音整理成文，发表在2000年出版的《朵云》第五十二集上。

就在"诗钞"出版不久，我又发现了好几首失收的诗作。我们从一开始便不同意"后事"的说法，现在，当然更不同意"后事"做好、可以"放心"的话头。可是，又有谁能料到，一语成谶，木崩山坏，天丧斯文！7月的某日，我们高高兴兴地准备送先生去美国休养，临行前一小时，突然有客人上门索书对联二十副。我们正要拒绝，先生却摊开早已收起的笔砚说："给他写！"于是，我们便帮助折纸、拉纸、收起、钤印，三分钟一副。客人乘兴而来，满意而归；先生却不免稍显倦色。一个月后，先生在美国查出胃癌晚期并手术，至 1997 年初回沪继续治疗，仅半年的时间，便真的离我们而去了。

二

回过头来说"诗钞"佚诗的搜集。从 1995 年 12 月正式出版到 1996 年 7 月谢老赴美之前，我陆续从画册、拍卖图录和公私收藏的原迹上找到二十余首谢老未入集的诗作，并一一请先生过目、确认。其中尤以 1993 年出版的香港《名家翰墨》"谢稚柳特集"所刊的《梅竹双清图》卷（即今慰众兄所有者）题诗最称精彩：

裁冰铸雪了无因，空里天花不著身；

一自逋仙沉梦后，分钗（一作衩）半（一作寸、残）钿尽生尘。

林逋梅诗数百年来为人所乐道，则善矣。予以为梅妻鹤子，不免可笑耳。苦篁斋并记。

熟悉谢老的朋友都知道，谢老的诗，渊源于李长吉、李义山。但长吉诗的呕心沥血、石破天惊，义山诗的朦胧冷艳、缠绵深至，在谢老的诗中却几乎不见影响。谢老表示，这是因为他三十岁时认识了沈尹默先生，同住重庆陶园，仅两间之隔，朝夕相见，谈诗论书。见谢老的诗仿长吉、义山体，沈先生便告诫他："不要专学长吉、义山，还要研究一些宋人的诗。"谢老自述这一告诫使自己"获益匪浅"，所以，嗣后的诗风便倾向于宋人的自然平实，以"真切感受"的说理明事为旨，尤其是论说画理。而就我所见到过的谢老题画诗、论画诗，包括"诗钞"所收入的和失收的，这首《题梅竹双清图》堪称第一；所以，"诗钞"的失收，实在是非常遗憾的，责任主要在我的疏忽。

题诗未落年款，但从画风看当作于 20 世纪 50 年代。而从诗意来分析，又与新中国所倡导的文艺思想相合拍。因为印刷品甚小，所以我就把它抄下

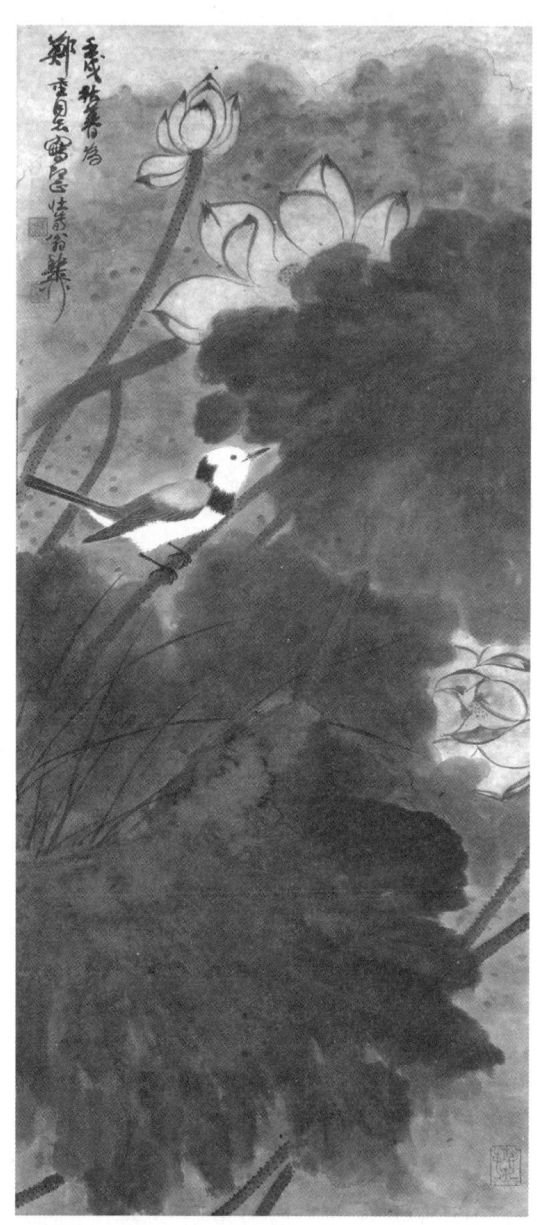

谢稚柳 《落墨芙蓉》

来并画册一起拿给谢老求教。谢老明确表示，画作于1955年，卷后拖尾上还有他1990年在香港见到此画后应藏家之请所作的题跋。诗则是他三十岁上下时写的，表明他对于中国画传统审美的认识，开始由早年的倾慕明清文人画转向唐宋的画家画。

首句讲梅花在三九严寒时的绽放，完全是当然如此的自然现象，而绝非历代文人自命清高地认作是因为遭到群芳的妒忌迫害，或为了嘲弄众香的趋炎附势。如陆游的"无意苦争春，一任群芳妒。零落成泥碾作尘，只有香如故"，王冕的"冰雪林中著此身，不同桃李混芳尘"，或李方膺的"清香传得天心在，未许寻常草木知"。

第二句借用了《维摩诘经》中"天女散花"的典故，意谓心无俗念则花不沾身，而孤芳自赏恰恰是最大的其俗入骨。亦即黄庭坚所说的"平居无异俗人，此不俗人也；平居大异于俗人，此真俗人也"。

最后两句则由附注点明：林逋的"疏影横斜水清浅，暗香浮动月黄昏"当然是千古传唱的咏梅名句；但"梅妻鹤子"的风雅标榜实属亵渎人情物理的画蛇添足，不值一哂！

青原惟信禅师云："老衲三十年前未参禅时，见山是山，见水是水；及至后来亲见知识，有个入处，见山不是山，见水不是水；而今得个休歇处，依然见山是山，见水是水。"英国文艺批评家罗斯金（Ruskin）则说："我们有三种人，第一种见识真确却没有感情，对于他，樱草花是十足的樱草花；第二种人感情用事，所以见识错误，对于他，樱草花就不是樱草花，而是一颗星或一位被遗弃的少女；第三种人见识真确又有丰富的感情，对于他，樱草花永远是它本身那么一件东西，一枝小花，从它简明的连茎带叶的事实认识出来，不管有多少联想和情绪纷纷围着它。"——结论："这三种人的身份高低大致可以这样定下:第一种完全不是诗人,第二种是二流诗人,第三种是一流诗人。"

准此,在中国文化包括中国画的比兴传统中,对于梅花乃至一切自然造物的审美,撇开纯粹实用的图谱不论,明清文人画家便属于"第二种人"。梅花到了他们的笔下,被愤世嫉俗、高自标置到曲折支离,实际上物本无与,全是文人的一厢情愿。常州学派的代表人物之一龚自珍曾为此专门撰写了一篇《病梅馆记》,认为梅花的自然本性是正、直、密的,但当时"文人画士"的"孤僻之隐"偏偏以此为俗,而以欹、曲、疏为雅,乃"斫其正,锄其直,删其密""遏其生气",遂使天下之梅,尽为"病梅","文人画士之祸之烈,至此哉"!

"忽漫赏心奇僻调,少时弄笔出章侯。"谢老的绘画,是从梅花开始的;而他的画梅,则是从陈老莲(章侯)开始的。陈氏的梅花,恰恰是明清文人画"病梅"的典型:粗干细枝,盘郁残缺,坎坎坷坷,节节疤疤,伤痕累累,冰心点点。谢老的画笔,直到三十岁前后,无论梅花还是其他花卉,包括书法,几乎全出章侯一脉。他对章侯的推崇和痴迷,尤其可以从他二十五岁所撰的《陈老莲》一文看出,"固以天胜,然各有法",简直集古今之大成,无与伦比!当时,张大千知道他痴迷章侯,所以每见到陈氏真迹,便拷贝一份白描供他借鉴。这批张摹陈老莲的白描稿,谢老曾给我欣赏过六七件。因为上面没有钤印,而大千弟子顾福佑手里保存有部分乃师的早年印章,顾去世后归其女婿马燮文所有,而马与我相熟,所以还曾拿去马家加盖了大千的印鉴。

1937年清明后一日,日寇侵华,形势严峻。谢老在南京吊明孝陵,"念离伤乱,其心实悲",赋《瑞鹤仙》一阕(亦"诗钞"失收),末有句云:"土花凝碧,南枝破寂。疏影荡,玉箫咽。怕澹妆轻委,分钗残钿,流怨裁冰笔。

休唤醒,沉梦逋仙,旧情总别。"翌年寓重庆,作陈氏画风的梅花一帧并题此词。到1941年作《杂画册》,还是陈氏画风,其中梅花一开上所题,即《梅竹双清图》上的那首,但无注,证明谢老回忆诗作于三十岁前后是完全准确的;同时也说明从此时开始,谢老对陈氏的孤僻画风已经有所反思,由"见山不是山,见水不是水"逐渐转向唐宋画"粉饰大化,文明天下,观众目,协和气"的"见山还是山,见水还是水"。所以,从三十岁到四十岁之间,谢老的画笔中,老莲体和唐宋风是并存的。直到四十岁之后,才最终告别了老莲体,但书法的老莲体一直保持到六十岁前后究心张旭《古诗四帖》之前。且看其此际所撰《水墨画》一书中对陈氏的评价:"他对于一些形象所须强调的动态和神情,在他的脑子里又是怎样的一种幻觉啊!""他的这种迂怪

谢稚柳 《梅花》

谢稚柳 《梅竹双清图》卷并题跋

的个性表现，是不足为训的。"他对梅花的欣赏，便由陈老莲为代表的"第二种人"的"病梅"，彻底转向了"第三种人"的健梅。扩展到整个中国文艺包括绘画审美的认识，便是以唐宋画为中国画优秀传统总体上的"先进典范""先进方向"，而明清画纵有个别的天才杰出，整体上却"已如水流花谢，春事都休了"！

三

展开见证谢老画学思想转捩的《梅竹双清图》画卷，引首是陈佩秋先生的题耑："梅竹双清。高花阁健碧。"虽未署年，从书风看应为1990年前后，与谢老同赴香港时所题。

画心上，谢老题款的书风虽然仍是老莲体，但画风却从老莲的迂怪幡然改图，归于平正。行干出枝，长条挺拔，刚健婀娜，梢头更见弹性，似

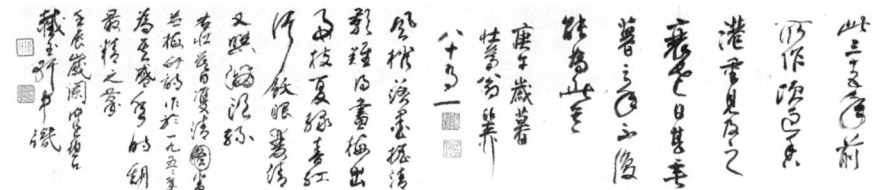

谢稚柳与陈佩秋两先生的题跋

微微颤动；盛开欲放的花朵、花蕾，疏疏密密、正反转侧地点缀在枝头，与宋人扬无咎的画风若合符契，而更得之于生活真实物理、物性、物态的观察剪裁。一种疏影横斜、暗香浮动，散发着大自然的清新，夺造化而移精神，绝去文人画屈曲贫病的愤世嫉俗、怨天尤人。

"德不孤，必有邻。"相比于其早年同样题有此诗的梅花图，不仅形象、骨气、用笔由陈老莲的"病梅"转向了宋人的"健梅"，更在梅香的后面撇出了一片娟娟净秀的竹影；画法一变明清文人画个字、分字、介字的程式化、符号化，学宋人徐熙、文同的"胸有成竹"而源于生活、高于生活。

抗战期间，谢老寄寓重庆江北苍坪街，屋后一片竹林，吟风筛月，露涵雨洗，天天耳濡其声，目染其形，心悟其神，于画竹之道竟一超直入，秀出千林。龙须半剪，凤膺微涨，月明风嫋，潇洒出尘，致使张大千先生也惊叹为"（画竹）无人能及！"此卷中的竹子虽非画面的主体而只是陪衬，但行竿、出枝、撇叶、勾节，无不"论形象之优美，画高于真实；论笔墨之精妙，真实绝不如画"。尤其是，竹叶的撇出，有在淡墨的梅干之后的，竟能至梅干的边缘戛然而止却又笔势不断。这在一般的情况下，简直是不可思议。但谢老曾对我讲起过，在重庆时见到徐悲鸿画修竹仕女，仕女背倚在毛竹竿上，竹竿一笔而下却没有污掩到人背上，令他诧异莫名。徐便对他说，这很容易的，只要按仕女的背影剪一块薄纸板覆盖其上，撇竹竿便能既纵其笔势又不污人背了。此图的竹影梅干不相掩映，很可能也是借鉴了纸板之法。

抗战胜利后，谢老由重庆回沪，对竹子的一往情深，几不可一日无。但在溧阳路寓所的小园里栽竹，多不能成活，遂颜其居曰"苦篁斋"。题款"苦篁斋并记"及押角"苦篁斋"章，便由来于此。后来迁居乌鲁木齐路、巨鹿路，艺盆竹、栽林竹，便又郁郁葱葱了。

拖尾先是谢老的题跋：

> 此三十五年前所作，顷过香港重见及之。衰老日甚，垂暮之年不复能为此矣。庚午岁暮壮暮翁稚柳八十有一。

接着是陈老师的题跋：

> 风梢落墨摇清影，难得画梅出好枝。夏绿春红行饫眼，双清又照满头丝。右壮暮双清图卷并梅竹诗，作于一九五五年，为其盛年时期最精之笔。壬辰岁阑健碧截玉轩中识。

陈老师在这里所录的梅竹诗，即"诗钞"中所收的《为客写梅竹二图即题卷后》，应该是谢老70年代之后所作。

赏画读诗，二十五年前拿着《名家翰墨》向谢老问学请教的情形历历在目，而谢老离开我们竟有二十三年了！在谢老身后，我依然用力于搜集"诗钞"外的佚诗，加上谢老生前所确认的，得五六十首。2003年，与定琨兄一起编选谢老《中国古代书画研究十论》（复旦大学出版社，2004年版）时还商定，到谢老百岁诞辰（2010年）时再出一本更完整的《壮暮堂诗钞》以为纪念。但痛心的是，后来不知什么原因，翻箱倒柜也找不到那些以十五年心力搜集到的佚诗。由于我不思上进，竟至连手机、电脑也不会用，没能及时将佚诗录入存档,至为可惜!

"春红夏绿遣情多,欲剪烟花奈若何。"(谢老诗句)值此谢老冥诞一百一十周年,可以告慰先生的是:他倾注了毕生心血所倡导的中国画优秀传统的"先进方向",在坚定文化自信的今天,赢得了广泛的认同,并正由年青一代孜孜矻矻地在实现它的创造性转化和创新性发展。

# 国香无绝

## ——陈佩秋先生的画兰艺术

梅雨闷湿中，期盼着秋风送爽，桂子沁馥，秋兰涵露。位于青浦白鹤镇、苏州河畔的鹤龙美术馆近期组织了一场小规模的雅集活动，邀请新知旧雨七八人一同欣赏馆藏精品之一——陈佩秋先生的《兰馨蝶影图》。主办方要我担任讲解员，因与大家"好画共欣赏，美意相与析"，并逐一解答朋友们的提问而成此文。

问："秋分"（陈佩秋先生的"粉丝"）是书画爱好者和收藏圈中人数不少的一个群体。"秋分"中的人大多数爱好陈老师的兰花，请问是何原因？

答：我想，这里面有多方面原因。第一，中国文化对自然造物的审美，更倾向于植物世界的和而不同，从而有别于西方更倾向于动物世界的弱肉强食。在植物中，尤其是花卉多被比作美人，偶有比作君子的则弥足珍贵，如梅兰竹菊在中国绘画中便被称作"四君子"而受到格外推重。至于美人而兼君子，似乎只有两种，即荷和兰。专讲兰花，不仅是"四君子"之一，更是"香草美人"的独一无二，甚至比荷花的美人还要美人；一如荷花虽不在"四君子"之列，却被周敦颐认作是君子的独一无二。

陈佩秋 《兰花》

第二，便是陈老师的兰花画得实在好！不仅艺术水平高超，而且，其风格既有深厚的传统，又有鲜明的时尚。传统的画兰水平高的不少，时尚的画兰水平高的似乎还没有；既传统又时尚而且水平高超，依我之所见，陈老师应该是唯一。

第三，陈老师的其他题材画得也很好，"秋分"们同样也是十分喜爱的。但她的画风属于工整的一路，山水也好，牡丹也好，一画之成，十水五石，三矾九染，非常吃功夫。相对而言，其兰花，尤其是撇出的兰花，画起来就比较快，像这幅《兰馨蝶影图》，不算蝴蝶，一个小时左右即可完成。所以，喜欢陈老师画的人，不好意思求她画山水、牡丹，大多求她画兰花，也有这方面的原因。并不是说她的兰花画得特别好、特别受欢迎，其他题材的好和受欢迎程度就不如兰花。

问：陈老师画兰的风格、技法有何独创的特色？

答：李仲宾说画竹有两大风格，其一为"画竹"即写生的竹，一般用双勾填色；其二为"墨竹"即写意的竹，一般用水墨撇出。画兰亦然。陈老师的画兰便属于"画兰"，也即写生之兰，讲究以形写神、物我交融；郑板桥的画兰属于"墨兰"，也即写意之兰，讲究遗形取神、借物写我。画兰多为双勾，如宋人、仇英等；墨兰多为撇出，但偶然也有双勾的，如金农、罗聘等。

陈老师的画兰，五六十年代时学宋人，多用双勾法写生。为了画好兰花，她不仅去植物园写生，还亲自动手在家莳养兰花。她仔细研究兰花的物理、物性，对不同的品种、叶态、花形，包括花瓣、鼻唇、梅瓣、荷瓣、奇花、蝶变、飞肩、落肩……的结构，都有认真的观察，达到无微不至，并在此基础上加以提炼剪裁，以完成艺术形象的创造。至今还可见到她当时所作的几幅徽州墨兰，不仅形神兼备，而且笔精墨妙、色彩清新，真似有沁香满纸。

20世纪70年代时，不限于兰花，陈老师开始致力于学习徐渭、八大的写意画法，多用点厾、撇出法。当时有一位画家见她在撇兰竹，便对她说，兰竹以郑板桥画得最好，你为什么不学他呢？陈老师笑笑而已，后来对我说："郑板桥和扬州八怪的画，格调不高的。"与此同时，她还用大力气学习张旭、怀素的狂草，以提升撇出时的笔墨功力。但她用点厾法、撇出法所表现的，并不是不求形似的写意，而仍然是写生，使写生的兰花在艺术性的表现上比双勾更自然潇洒、飘逸灵动。

这一撇出的写生兰花，至80年代以后达到大成，有时还在撇出的基础上略作线条的勾勒提醒，使撇和勾的两种画法，由本来的河井不犯达到水乳交融，其画兰的艺术就更臻于高超的境界了。70年代末以后，陈老师常去北京画宾馆布置画，她的画兰进一步引起同行画家们的广泛惊艳。

问：白蕉有"兰王"之称，能否结合白蕉先生的兰花对陈老师的兰花作一对比的赏析？

答：白蕉先生是著名的书法家，书法之余在墨兰上下了很大的功夫，属于郑板桥一路的文人写意的风格，二者都是以书入画，以书法为画法。但他与郑板桥又有不同，郑板桥是以六分半书（近于碑学）入画，他是以"二王"（帖学）入画，所以他的审美取向不是怪异而是雅正。此外，郑板桥是不求形似而尚笔墨，他是以形写神而尚笔墨。当时还有一位女画家鲁藻，也是这一路画法，被称为"兰后"。

但我的看法，文人写意的墨兰还是以唐云先生为最佳。白蕉、唐云对文人墨兰的贡献，在以写意而向写生靠拢，正像陈老师的画兰，其成功在以写生而向写意靠拢。所以，艺术上的成功，不同的风格、技法，拉开距离而各尽极致可，互相融合而互为取鉴亦可。

问：画面上题诗"细叶舒冷翠，贞葩结青阳"是什么意思？

答：题诗是元代道士马臻《移兰》五言古诗中的两句。马臻是全真教的一位道士，当时统治者非常看重全真教，丘处机还被邀随忽必烈西征，金庸武侠小说《射雕英雄传》中便讲到过这一段史实。马臻也曾被征召到朝廷中，后来觉得不适应便告辞还山了。这首《移兰》诗讲的是，兰花本来长在深山中，却被移植到桃李园，虽荣华富贵、春风得意，但从此却"开花无清香"了。所以，我又把它移到了岩壑之中，种在松竹旁边，回归到它应该的生态环境，于是"细叶舒冷翠，贞葩结青阳"，才恢复了它的本质之美。再回头去看那些"争芬芳"的荼蘼、桃李花，却都已经凋残"零落"了。所写的，显然是马臻自己的经历和志向。

但陈老师此画却只取诗中的两句而不涉其余。这与谢稚柳先生爱林和靖梅花诗的清新自然，而不喜其"梅妻鹤子"的乖僻，是同样的道理。我们既需要洁身自好的操守，但也要有关心世事的热情。

问：陈老师的名字、斋号大多与兰花有关，是这样的吗？

答：确实是这样的。如"佩秋"，出于《楚辞》的"纫秋兰以为佩"。"健碧"，出于杨万里的咏兰诗："健碧缤缤叶，斑红浅浅芳。"意谓自己甘做陪衬红花的绿叶。还有一个斋号"高花阁"，出于李商隐的"高花"诗。但李诗写的并非兰花，陈老师却把它与兰花的物态联系了起来。兰花有一茎一朵的，也有一茎数朵的，像徽州墨兰，一茎在九朵左右。陈老师以自己养兰的观察所得,知道最下面的最早开,最上面的最晚开。一般第三至第六朵开放之际,吸引的观赏者最多;到最上面的花开放时,几乎就没有人再来观赏了。其用意当然还是谦逊谦让。

问:这幅画的兰花和蝴蝶并不是同时画的(兰未署年款,应在八九十年代,蝶补于 2005 年),这种情况在绘画史上多不多?

答:一个画家,在自己之前的作品上再作添补、润色的情况,自古至今当然是有的,目的在使之更完美。像倪云林的《渔庄秋霁图》轴,系倪氏于"乙未岁"(1355)写于王云浦渔庄,十八年后再次见到此画,便在画面中部的湖心处补题了一首五律并说明缘起。但这类情况并不是太多。目前所知,就我所见,陈老师的作品中,这类情况相对而言是比较多的。这里有几方面的原因。

首先,陈老师这一代画家,对于书画爱好者的求索大多是有求必应以成人之美的,即所谓"应酬画"。而且,这类作品在题材上以兰竹、花卉为多。

其次,90 年代初艺术品市场重新崛起,经过七八年的历练,在世纪之交前后逐渐形成这样一个市场意识:一件花卉题材的作品,其价格的高低决定于画面上有没有"活货"(指禽鸟、草虫)以及"活货"的多少。于是,早先大量流散于社会上的名家兰竹、花卉画,便被藏家请求名家本人,在名家已经去世的情况下则请求与该名家关系相熟或风格相近的另一名家,在其上添补"活货",庶几使作品大幅升值。

当然,这也要看此画的作者在"彼一时"变成"此一时"的情况下是否还愿意有求必应;即便愿意,还要看此画的风格是否适合添补;即使适合,还要看作者是否有这方面的擅长。而陈老师,恰恰是这三方面条件的兼备者,所以，其早年的兰竹、花卉作品上，后期的补笔之多，不仅在同时代的名家中，即在整个画史上，也是罕见的。她不仅为自己的作品补笔，还常为谢老的作品补笔。而且，经过补笔之后的作品，比之未补笔之前，在艺术上往往焕然一新，升华到一个更高的境界。

问：在诗堂上，陈老师又题了"兰有幽香，蝶有霓裳"两句，对欣赏此画又有何帮助？

答：帮助太大了！《猗兰操》是古琴谱中的一支名曲，其中讲到孔子以"兰为王者香"；《霓裳舞》则是大唐盛世的宫廷乐舞，这里以蝴蝶的翅膀喻舞动的霓裳。兰馨蝶影相掩映，清操和雍容，既清真雅正，又光辉充实。这就使高山流水含有了黄钟大吕的堂皇，又使黄钟大吕内蕴了高山流水的幽清。

画面上，两丛兰花一左一右，顾盼呼应。长条披拂，交错穿插，偃扬俯仰，转侧翻覆，恍若"吴带当风"，历乱又有序。杂端庄于流丽、寓刚健于婀娜的长袖善舞，既是兰叶，又是提按顿挫、枯湿浓淡、粗细曲折、轻重疾徐的笔墨，组合为疏密聚散的构成。花茎三枝，每枝上十来朵已欲绽放在泫露凝光中，巧笑浅颦，含羞带娇，高花尤怜。点与线、墨与色的和谐交响，"茎身朵脸叶衣裳，妙曼轻盈浅玉光；我有琴心听不得，谷风习习自生香"，本已称得上是一曲无声而有形的《猗兰操》，只是近于素面的淡妆而已。而添加了两只蝴蝶，一飞一栖，彩影惊艳，便仿佛在原先素妆的舞队中穿梭无定地点缀了两只霓裳翩翩的精灵。这，在传统的画兰艺术中，无论是写生还是写意，都是不曾见过的。其实质，正是传统画兰艺术的创造性转化，天机无穷出清新。

补记：

文章刚完稿，惊闻陈老师于今晨（2020 年 5 月 26 日）突然去世的噩耗，不胜震悼！"春兰兮秋菊，长无绝兮终古"（屈原《九歌·礼魂》），"无绝"是陈老师爱用的一方闲章。人生有涯，艺术无绝，国香永流传！霏霏梅雨江南暗，谨以此文祭斯文。

## "画画,要有我,又要无我"
### ——唐云和"新花鸟画"

唐云先生是我少年时代便钦仰的一个偶像。当时从报刊上、展览中看到唐先生的作品,每一次都被深深地吸引,觉得画面的笔墨、形象、意境所焕发的英气,与我从武侠小说中感染的侠气有一种感应的共鸣。但认识唐先生却是在"文革"初期的狂飙过去之后。大约在1973年前后,我的老师姚有信调入上海中国画院,我常去画院看老师,他有时便把我带到其他画师的画室请教。记得唐先生所在的画室是由画院的车库改造而成,辟为三个空间,进门的空间稍小,应野平和朱梅村各摆了一张画桌;入内稍大,唐先生和孙祖白的两张画桌对面拼排,陈佩秋先生单独一张画桌;再向内空间更小,胡若思和徐元清的画桌亦对面拼排。后来接触多了,便直接到唐先生江苏路中一村的寓所拜访。每一次都是不作事前告知,贸然登门;有时先生不在,便掉转自行车头到另一家去。这种访师的方式,在今天看来很不敬,而且对老先生的工作、生活多有打扰,但在当时缺少联系方式的条件下实属无可奈何;再加上老先生们大多在家中"闭门思过",无所事事,寂寥得很,所以倒也欢迎不速之客的走访。有时奔波了一天,一个也没见到,筋疲力尽地回到家中,还生出"云深不知处"的诗兴。

唐先生的住房条件在当时的画家中算得上相当宽敞,二楼的画室应该有数十平方米吧？画桌之大更使我眼界大开。在同唐先生的交往中，看他作画，听他谈艺，随便得很。因为我爱好文史，他还送了我一本1935年商务版的傅抱石《中国绘画理论》，要我好好读读；又推荐我一位诗词的老师，"就是你们高桥的沈铁刘，你可以向他学"。

《中国绘画理论》一书是傅抱石留学日本时分类辑录的历代画论，每段画论后常附以精彩的评语。我之系统地接触古代画论，便是由此书入门的，后来所写的论文，也常引用傅的评语。但此书虽曾两次印行，流传却不广，早先大多数专家，包括研究傅抱石的专家似乎也未曾见到过，所以对我在论文中所引的傅氏观点，大多持质疑的态度，甚至还认为是我的伪造。我多次向出版社推荐再版此书，一是感恩唐先生当年的赠予；二是因为此书是以画家的眼光辑录，有别于史论家们所辑录的各种古代画论类编；三是为了使学术界对傅抱石的艺术成就有更全面的认识——绝不是为了证明我所引傅氏观点不是学术造假的意气用事。

沈铁刘先生是民国年间唐云、白蕉、邓散木、施叔范、沈禹钟圈内的诗友，因抗战时避兵福建并任福建国民政府办公厅的主任，1949年后被定性为"历史反革命"，以文职官员而从轻发落，回家接受劳动改造。当时的形势，一般人根本不敢与之交往，更不可能向青年人推荐他的。但刚刚从"牛棚"中"解放"出来的唐先生却似乎一点没有政治上的顾忌，而我以"出身"不好，当然也不计这里面的利害关系。我在旧体诗文方面的爱好能走上正道，正是得益于沈先生的讲解。

唐先生的人品以"海派"广为人们称道。无论尊卑，无论老少，他都坦诚相待，海量千杯，滴水涌泉，以德报怨，为朋友可以两肋插刀。什么是"海派"呢？大多数人包括"海派文化"的研究专家，直到今天都认为是指上海人"精明"的做人作派。问题是，上海人"精明"的作派是一种新派、洋派，而唐先生的做人却一点不"精明"，非常老派、旧派，怎么能称之为"海派"呢？我曾向唐先生请教过这一问题，他平淡地回答："做人的'海派'又称'四海'，它是从孟子的'四海之内皆兄弟'而来的，与文化艺术上的'海派'根本不是一回事。"

唐先生的做人虽然是老派的，有古人之风，但他的艺术却是既老派又新派的，是传统的"其命维新"。他于人物、山水、花鸟无所不精，皆出于传统又有个性和时代的鲜明创新精神，尤以花鸟画的成就最为杰出。早在民国年间，唐先生便与江寒汀、张大壮、陆抑非并列花鸟画"四大名旦"。论其早年的风格，清新明丽，可喻为荀慧生；五六十年代为其艺术上的高峰，杂端庄于流丽，寓刚健于婀娜，可喻为梅兰芳、程砚秋，小写意一路的花鸟，至此可以说达到了历史的最高水平；"文革"期间的风格，刚健峭丽，可喻为尚小云；80年代以后则浑厚恢宏，可喻为李多奎。

对唐先生艺术成就的评价，已有不少专家做过深入的研究，尤以郑重兄的知人之深，分析得最为精到，已为学术界广泛认同。但大多数评论，有一个不足之处，便是对唐先生在"新花鸟画"方面所做出的开创性贡献，或不予涉及，或一笔带过。这对于认识唐先生，认识新中国十七年的中国画变革，都是不无遗憾的。

自1949年到1966年，即所谓"新中国十七年"，传统的国画所经历的一个重大变革，便是以"红色经典"为标志的"新中国画"的创新。撇开极"左"的"政治标准"不论，单论艺术上的成功，"新山水画"的代表是傅抱石领军的"新金陵派"，以描绘革命圣地和工农兵改天换地的景观为特色；"新人物画"的代表是方增先领衔的"新浙派"，以直接描绘工农兵的生活形象为特色。"新花鸟画"的代表又是何人、何派呢？在各种版本的"新中国美术史"中迄今还是一个空白。

其实，"新花鸟画"的代表也是有的，便是以唐云为领军的"新海派"，可以作为标志的便是1961年的"上海花鸟画展"。"新海派"这个名词，在近十几年里非常流行，其实，这一名词，在1959年前后便由唐先生提出来了，而他的重点便是花鸟画的创新。只是这一观点由于各种原因，在当时没有被广为宣传，致使后人认为是自己的发明。附带指出，这一条资料，是我女儿写毕业论文时从画院档案的座谈、会议记录中发现的。

在"新海派"的"新花鸟画"创新中，唐先生不仅以其高超的艺术才华，更以其"海派"的人品风范，广泛地凝聚了上海知名的花鸟画家，通过深入生活、探讨技法、交流切磋，在保证"政治标准第一"的前提下，绝不使"艺术标准"沦为"第二"甚至不要。"上海花鸟画展"的活动，唐先生亲自参与发起、组织，历时两年多，付出了艰辛的劳动，而且为展览提供了数量最多的出品。在三十六位画家一百二十四件展品中，唐先生一人就有七件。首展于5月1日在上海举行，引起强烈轰动；7月后又相继移展北京、沈阳，影响更为扩大；甚至香港方面也希望内地展出结束后移展香江，未果。唐先生更因此展的成功声名益隆，被画坛尊为"新老头子"。这不仅因为他艺品的高华，同时也因为其人格的魅力，为众望所归。一时，外地的知名画家到上海，几乎都要到他那里"拜码头"作交流。

那么，这样一个在群众中和媒体上引起如此轰动，在新中国花鸟画史上具有里程碑意义的大展，为什么会在后来"新中国美术史"的研究中被遗忘呢？我以少年时从这个展览中所获得的深刻感动，曾向唐先生求教这个疑惑，唐先生总是以"过去的就过去了，何必再去管它，没有什么好讲的"敷衍过去。

包括唐先生的出品中有一件《红莲翠羽》，泼墨淋漓而绿气罩人，嫣红一抹而生机勃勃，石涛、新罗的萧索，竟幡然转换成为欣欣向荣的崭新气象，不贴政治标签却与时代的精神达到完美的契合，在我的心目中一直视其如钱松喦《红岩》之于"新山水画"，方增先《粒粒皆辛苦》之于"新人物画"一样，是"新花鸟画"的经典。后来究竟去了哪里？唐先生也一点不记得了。近几年在拍卖市场上倒是见过两件，不过都是依据画册的有本造假。

后来唐先生哲嗣逸览兄告诉我，"上海花鸟画展"从一开始便遭到美协主管领导的反对，唐先生不得已找市里的领导争取支持，美协方面才给予不反对的认可。不反对当然也就是不支持，不把它当一回事。

另一个原因也是道听途说。大概是1988年，上海文艺出版社组织部分作者赴安徽旅游。其间一位老编辑同我聊到，他在1959年参与了郭沫若《百花齐放》诗集（刘岘木刻配图）的出版工作，编辑们对作品的质量普遍不满意；而郭还提出让上海的花鸟画家为诗集配图，在荣宝斋出版诗、书、画三绝的木刻水印本，遭到委婉的拒绝，遂由于非闇、田世光、俞致贞配图。郭氏是新中国文化部门的主管领导，对中国画尤有浓厚的兴趣，以傅抱石为领军的"新山水画"之所以能在新中国美术史上大展风流，固然是江苏画家们创新的水平高超，但也与郭的大力推扬密不可分。以他的性格，因《百花齐放》诗画配的恩怨，对上海的"新花鸟画"取冷漠的态度，也就在情理之中了。

第三个原因是从我女儿写论文时发现的资料所引申。1958年以后，北京的花鸟画家率先开始了"新花鸟画"的探索，或通过政治标签，或通过大红大绿、摒弃残枝败叶，为老舍先生所激赏，认为不画"残柳败荷"是社会主义新气象的反映，应该作为"新花鸟画"创新的方向。配合"上海

唐云 《松鹰》

花鸟画展"，唐先生在《人民日报》上发表了著名的《画人民喜闻乐见的花鸟画》一文，虽未点名，却针锋相对地提出："问题不在牡丹还是残荷，而是要看画家的思想感情与怎样看待对象，怎样刻画对象。"这样的表述，肯定会引起老舍的不快，而老舍恰是新中国文化部门热心提倡新国画的又一重要领导。

明乎此，则群众欢迎、专家叫好的"上海花鸟画展"之所以被遗忘，个中的缘由是不言而喻了。估计唐先生对这个问题的回避，正是"却道天凉好个秋"的意味深长啊！

唐先生常说："画画，要有我，又要无我。"他的意思是，一个画家的创作既要有自己的标准，笔头上不让人；又要有他人的标准，口头上让人；不能用自己的标准强加他人，又不能用他人的标准泯灭个性。其实，这既是他艺术的原则，也是他做人的原则。记不得是哪一位哲人（好像是胡适）说过："包容比自由更重要。"而陈寅恪则坚持"独立之精神，自由之思想"。唐先生不是哲学家，但我以为他的认识，相比于不同哲学家不同的人生格言更富于哲理性，这就是把自我的独立表现于对他人的包容，在对他人的包容中体现自我的个性。他好画布袋和尚，应该正是其大度包容的自我写照。

## 奇峰磊落水云舒
——陆俨少先生的艺术和人生

我认识陆俨少先生，应该是在1973年前后。那年，我的老师姚有信调入上海中国画院，我便常去画院问学，并到资料室去借阅图书。陆先生是资料室的管理员，地位远在承担创作任务的画家之下，等同闲杂，完全是"夹着尾巴做人"。但大多数画家对他都非常尊重，说他画得不得了的好。虽然，对当时画院中的许多名家，我都慕名已久，但对陆先生，在这之前竟然完全不知道其人其艺！后来进一步了解到，直到1978年之前，除了江浙沪皖的个别小圈子，就是整个中国画坛，知道"陆俨少"这个名字的也非常少！在陆先生本人，当然是"人不知而不愠，不亦君子乎"，但在旁观者，实在免不了"人生如此，天道宁论"之叹了。陆先生的人生，还绝不止于"人不知"的寂寂无闻，更在于他的际遇多舛，跋前疐后，动辄得咎。在我认识的老一辈名家中，陆先生是身世最为困顿坎壈的一位；还有一位是后来认识的丁天缺。不过，讲到往来的关系，我与丁先生远不如与陆先生那样走得亲近。

虽然，"文章憎命达""诗穷而后工"，苦难于艺术家是一笔巨大的财富。但正如钱锺书先生的分析：尽管"没有人不愿意作出美好的诗篇——即使他缺乏才情"，但肯定"没有人愿意饱尝愁苦的滋味——假如他能够避免"（《诗可以怨》）。所以，当拨开阴霾，七十岁左右的陆先生终于跳出苦海，迎来了灿烂的光明，几乎一夜之间，名声遍及全国艺苑，还从复兴路的蜗居搬进了延安路茂名路口一套宽敞的公寓，他欣然颜其新居曰"晚晴轩"。相较于他之前的斋名"骷髅楼"，两种不同的人生、不同的心情，判然若鲜花之于荆棘！不久之后，他的人事关系正式调到浙江美院（今中国美院），还当选为全国人大代表，更使他春风得意，意气风发。每每回想起之前的艰难困苦，他总是心有余悸而又满怀感恩地表示："老天有眼，终于给我熬过来了。今后再也不会过苦日子了……"但这样的好日子不过十来年，晚年的他又陷入到病痛的折磨之中，虽以其"扼住命运咽喉"的无比坚强，竟然也不得不"服输"了："真是苦透苦透。"

陆先生的禀性是特立而狷介的。也许正是这样的性格导致了他在社会上对人事的疏离，从而在生活中不断地遭遇到挫折，而生活的挫折又进一步加强了其特立狷介的性格并与命运作抗争。这样的性格成就了他的绘画艺术，便是奇险、奇崛而又奇秀，从笔墨到景观再到意境。他以山水擅长，尤以画三峡、黄山、雁荡驰誉。三峡、黄山、雁荡成了他艺术成就的三大品牌，他也成了三峡、黄山、雁荡的艺术代言。实在是因为这三处风景，与他的性格若合符契，达到神遇而迹化，简直可以说是山川即先生、先生即山川。

陆先生少年时从王同愈学经史诗文，从冯超然学绘画。冯在当时与吴湖帆、吴待秋、吴子深并称"三吴一冯"，皆以山水名世，出于正统派；冯兼工人物，出于吴门派。但陆先生在正统派方面下的功夫似乎并不大，尽管他后来给学生讲课时也提到过学习"四王"的好处，但冯超然生前对他的评价却是"一个不像老师的学生"。相比之下，他的同学郑慕康在嵩山草堂学人物仕女，就完全是冯超然的法嗣繁衍，系无旁出。由此也可窥见陆先生不安分的奇崛性格。据他的自述，自己的绘画属于"科班出身"，即多从珂罗版画册上学习；后来虽也曾去南京参观故宫南移的画展，目睹了古代名家巨迹的原作，自称"贫儿暴富"，但都属于笔底丘壑、纸上烟云。至于从画册上、原作中，他究竟学的是哪几家？并没有说明。估计只要是他觉得好并适合于自己禀性的，没有他不虚心认真学习的。

"纸上得来终觉浅"，生活才是艺术的活水源泉。日寇全面侵华后，在国恨家难的压迫下，陆先生携家避兵重庆，往还江陵，舟行三峡，云雨江波，鼓荡诡谲，奔腾盘郁，与其胸中磊落相激越，古人的笔墨与江山之助始相印证，一下子绽放了其险绝瑰丽的个性艺术境界！游历并描绘过三峡风光的古今画家并不在少数，但最能得其精彩神韵的则推陆先生为第一人。我曾以三峡之文，郦道元《水经注》为第一；三峡之诗，李太白《早发白帝城》为第一；三峡之画，陆先生《峡江云水图》为第一。又剥元稹诗句称陆先生三峡云水之奇谲："曾经三峡难为水，除却巫山不是云。"陆先生欣然含笑以为可。这得之于峡江生活体验的独特的云水画法，从此便奠定了"陆家山水""无常形而有常理"的根本，并由三峡而推广到其他一切风景的描写。陆先生的人生是险绝而后生，三峡的云水也是险绝而后生，则摩荡激发而为先生险绝而后生的艺术风格，宜矣！所以，20世纪80年代初，当张大千的《长江万里图》卷仿真本传到大陆，人们纷纷欢喜赞叹时，陆先生把它展开到三峡一段，不无自负地说："等我有空了，也要画一卷《长江万里图》，定当不让大千专美！"

至于黄山、雁荡的游历和描写，应该是1949年之后的事。黄山的奇崛，峰石松云，变幻灭没，不可思议；雁荡的奇秀，悬崖龙湫，层隐迭现，崔嵬难穷，与陆先生奇崛的性格、灵秀的禀赋也是颇为相合的，所以，与三峡一起成为最入于其画风的三大标志性景观，也就不足为怪了。只是，三峡画以陆先生为独擅，黄山画、雁荡画却不以陆先生为专美，而是分别与刘海粟的黄山、潘天寿的雁荡为并美。刘海粟美在狂，潘天寿美在霸，陆先生则美在奇——于三峡则奇于险、于黄山则奇于崛，于雁荡则奇于秀。

不过，人们对陆先生艺术的评价，主要的并不在于他成功地塑造了三峡、黄山、雁荡的景观，更在他戛戛独造的笔墨——"三百年无此笔墨""三百年来笔墨第一"，这是专业圈内对他众口一辞的称誉，他也当仁不让。他的笔墨特色也是奇险、奇崛、奇秀，一方面，他以如此的笔墨塑造了如此的景观、宣泄了如此的心境；另一方面，也正是如此的景观、如此的心境，造就了他如此的笔墨。但笔墨的创造除了"外师造化，中得心源"，还有一个"上法古人"，则陆先生笔墨的传统渊源又其来何自呢？由于陆先生对传统的学习如吴道子的实地写生，是"臣无摹本，并记在心"的，所以，人们只能揣测。一开始，不少人认为是石涛。但陆先生自己却不承认，并毫不谦虚地说："石涛早已不在我的话下，董其昌的笔精墨妙才是我所难以企及的。"人们又认为他的渊源不是石涛而是董其昌。但问题是，陆先生这样说，并没有直接表明自己没有学过石涛而是学了董其昌的意思啊！从他的作品来看，屈折盘旋、粗细长短、轻重快慢、枯湿浓淡、疏密聚散的笔墨运施，点、线、面的随物赋形、随意生发，委婉如行云流水，刚健如斩钉截铁，嵚崎磊落，变态无穷，于痛快淋漓中内涵蕴藉沉着，实在是更近于石涛而有别于董其昌的。

特别值得注意的是，陆先生在《山水画刍议》的第一条中便以石涛为"开篇"：

例如有人说："石涛不好学，要学出毛病来。"我的看法，有一种石涛极马虎草率的作品，学了好处不多，反而要中他的病，传染到自己的身上来。但他也有一些极精到的本子，里面是有营养的东西，那么何尝不可学？要看出他的好处在哪里，不好在哪里。石涛的好处能在四王的仿古画法笼罩着整个画坛的情况下，不随波逐流，能自出新意。尤其他的小品画，多有出奇取巧之处，但在大幅，章法多有牵强违背情理的地方。他自己说"搜尽奇峰打草稿"，未免大言欺人。其实他大幅章法很窘，未能达到左右逢源的境界。用笔生拙奇秀，是他所长，信笔不经意病笔太多，是其所短。设色有出新处，用笔用墨变化很多，也是他的长处。知所短长，则何尝不可学。

这里说"石涛不好学"的"有人"，或许是民国时上海画坛的什么人。如吴湖帆便讲过："后学风靡从之（石涛），不复可问矣！"这个"不好学"并不是"不可学"，而是"很难学"的意思。新中国成立之后，石涛被公认为传统中最值得继承发扬的精华之一，似乎就没人再讲"石涛不好学"了；

陆俨少书赠作者扇面

有之,则应该正是陆先生本人。他之所以要这样说,也正因为他在学石涛方面下了很大功夫,深知其中的甘苦。由于走的是"科班"之路,所以,他当初的学习是不足为外人道的;现在,他学出来了,走过来了,就可以把"石涛很难学"的经验尤其是教训公之于众尤其是后学。包括从不讳言由石涛起家的张大千,也苦口婆心地劝诫过后学:"石涛……那种纵横态度实在赶不上,但是我们不可以去学。画理严明,应该推崇元朝李息斋算第一人,从他入门,一定是正宗大路。"完全是同样的意思。

再看这长长一大段的评点,具体而又深刻,如果不是认真学过石涛并有切实心得的人,又怎么讲得出来呢?我们看"刍议"中讲到的古人不少,但没有一个比石涛讲得更透彻的!所以,这段话不仅不足以证明陆先生的传统渊源没有把石涛作为学习对象,反而足以证明石涛是他"第一口奶"中最重

陆俨少赠作者夫妇梅花小品

要的营养成分之一。

进而,我们再来看其中讲到石涛的优点和长处,诸如"不随波逐流,能自出新意""小品画,多有出奇取巧之处""用笔生拙奇秀""设色有出新处,用笔用墨变化很多",等等,无一不正是陆先生自己的优点!而所批评的缺点和短处,诸如"极马虎草率""大幅,章法多有牵强违背情理的地方""大言欺人""大幅章法很窘,未能达到左右逢源的境界""信笔不经意病笔太多",等等,又无一不是陆先生在自己的画中把石涛的不足成功地克服了的方面。当然,有些方面克服得还不够彻底,尤其是大幅的章法。由于陆先生的创作,大多以一支加健山水笔管领始终、统摄全局,所以,凡四尺整张以内的"大幅",他可以成功地做到"左右逢源",而超出四尺整张的"大幅",仍不免"有牵强违背情理的地方"。

陆俨少赠作者夫妇山水小品

总之，结合陆先生的创作，这一段对石涛的评点，实在正是他学习石涛心得体会的夫子自道。至于他之所以自豪地认为石涛已经"不在我的话下"，显然也正是因为他在学到了石涛长处的同时，又成功地克服了他的不足，避免了"中他的病"。

那么，他又是如何避免"中他的病"的呢？这就与他对董其昌的认识有关。以我之见，陆先生于古人，学过石涛，学过唐寅，学过王蒙，学过郭熙……但要讲他学过董其昌，我认为应该是在学石涛之后，而且主要是精神上的学习，而不是形迹上的学习。石涛的笔墨，从形迹到精神都是嵚崎磊落的，董其昌的笔墨，从形迹到精神都是平淡天真的。而陆先生的笔墨，则在嵚崎磊落、强烈冲动的形迹中，内蕴了平淡天真、闲适恬静的精神。从这一点而论，至少，陆先生的笔墨境界已经高于石涛，是完全没有疑义的，"不在话下"之说，绝非大言欺人。

钱锺书先生曾列举过两个文学史上的常见现象：无所成就的后人，往往要"向古代找一个传统作为渊源所自"，以"表示自己大有来头，非同小可"，尽管他事实上与这个传统完全无关（《中国诗与中国画》）；而有所成就的后人，明明是学的这个传统，却"不肯供出老师来，总要说自己独创一派，好教别人来拜他为开山祖师"（《宋诗选注》）。在美术史上，后一种现象的典型便是石涛。石涛由董其昌而来，董其昌在画史上最大的影响则是"南北宗"论。石涛却说："南北宗，我宗耶？宗我耶？一时捧腹曰：我自用我法！"把与董的关系撇得干干净净。则陆先生学石涛，和合以董其昌，虽其所言寓意于委曲而明眼人自识，则其开宗立派之功，较之于石涛，不啻于青出于蓝，是尤其值得我们尊敬的。

20世纪后半叶的山水画坛，李可染和陆先生是众所公认的两座高峰，世称"南陆北李"。我们看李先生的画,无论境界、景观还是笔墨,都是庄严雄伟的,敦厚凝重如里程碑,安忍不动,风雨如磐,甚至连水也是凝固的、静止的;而陆先生的画,无论境界、景观还是笔墨,又都是险绝奇崛的,灵异诡谲如冠云峰,蹈光揖影,随意生发,甚至连山也是盘郁的、飞动的。这不仅是自古以来北雄南秀的水土使然,更与二人的身世遭际密切相关。李先生的一生相对安定平和,而陆先生的半世极尽颠沛磨劫。人生即艺术,艺品即人品,有以哉!每读于谦的《石灰吟》:

　　千锤万凿出深山,烈火焚烧若等闲。

　　粉骨碎身浑不怕,要留清白在人间。

　　我总觉得,这不正是对陆先生的人生和艺术最恰切的写照吗?

写在陆俨少先生诞生一百一十周年之际

# 晓得的和不晓得的

## ——潘天寿的学者态度

近代中国画面临西洋画的传来和西方艺术思潮的冲击后，大体上分化为两大创新的方向：一种以"古为今用"、传统自新谋求传统的振兴，一种以"洋为中用"、中西融合谋求传统的改良。前者以潘天寿先生为代表，后者以徐悲鸿先生为领军。

潘天寿应对西洋画的中国画观，集中表现于一句名言："中西绘画，要拉开距离；个人风格要有独创性。"（潘公凯编《潘天寿谈艺录》，下引潘天寿语均出于此）这句话，言简意赅，包含了丰富的内涵。今天所公认的诠释是：潘天寿反对中西融合，坚持从中国画的固有传统来进行自我更新，庶使中国画能保持民族性的纯正而不至沦于"不伦不类"。长期以来，我们对这样的诠释深信不疑，并理所当然地将传统在今天的衰落归咎于徐悲鸿的倡导中西融合。

事实上，中国画的传统也好，中国文化的传统也好，三千年来之所以能持续发展，即使遭到严重的挫折也没有中断，根本上是因为它"周虽旧邦，其命维新"（《诗·大雅》），坚持"和而不同"（《左传》）、"吐故纳新"（《庄子》）而得以生生不息。一方面，坚守"故""旧"的传统精华同时摒弃其糟粕；另一方面，包容并不断地吸纳"不同"的"新"营养。这个"不同"

于"故""旧"的"新",不仅是传统自身中所固有的自我更新,更是传统之外异质文明中所有的被拿来为我所用。而且,相比于坚守传统,"纳新"对于传统的创新意义更为重要,所谓"日新其德"(《易·大畜》)、"苟日新,日日新,又日新"(《礼记》)。尤其是汉唐时因丝绸之路而带动了中外文化、绘画的交融,虽"夷夏体殊",儒释异旨,但张僧繇、吴道子等大画家主动地学习、借鉴西域画风之长,使中国画的传统达到了"天下之能事毕矣"的巅峰。佛教文化的西来,虽一度造成传统文化的危机,但最终不仅没有使传统文化沦为"不伦不类"的佛教文化,反使佛教文化以"三教合一"的形式变成了传统文化的重要组成。

潘天寿具有全面深厚的传统文化学养,他可能不了解作为"新学"的西学,但他会不知道国学的精义正在于它绝不简单地排斥对一切"新学"的借鉴、融合吗?他以全面深厚的传统文化学养,致力于倡导并践行中国画的传统自新,但他真的会坚决反对别人对中国画作中西融合的探索吗?诠释其"中西绘画,要拉开距离"为坚守传统自新、反对中西融合,那紧接其下的"个人风格要有独创性",岂不成了一切都应该是自己的而不应该汲取他人之长了吗?众所周知,个人风格的独创,固然可以通过拒绝汲取他人之长而实现,但更可以通过主动汲取他人之长而实现;那么,为什么中国画要想与西洋画拉开距离,就只能通过排斥中西融合而实现,却不可以通过尝试中西融合而实现呢?

综观潘天寿对中西绘画关系的认识,根本在于以传统为基础,以振作民族精神为目标。至于在这基础上并以此为目标的具体做法,他从来就没有否定过"域外与中土交互影响变化之事实",并高度评价"历史上最活跃的时代,就是混交时代,因其间外来文化的渗入,与固有特殊的民族精神互相作微妙的结合,产生异样的光彩"。即使对"近十年来,西洋东渐的潮流,日长一日,艺术上,也开始容纳外来思想与外来情调",也表示:"揆诸历史的变迁原理,应有所启发。然而民族精神不加振作,外来思想,实也无补。"其意显然不能简单化地理解为反对中西融合。下面的这段话,尤其值得我们的重视:

> 有人提出把西洋画的东西加在中国画里头。现在有些人主张加,有些主张不加。对这个问题,我看一方面要平心静气地研究,另一方面还要试验。所谓研究,就是从艺术的基本原则去衡量、解决,看看与本民族的艺术特点是否协调一致,如果对艺术特点有提高,那就可以加;如果艺术特点降低了,那就不要加。假使不妨碍艺术性,还可以使艺术性提高增强,那就可以加;反之就要考虑了。这条原则要抓住,要虚心研究体会。要懂得中国古代的绘画理论,全面了解国画的表现技法,知道它有什么长处。要研究文化传统、民族性格、生活方式和欣赏习惯,等等。同时,还要去摸索西洋画的特点。再一个,还要试验,不要很轻易下断语,以免出偏差。以自己晓得的东西排斥自己不晓得的东西,这不是学者的态度。要沉着、仔细、虚心地来解决问题。"百花齐放,百家争鸣"的艺术方针,完全是对的。

不"以自己晓得的东西排斥自己不晓得的东西",正是潘天寿作为一位伟大艺术家的胸襟。更可贵的是,他还积极地支持他人对"自己不晓得的东西"的试验。以方增先为代表的"笔墨加素描"的"新人物画"派的成功,便正是在他的指导之下取得的。

不以自己晓得的、倡导的、践行的排斥自己不晓得的、不倡导的、不践

潘天寿　《小龙湫下一角》

行的,这样的"学者态度",不仅反映在潘天寿身上,同时也反映在徐悲鸿的身上。尽管徐悲鸿致力于中西融合以改良中国画,但他不顾传统中保守势力的反对,大胆地将齐白石、张大千、谢稚柳引进大学艺术系的教席,以传承、发扬传统文人画、画家画的精华。如此的风范,实与潘天寿异曲同工。

相比之下,今天的艺术界,艺术家们往往以自己晓得的、倡导的、践行的否定自己不晓得的、不倡导的、不践行的;今天的学术界,专家往往以某一研究对象所倡导的、践行的,来判定该对象坚决否定其所未倡导的、未践行的。这种"不是学者的态度",越是"真理就在自己手里"的振振有词,于艺术、学术的发展越是有害无益。

《庄子》说:"吾生也有涯,而知也无涯。"这是就整个的全部客观世界而言,任何一个人的认识都是有限的。从相对的立场,人人都是有知的;从绝对的立场,人人都是无知的。又说:"此亦一是非,彼亦一是非。"这是就具体的某个客观对象而言,任何一个人的认识都是有局限的,见智辄失仁,见仁辄失智。从相对的立场,人人都是正确的;从绝对的立场,人人都是错误的。甚至对一首五言绝句的理解,往往也是言人人殊,很难做到真正合于秉笔人之本意的"达诂"。所以,孔子说:"知之为知之,不知为不知,是知也。"真正的"知",不只在"自己晓得的""知之为知之",更在"自己不晓得的""不知为不知"。正是在这一意义上,潘天寿的伟大,不仅因为他在"自己晓得的东西"方面创造了"登峰造极"的艺术成就而使我们叹为观止;更因为他对"自己不晓得的东西"持有虚心包容的"学者态度"而使我们仰之弥高。他的艺术成就,由于主客观条件的不同,并不是每一个人能够企及,但他的"学者态度",无论主客观条件怎样不同,应该是每一个人都可以做到的。我们要坚守对于传统的文化自信。但真正的传统自信决不是故步自封于自己所晓得的"传统",而恰恰包括了对于自己所不晓得的异质文化的借鉴和融合;即使自己不借鉴、不融合,但也决不反对别人作借鉴、作融合。

# 幽香刚节待薪传
## ——忆与卢坤峰先生的交谊

"君子其来,竹有清芬兰吐馥;先生既往,花无颜色鸟喑声。"这是我清明晨起,惊悉卢坤峰先生(1934—2018)去世消息后立即书写的一副挽联,表达了我对卢先生一生艺术成就的心赏意会,同时也勾起了我对与卢先生三十五年交谊的记忆。

卢先生以兰竹驰誉于当代画坛,花鸟亦佳。他以真功实能作水墨清淡,整整斜斜,得形神兼备、物我交融之致。他那一代的画家中,在"新中国画"的创作方面做出了重要贡献的有不少,但在传统文脉的传承方面能有所成就的实在是非常稀有,卢先生正是其中出类拔萃的佼佼者。20世纪70年代初,由他主笔,方增先、姚耕云点景的《毛竹丰收》轰动大江南北,一时《橘子丰收》之类风漫画坛,唐云先生的青眼却独许于渠。后来更知道,早在他的学生时代,浙江画坛的潘天寿、吴茀之等耆宿便对他格外看好,寄予厚望。而陆俨少先生评他的画品,许为"处子淑女",令观者不敢轻渎。这个"处子淑女"是谁呢?我曾戏答卢先生,以为是苏轼《水龙吟》中的"赠赵晦之吹笛侍儿":"楚山修竹如云,异材秀出千林表……为使君洗尽,蛮风瘴雨,作霜天晓。"词画相映,如镜照影,不正是同一个秋水伊人吗?

水墨兰竹,本是传统绘画中的清品第一。但正如苏轼所言,越是"非高

卢坤峰　《幽谷春晓》

人逸才"不能为的画品,越是便于为"欺世取名者"所窜托。所谓"播下的是龙种,孵出的却是跳蚤",后世的附庸风雅者,无"胸中逸气"而竟效"草草逸笔",遂使它竟成了天下俗品无双!宋人真德秀有云:"子猷行不副名,见谓污浊。子猷固爱此君,政恐此君不爱子猷耳。"近世既爱此君又能为此君所爱的,唐云先生之后,则首推卢坤峰了。我所撰挽联的上句,便是就此而言。

老友郑重兄想必也是受唐先生的推许所影响吧,很早就求得了卢坤峰的一幅兰竹,约有五六方尺,湘烟楚雨,月明风娲,画得十分精到。后来装裱成轴,还请我长题了裱边。2002年,我搬迁新居,朋友们来祝贺,郑、卢邻座而坐。我以为两人是旧相识,所以没有特为作介绍,却看着他们似乎无话可谈,不由得发问,才知道他们原来是第一次见面,那幅画是写信求到的!一座绝倒。

我与卢先生的相识,是在1982年考入浙江美院之后。初次到他景云村的蜗居拜访之后,便成莫逆,我视卢先生为师,卢先生却视我为友。他第一本八开本豪华版的《卢坤峰兰竹谱》出版,便请陆俨少先生题签,而命我作序。当时,像他这一辈的画家还没有出版社为之出八开画册待遇的,这样一桩艺术人生的大事,他何幸而遇到了,又竟然让一个刚刚入学的研究生为序,一时引起不少人的惊讶。孔仲起先生还专门找到我,说:"老卢的胸中可是一肚皮墨水,眼界之高,百无一可。他能请你作序,你一定不简单啊!"我赶忙分辩:"不是卢先生'请'我,是卢先生提携我而已,实在惭愧惶恐得很。"孔先生也锦上添花地"求"我为他的一本画册写了一篇。从此之后,我为前辈的翰墨文字撰序,便一发而不可收了。

说到卢先生的"一肚皮墨水",人们熟知的是他的诗词。一部《林荫庐诗草》,使季羡林先生也为之击节三叹。其实,卢先生胸中的墨水何止诗词,更在经史。他出生孔孟故里,心志所在,自与江南文人有别。早在20世纪80年代初,他便以稿费所得,购置了一橱《二十四史》,勤读不辍。据我所知,当时书画家而坐拥一橱《二十四史》的,仅谢稚柳先生和他二人。说到诗词,在他的周围还有几位不得不提。一位是他的夫人卢师母。卢先生的诗词多为题画诗,卢师母的诗词题材则更为广阔,是真正的诗词。委婉娟静,清丽雅隽,几可雁行朱淑真、李清照。另一位是他的同学同时又是最佳拍档的金鉴才,学生时代便被称为"秀才",直到后来,卢先生都是这样称呼他的。金老师一生致力于践行并推广潘天寿"三绝四全"的艺术主张,又富于社会活动的热情和能力,今天浙江书画界一批坚信传统的年轻人,包括近年调进上海而大展身手的张索,便都是受到他的熏陶。此外,还有他的另一个同学俞

卢坤峰　花鸟

卢坤峰　兰花

建华和夏承焘先生的学生吴战垒,在"天之将丧斯文"的形势下志道弘毅,当仁不让,共同构成了一个为"文为画之极"作承前启后的中坚。

当时正值反传统的新潮汹涌澎湃,所以,我与卢先生的交往几乎三天两头,于"今人多不弹"的古调聊作"吾道不孤"的自我慰藉和自信坚定。进入九十年代后,新潮退潮,传统才有所起色,读传统也开始流行了起来。卢先生的又一本大型画册将出版,他特地从杭州赶到上海,要我写一篇五千字左右的文言。序成交卷,其中有一句论到传统热中所遮蔽着的问题,在"知者不言,言者不知"。卢先生引为知音,以为偏见比无知距离真理更远,反传统不可能真正打败传统,而谬知的"弘扬传统"却可能最终败坏传统。当晚设宴,陪座的有卢师母、吴战垒夫妇和我在浙美正读研究生的学生张春记。席间,吴老师说:"今天在研究传统者真正懂传统的实在没有几个。"卢先生会心一笑,"知者不言,言者不知"句脱口而出。

那一段时间,我每年必到杭州一两次看望师友,卢先生必专程陪同整整一天。两个人找一个幽胜处,品茗小酌,论画谈艺。有一次是在西湖郭庄的水榭,秋风乍起,依然满目青葱,波光云影,平淡中涌动磊落。鸟声啁啾中,卢先生吟出辛稼轩的"绿树听鹈鴂",我紧接着吟了"更那堪、鹧鸪声住,杜鹃声切"。你一句,我一句,直到"谁共我,醉明月",戛然而止,相对无言。只觉得衣冠俱雪、啼血化碧,连"却道天凉好个秋"也是无须道的了。其温柔豪迈如此。

还有一次,永康的徐小飞兄置业杭城。他以贾业而儒行,也是专攻兰竹的,画蒲华的一路酣畅淋漓,较之专业的画家毫无逊色。他不仅在浙美进修时听过卢先生的课,还是卢先生掌门的浙江花鸟画协会创始时的第一个赞助人,也是金鉴才的好朋友。他向我谈起卢先生,敬仰之余,感叹说:"卢先生这个人实在太清高了,很难亲近。"我打电话给卢先生,说是:"我到杭州了。你们协会的徐小飞想请你吃饭⋯⋯"卢先生当即应允,餐后还一起到小飞兄的府上评他的近作,相处甚欢。其高冷热情又如此。

大约十年前后,卢先生因冠心病而装了支架。本来就疏于应酬的他,此后就更少出门了,朋友们戏称他开始"闭关修炼"。我与他的联系,也改为与他的公子卢勇相交接。2012年,金鉴才为他办了一个大型的画展,一片水墨清华,功力猛晋。2014年,中国美院又为他办了一个早年墨竹、墨兰谱新编重版的展事,再次引起轰动,我的几个学生后来还把它引到了上海。

无色胜于有色,无声胜于有声。这是传统花鸟画足以"粉饰大化,文明天下,观众目而协和气"的文脉所在。如今,卢先生既已归去,薪尽火传,这一文脉也就只能期望着后来者的承继接续、发扬光大了。我所撰挽联的下句,便是就此而言。

斯人虽往,斯文未丧。呜呼先生,后已不已,而已于斯。

# 岳镇川灵
## ——江兆申先生逝世二十周年祭

岳镇川灵,海涵地负,造化神秀无疆。凛然苍翠,深静拥青绁。痼疾烟霞自古,更今日、谁解膏肓?胸中有、层层丘壑,平淡出堂皇。

泱泱。如海上、先生雅致,磊落昂藏。数诗史图书,飞起琳琅。饮罢不妨卧醉,驾鹤去、新月惊霜。高天正、纵情极目,不尽涌长江。

这是我 2002 年出席台北艺术大学与台北故宫博物院联合举办的"岳镇川灵——江兆申(1925—1996)书画艺术国际学术研讨会"时即兴填写的一阕《满庭芳》。光阴似箭,倏忽之间,江先生离开我们竟有二十个年头了。怀想江先生的学术、艺术成就,尤其是他在人生的最后几年间致力于推动两岸文化交流所做出的贡献,不禁感慨系之。

我对江先生的认知,始于 20 世纪 80 年代时读到他的《关于唐寅的研究》等著述。当时只知道他是一位研究中国古代美术的学者,治学作风严谨扎实,以尽精微而致广大,给我以极大的启迪。1993 年 8 月,"江兆申书画展"首次在北京展出,我恰好在京公差,抽空去观看了展览,心目为之一亮!满堂的作品,重峦叠嶂,山高水长,意深而气峻,一种端严堂皇,摄人心魄。

作者与江兆申、陈佩秋交流艺术

作者在台北江兆申学术研讨会上作报告

中国画传统的"正宗大道"（张大千语），不正在于此吗？当时的大陆画界，对传统的认识，多局限于以明清的文人写意为不二法门，新华书店中铺天盖地的各种中国画技法书"怎样画梅兰竹菊""怎样画紫藤"之类，无不是"逸笔草草"的路数，唐宋画的"严重以肃，恪勤以周"则被认为是"落后"的"再现"。我于此际正开始从普遍性和特殊性的角度分析这两大传统在今天的传承、弘扬问题，遭遇到严重的阻力。见到江先生的画笔，给了我极大的信心。我特别注意到，江先生的作品所使用的材料，丰富多样，不拘一种，大多是在日本和台湾地区所定制的麻皮纸，尤其是灵沤馆（江先生的斋名）精制的仿宋罗纹矾沙笺，堪与宋元和明清正统派的用纸相媲美。纸质紧致绵密而有韧性，不渗水，不洇墨，但却咬得住笔，使所画上去的笔墨线条和色彩，剔透晶莹，既入木三分，又有一种从纸面上蹦动起来的弹性，相比于大陆画家以水晕墨章的生宣纸为中国画创作的唯一材料，艺术的效果判然相异，而直接了宋元的文脉。这就更加深了我对谢稚柳先生反复强调的"纸绢材料是笔墨生命线"观点的理解。后来向谢先生谈起这次观感，谢老说他是在80年代参加美国的一次中国书画研讨会认识江兆申的，并对他的书画给予很高的评价。

　　1995年秋，江先生在辽宁沈阳举办了他在大陆的第二个个展；同时，由其学生、刘旦宅先生的公子天暐兄等筹划翌年在上海三展。返台前途经上海，便由谢稚柳、陈佩秋先生做东，宴请江先生一行和刘旦宅、沈柔坚诸先生，共商相关事宜并落实细节，我也叨列末座。十年心仪，一旦识荆，欣幸自不待言。席间相谈甚欢，并蒙谢、陈、刘三位先生推荐和江先生的抬爱，受命为上海画展的作品集撰写前言。当时谈到我的一个学生正准备写研究溥儒的毕业论文，苦于大陆方面的资料不足。江先生当场答允给予帮助，返台后不久即托人带来了《寒玉堂集》等一大包珍贵的资料，使我的学生成为当时大陆掌握溥儒第一手资料最多的研究者之一。翌年春，江先生应邀至辽宁考察、讲学，不料竟心肌梗死猝逝于鲁迅美术学院的讲席上！时在五月十二日。当刘旦宅先生在第一时间将这一噩耗告知时，我顿时黯然神伤，久久不能平复。本期待在八月的上海展上作更深入的请益，奈何人天永隔！

　　江先生1925年出生于安徽歙县一个式微的书香世家，从小勤习经史，偶作诗文、书画、篆刻，甚至还以刻印所得补贴家用。十三岁时为前清翰林许承尧补订《杜甫草堂诗集》，许大加赞赏，以为"颖水照眼明，亭亭擢奇秀。古来干霄材，皆自尺寸始"。1949年后渡海去台，谒溥儒学画，溥先生让他先读经史子集，然后书画篆刻可臻"文之极"而"进于道"之境。1956年后供职台北故宫，历任研究员、书画处处长、副院长、艺术创作、学术研究、行政工作并进,皆取得出色的成绩;尤以书画史的研究,穷研极讨,发人之所未发,为海内外学术界所服膺。1991年退职,全力投入到书画的创作,艺事猛晋,被推为"渡海三家"(张大千、溥儒、黄君璧)之后,台湾传统画家的班首。一九九三年始,挟其书画致力于两岸的文化交流,风尘仆仆,不辞辛劳,每年数次往返于海峡两岸,并多次组织大陆的书画名家赴台展出,以共襄振兴中华传统的大业。

学者每论,传统的振兴,台湾的文化环境要比大陆好得多。对这样的观点,我是始终不能完全认同的。实事求是地讲,在振兴传统方面,两岸的文化环境各有优长。论传统积淀的丰厚,大陆的环境肯定优于台湾。台湾的传统文化,作为中华文明的有机部分,自古以来奉中原为正朔,其精华也主要是从大陆传播过去的,局限于博物馆和赴台传统学者的书斋中;而大陆的传统文化,则生生不息于每一寸土地的自然景观和人文景观中,即使千百年来遭到不断的自然耗损和人为破坏,但它的博大精深,它的无处不在,远非台湾所可比拟。这也是为什么在1993年后江先生要不懈地往返于两岸的一个重要原因。他不仅要借此推动两岸文化的交流互动,更要为个人、为台湾的传统文化寻根探源、认祖归宗。论对传统认识的全面、深刻,对传统精华的自觉保护和继承、弘扬,台湾环境确实有优于大陆处,是值得我们反思并借鉴、学习的。比如说师道尊严。江先生每次访问大陆,身边总是追随着一大群弟子,不仅为了听取老师耳提面命的现场讲学,更为了侍奉老师的起居生活,其情景,令人联想到孔子周游列国的古风。又据江先生的弟子、台北艺术大学的教授李义弘兄告知,江先生在辽宁猝逝火化之后,骨灰带回台北当天,在台的弟子和再传弟子们全部恭候在桃园机场。当飞机降落停稳,江先生的灵柩请出机舱时,全体弟子立即下跪叩

江兆申 《太湖图》

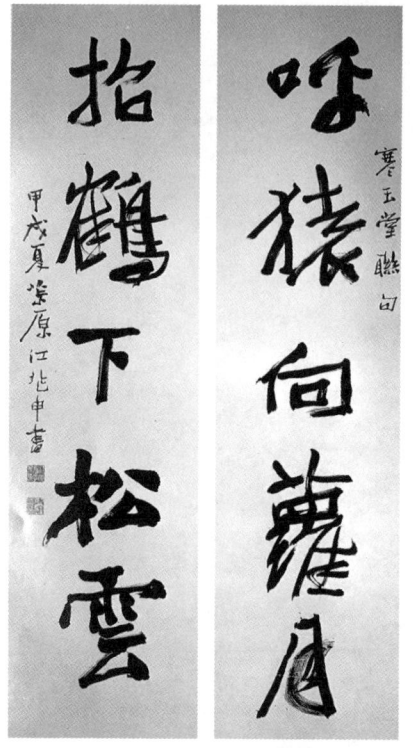

江兆申 《呼猿招鹤》联

地,久久不起,听得我热泪盈眶!2002年的"江兆申书画艺术国际学术研讨会",也正是义弘兄带着他的同门一起策划的,并专程到上海约刘旦宅先生、天暐兄和我等商洽具体事宜。韩愈《师说》以为:"道之所存,师之所存也。""桃李不言,下自成蹊",尊师重道,其意义不正在于此吗?反思大陆学界,师生关系的日趋凉薄,真使人不知从何说起。

江先生擅画山水,偶作花卉,且工四体书、精篆刻。他的绘画,1950至1969年为第一期,整个70年代为第二期,80年代为第三期,90年代为第四期。第一期主要受溥儒的影响,用功于研习古典名家的经典作品,范围涉及南北宋,尤以南宋刘李马夏的"院体"为主,兼糅范宽的精劲和明代吴门画派的雅致,所作多为小幅面的作品。第二期的取法广涉宋、元、明、清,并致力于对花莲、埔里等真山水的实地写生,通过自己的诗心对古人和造化作吞吐升华，以系统地调整个性的画风方向，尺幅亦从小品拓展为五六方尺的大轴。第三期的江先生，开始逐渐抽回他在美术史研究方面的精力，直至全部集中于创作，对传统的追求，也全力向北宋大山大水的全景风光登攀，除偶作清新婉约的小品，多为长轴巨幛的大手笔，尺幅有大到数丈之外的。江先生的个人风格，至此正式定型，亦即谢稚柳先生所说的"以清人（主要是渐江、石涛、龚贤）笔墨，运宋人丘壑，而泽以时代之精神气韵"。嗣后的发展，无非是将这一风格培元固本，更加完美化而已。第四期的创作，由于饱览了大陆的名山巨镇、长江大川，直掘到传统文脉的水土根源，在第三期的基础上进一步达到高华恢宏的全盛景观。《黄山图》《严陵钓台图》《千岛湖图》《西子湖图》《太湖图》等，境界的壮伟开阔，非得江山之助者莫办！郭熙《林泉高致》云：

  嵩山多好溪，华山多好峰，衡山多好别岫，常山多好列嶂，泰山特好三峰。天台、武夷、庐、霍、雁荡、岷、峨、巫峡、天坛、王屋、林虑、武当，皆天下名山巨镇，天地宝藏所出，仙圣窟宅所隐。奇崛神秀，莫可穷其要妙。欲夺其造化，则莫神于好，莫精于勤，莫大于饱游饫看，历历罗列于胸中，而目不见绢素，手不知笔墨，磊磊磕磕，杳杳漠漠，莫非吾画。

可惜江先生刚刚精进到这一境界，便英年早逝，未及遍览太华、岱宗、壶口、三峡以壮志气。否则，其艺术前景必将层楼更上。

他的书法，四体兼工，大小如意，尤以融汇碑帖的行楷书，清刚俊爽，裹绵截铁，最具创意。他为黄山白云溪景区所书的摩崖石刻"卧石披云"四个擘窠大字，笔力雄强，气象浑穆，骨法洞达，精神飞动，真有气壮山河之概，堪称近代摩崖榜书第一。所书寒玉堂"呼猿向萝月，招鹤下松云"联，夭矫跌宕，峻健丰伟，连江先生自己也叹为不能作第二遍书，不仅用作一九九五年辽宁书画展作品集的第一图，还截取了"招鹤"二字作作品集的封面。两个闪闪发光的金字，凸映在水墨山水图局部的背景上，于混沌中放出光明！但又有谁能料到，一联成谶，第二年，江先生竟真的仙去辽东……回过头来读传为陶潜所作的《搜神后记》中的一则故事："丁令威，本辽东人，学道于灵虚山，后化鹤归辽，集城门华表柱。时有少年举弓欲射之，鹤乃飞，徘徊空中而言曰：'有鸟有鸟丁令威，去家千年今始归。城郭如故人民非，何不学仙冢累累。'遂高上冲天。今辽东诸丁，云其先世有升仙者，但不知名字耳。""黄鹤一去不复返，白云千载空悠悠"，鹤唳声声，嘹亮而又高清。不禁令人唏嘘。

2002年的台北研讨会，以"岳镇川灵"四字概括江先生的人生和艺术，实在是再合适不过的。这四个字的会标，也是江先生生前的手书，可见他将这一境界，视作毕生的向往和追求目标。一方水土养一方人文。中华的水土，以"岳镇川灵"为标志；中华的人文，为"岳镇川灵"所涵养。"岳镇川灵"一词出诸《宣和画谱》的"山水序"，意在标举传统文化的根基所在，渊源所自。岳者，大山。"仁者乐山"，所以传统文化的精神安忍不动、历劫不摧。川者，大水。"智者乐水"，所以传统文化的活力随物赋形、昼夜不息。两岸文化，同根同宗，所以传统的继承、弘扬，中华的振兴、自强，需要我们血浓于水的携手合作。江兆申先生在这方面所做出的努力和贡献，值得我们永远缅怀。

（值此江先生逝世二十周年之际，谨以此文作为由衷的祭念。）

## 曾经的锦鳞焕彩
### ——记画坛三位"睡美人"

本文所要记述的,是我与三位"睡美人"的往事。他们是卢鸿基、丁天缺和凌虚先生。三人在民国画坛,都算得上是风云中的人物,后来则成了"睡在美术界的人"(卢鸿基自嘲语),美术界的波谲浪涌,与他们基本上没有关系了。

一

卢鸿基先生(1910—1985)是海南琼海人。早年就读于国立杭州艺专,并参加"一八艺社",是当时进步青年的一个艺术社团,活动搞得风生水起,并得到了鲁迅的支持。抗战期间在郭沫若领导的第三厅从事美术工作,参与筹办中华全国木刻界、文艺界抗敌协会,任常务理事,主编《战斗美术》。后又投入到海南岛的解放战争中。1950年后任浙江美术学院(今中国美院)教授,擅长木刻、雕塑、粉画、美术理论。

我与卢先生相识,始于1982年就读浙美研究生班。他是系里的老教授,潘耀昌、范景中两位学长的导师,我照理要去拜访他和美院其他老先生的。当时走得最近的,除了导师王伯敏先生、早在上海时就熟识的陆俨少先生,便是卢坤峰先生和他,而同他的交谊尤非一般,惺惺相惜的意义更大于学术

卢鸿基 《朗诵诗》（木刻）

上的求教请益。当时美院刚刚新建了三幢教授楼，他分得的是一套最大的三室户，孤身一人，空空荡荡的，挂着几幅郭沫若、老舍等给他写的书法条幅，常有一肚皮的牢骚，却又对什么都看得很透、很淡。不知什么缘故，从第一次礼节性的拜访起，他便对我大加青眼。后来到北京拜访朱家溍先生，朱先生对我的第一句话竟是"如见古人"！我才体会到大概因为卢先生从我身上看到了一种"非今世人"的气格吧？包括下文所要回忆到的丁、凌两位先生于我的厚爱，原因也应该不外乎此。但我却一点不觉得自己是一个拒离"今世"的"古人"，实在是一个非常世俗的"今世人"，尽管我更偏爱"古人"。

开始时，我出于解他落寞无聊的怜悯感，有空才去看他。后来却越走越勤，三天两头地去，看望卢先生成了我一个学习的好机会。这个学习，就"学术"而言几乎毫无得益，然而在他的身上，我却看到了如友人刘绪源兄在前辈们身上所看到的"秘密"：常识和日常。卢先生虽曾是一位革命文艺家，但他的学问却贯通古今中外，尤工旧体诗文。听他谈文论艺，声音轻微得像呼吸，但清癯的面容上露出时而严肃、时而微笑或嘲笑的表情，生动地帮助了他坚定不移的见解表达，许多观点深合我心。他坚持革命现实主义的文艺观，凡不合这一观念的艺术都在他的否定之列；对"扬州八怪"的不满不屑则是我与他的殊意同见。因为谈得投机,他常常在家中备了小菜与我边吃边聊,聊得晚了,便留宿在他那间备而不用的卧室过夜。这间卧室,大概只有我一人用过,尽管从教授楼到我的宿舍不过五分钟的路程,但只要老人高兴,我当然是不会拂其雅意的。

杭州每有京、昆、越剧演出,他必去购票请我一同观看,有时还请章祖安先生作陪。他眼高过顶,"百无一可眼中人",据我所知,章先生是浙美中他看得上的仅有的一位。春秋佳日,还常常邀我一起外出观光,中途则找一家幽静的雅舍,点上几碟精致的菜肴和一瓶黄酒。他自己是吃得很少的,象征性地用一点酒,就笑眯眯地坐在旁边,一边讲解每道菜的典故,一边看着我品酌。我心里完全明白,这一切,他事先都是做过"功课"的,因为他有的是时间。

1984年夏天,我毕业离校回到上海,卢先生几乎每星期都要给我写一封信,大有失去知音的空虚之感,并时有诗词酬唱。可惜的是,我对师长辈的来信,仅保存了姚有信、陈佩秋、王伯敏、陆俨少、杨仁恺、喻蘅等少数的部分,对"传统"之外的卢先生、丁天缺等,竟都没有保存!依稀记得,我曾经和了他一首诗:"傲骨嶙峋睡美人,诗文雕画旧驰名;借它一勺西湖水,去数南溟濆洞声。"引得他欣喜雀跃。不料不到一年,他便离世。在他逝世三周年之际,他在1953年创作的大连《苏军烈士纪念碑战士像》获首届全国城市雕塑优秀奖。借此机缘,我赶写了一篇《祭南海卢公鸿基先生文》,发表在《新美术》上,让世人对这位"睡美人"多些了解。

二

丁天缺先生(1916—2013)应该属于"新文艺"的现代派艺术家,江苏宜兴人。"文革"中被打成"现行反革命"。丁天缺年轻时是国立杭州艺专的高材生，师从吴大羽，后担任吴的助教。今天画坛上声名显赫的朱德群、赵无极、吴冠中，都曾是他的同窗，并尊其为"带头大哥"——不仅因为他的画艺超群，更因为他的豪侠仗义。1979年平反出狱，丁先生要求回美院工作，却未能落实编制，以"临时工"的身份被安排在《美术译丛》做编辑。1988年浙美六十周年校庆，七十二岁的丁先生偶遇了他学生时代的深恋，苦命的鸳鸯终于结成连理！自古的艺术家中，多有命运蹇舛的传奇，但浓墨重彩如丁先生者，实属稀有。

我与丁先生相识，也是在浙美读研期间。作为研究生的一门实习课程，我们要为学报做一些校对的工作，包括对清样的校对和正式出版物的纠错，于是便与丁先生有了来往，也常从《美术译丛》上读到他翻译西方现代艺术的文字。见到的丁先生与印象中大相径庭。如果不是他的鼻梁上架着一副眼镜，他身上简直连知识分子的影子都没有，更像是一位老实巴交的普通工人。记得有一期《美术译丛》上发表了钱景长先生一篇关于弗米尔赝品案的译文，从标题到正文，"赝"字都被排成了"膺"字，我向丁先生指出这个字排错了，他只是淡淡地露出惊讶，并没说什么。"无错不成书"，我也没有把它当成一件大不了的事情。不料几天之后，钱先生专门找到我，说这个字并没排错，"我就是这样写的啊！难道'赝'和'膺'还有什么不同吗？"我便解释说，"赝品"的"赝"从"贝"，而"膺"为义愤填膺的"膺"，从肉。钱先生恍然大悟地说："哎呀！你不说，我一直以为赝品的'赝'就是'膺'呢！"前辈的风范如此，不由得我愈生敬意。这其间的串联人，就是丁先生。不过，说到我与丁先生的交往，两年半的时间里，实在谈不上深切，除了工作业务上的事情，他既不与我讲他的人生经历，也不与我

丁天缺先生所作油画

讲他的艺术观点。在我的眼里,他不过是一个"老好人"。直到我回到上海,关系才变得密切起来。

  大概是 1984 年底或 1985 年初,丁先生给我来信,说是要来上海看我并有事相商。原来,他受命主持中央电视大学美术函授班的教务,请我承担《中国绘画史》教材的编写。这不仅满足了我的发表欲,而且有一笔可观的稿酬,我当然受宠若惊。我请教他,既然其他课程的教材都由浙美的老师编写,何必单单《中国绘画史》的教材要到上海来找我呢?他表示很早就看好我,"弗米尔赝品案的译文,我也不知道'赝品'的'赝'是错别字啊！"嗣后，他便频繁地与我书信往来，主要谈函授教学中的事务，偶尔也谈谈他的艺术观点。看来，这段时期的丁先生颇有老年可以有所作为的枯木逢春之感，但又炼就了平淡超脱、顺其自然的心态，并用这种心态认认真真、踏踏实实地去做事。包括1985年下半年，他准备去法国探亲半年时，也来信告知，要我提前写好教材，免使函授中断。1986年回国后，立即又开始了函授教学的通信。但函授似乎只进行了两年就结束了，丁先生和我的交往也基本终止。记得后来还收到他苦恋终于修成的喜讯，其心情流露于字里行间，活脱脱就是一个初尝禁果的少艾。此后再无任何信息的沟通，估计一方面，他终于找到了人生的归宿，有了美满的家庭生活；另一方面，他也认识到我的兴趣，虽然兼容中西和古今，但侧重点始终是在中国的传统尤其是古典传统。再后来，大概是2000年前后，有朋友相告，说中国美院给丁先生办了一个颇具规模的个展，都是近十年间创作的油画，艺术水平之高超惊彩绝艳，引起强烈的轰动云云。但直到他2013年去世，我却对他的艺术毫无了解，甚至想不起他的任何一幅画！这固然是我的孤陋寡闻，但也证明了这位"睡美人"的沉睡之深。

## 三

相比于卢、丁两位，凌虚先生（1919—2016）属于"传统派"的艺术家，浙江湖州人。传统是多元的，有院体派的堂皇端严、文人派的野逸超旷、通俗派的雅俗共赏，等等，所以更准确地说，凌先生属于传统中的通俗派。他早年就读于上海新华艺专国画系，并师事邓散木学习书法、篆刻，后长期活动于海上画坛，以画金鱼驰誉遐迩，亦能花鸟、山水、人物。曾在上海、南京、香港等地举办个展八次，所作《百鱼图卷》轰动一时。新中国成立后参

凌虚　《鱼化龙》

加政府组织的上海美术工作组活动,任组长,陆俨少先生还是他领导下的组员。但不久后分配工作,被安排到苏州桃花坞木刻年画社、苏州刺绣厂等工艺部门任创作设计,从此便淡出了画坛。

　　我虽久仰凌先生的画名,但与之一直没有交往。直到世纪之交,好像是2002年上博国宝展期间吧,突然接到一个电话,正是凌先生打来的,说是要与我结识:"找了你很久,终于获得你的电话,近期来上海看你,合一个影。"我赶忙表示万万使不得,理应是我来拜访您老人家的。他却说:"你们年轻人年富力强,有许多重要的事情要做,时间宝贵得很。我老来无事,还是我来看你吧!"几天之后,他便在女儿的陪同下专程从苏州来到寒舍,相见甚欢,交谈甚洽,并签赠给我一本新近出版的《凌虚画集》和一张桃花坞木版年画的古版代表作《和气致祥》首日封。平心而论,这本画册的装帧印制是很一般的,与他的资历绝不相配。但世情薄凉,美人迟暮,在晚年还有人愿意为

凌虚　《天机一片》

你出这样一本画册，也只能说是聊胜于无了。当时的凌先生已经八十三岁，但看上去非常健朗，安详而福态，至多只有七十上下的样子。说到20世纪三四十年代在上海的风光波影，更显得精神焕发。对50年代后的沉寂，他显得随遇而安，没有半句怨言。中午简单的便餐后便依依惜别。他一再回首打招呼的身影，宛如唐寅的纨扇仕女，释然中颇有欣慰的满足。

嗣后，每见我有新的著述发表，凌先生必来电表示赞同、支持，殷殷寄望。我数次想去苏州看望他，终因杂务缠身而未果。忽然，觉得有好长时间没有接到他的电话了，去电又无人接听，四处询问，终于从一个苏州朋友那里，打听到老人已于2003年离世。我虽心存疑虑，因为隐约记得与他的"失联"是在2005年前后，但陆续又问了几位朋友，多说他应该不在了。不由得心生唏嘘，便有了此文的撰写。发稿之前，责任编辑再三查询核实，终于辗转从苏州陶文瑜先生那里获悉老人还健在的确切消息。我赶快撤稿,避免了一场"明月不归沉碧海"的讹传,同时很为老人高兴,祈祝他在相忘江湖中平淡安静地长乐永康。不料,今年9月,真的传来了凌先生于8月19日仙去,享年九十七岁的消息。曾经的锦鳞焕彩,卒归于真水无香。

三位"睡美人",虽然人生、艺术的追求迥不相同,英年后淡出画坛则一;虽然淡出了画坛,但在扰攘人世中保持着清醒亦一。只是"古调虽所擅,今人多不听",于是便阴差阳错地把我当成了知音,成就了我与他们的三段因缘。而我,对他们的关心实在是很不够的,辜负了他们的错爱,让他们的一腔高山流水,全化作了对牛而弹。

# 何远为些

1996年5月21日，杨丽娜老师自美国来访，当天在我家住了一晚。第二天杨老师前脚刚走，我便接到美国Z女士的来电，说是姚有信老师因车祸于昨日去世了。接电后马上通知杨老师，要她赶快联系姚有信老师在美国的女儿姚刚核实。但一直联系不上，估计忙父亲的丧事和纠纷去了。直到第三天，才得到证实。于是我抓紧同姚老师在上海的几位学生取得了联系，并求请方增先老师在他执掌的上海美术馆借我一间会议室，为姚老师做一场追思活动。方老师当即同意了，但因种种不足为外人道的原因而未果。直到2006年姚老师去世十周年，在一位朋友的帮助下为他出了一本纪念画册。2014年，姚老师八十诞辰，我联系了他家乡的宁波美术馆，在朋友的支持下为他办了一个大型的"姚有信美术文献展"，算是为老师尽了一点应尽的祭念之责。

姚老师是一个极端"任性"的艺术家，以徐渭、凡·高自许，恃才傲物，独来独往。这样的性格和品行，当然很不讨人喜欢。诚如杜甫论李白："世人皆欲杀，吾意独怜才。"所谓"君子亦憎，小人尤不相容"。我曾分析不同人等的品行，大别为四：头等可敬，二等可亲，末等可恶；这第三等则始而可爱，继而可怜。盖其聪明灵秀在常人之上，不通人情又在常人之下使然也。姚老师便是这样的人，但他横溢的才华却是不可羁绊的，二十多岁便常有作品参加"世界青年联欢会"等国际、国内的重要展事,用中国画形式创作的连环画《革命的一家》还获得了首届全国连环画评比的绘画三等奖。本是领导所看好的重点培养对象,但因为他的特立独行,没有哪一个单位敢任用他,直到1973年他才被破格录用于上海中国画院任画师。

我一直认为,有两种艺术家,也有两类艺术品。一种艺术家,是人类精神文明建设的工程师,所创作的艺术品,是优质的精神食粮。好比一头健康的牛,吃的是草,挤出来的是奶。一种艺术家,"与疯子只有一步之遥",所创作的艺术品,是优质的精神药物。好比一头得了胆结石的牛,生成的是牛黄。但姚老师却是以后一种艺术家而创作出了一大批优质的精神食粮,其孤高自负的性格行为,很难使人把他与其为人民大众所喜闻乐见的真善美的艺术风格联系到一起。然而,他却奇迹般地把这二者统一了起来,好比一头得了胆结石的牛,没有生成牛黄却挤出了优质的牛奶。

对他的这种品行,信奉"温、良、恭、俭、让"的我自然是不敢赞同的。在他十分不得意的时期,我一度把他接到乡下住了一段时间,白天为乡邻们作写生,晚上师生抵足而眠,无话不谈,当然也谈到怎样做人的问题。我劝他要反思自己,不能只用自己的想法去要求别人,有时也需要改变自己的想法去适应别人,适应社会的现实。苏轼《贾谊论》"非才之难,所以自用者实难",所讲的不也是这个道理吗?自信,当然是一个艺术家所必需的,但过了度便适得其反。他却坚定不移地我行我素。他曾长期在上海工艺美校兼职,教过许多学生。因为他的才华,追随他的同学有不少。但他却"十有九输天下事,百无一可眼中人",多次公开表示只承认两个学生,一个是我,另一个是他工艺美校的学生L——这个人更是一个桀骜不驯的青年,看不起别人,别人也看不起他,后来便到美国"发展"去了,终因潦

姚有信 《〈长恨歌〉诗意》

倒落拓，先于姚老师横死异乡——我劝说他，这样的表述很不妥当，会把朋友、学生都推到对立面。但他根本听不进去。

姚老师擅画人物。以长期在上海人民美术出版社从事连环画创作的经历，进而考入浙江美术学院（今中国美院）中国画系，接受"笔墨加素描"的严格训练，如虎添翼，艺事猛晋。进入上海中国画院后，又在林风眠先生的影响下，如饥似渴地研习西方印象派雷诺阿的画风，融会贯通，形成了"笔墨加素描加连环画加印象派"的个性风貌，其特色是清新亮丽，使劳动人民淳朴的形象，多了一种"小资"的情调。这是当时许多"新人物画"画家所难以措手的。我几次提到，中华人民共和国成立以后所开创的"新人物画"，仅以"新浙派"为代表的"笔墨加素描"为一枝独秀是有相当偏颇的；事实上还有一派，便是以"新海派"为代表的"笔墨加连环画"，代表画家有程十发、刘旦宅、韩敏、戴敦邦，包括姚有信等。前一派主要局限于工农兵的题材，所创作的艺术形象具有一种舞台的"亮相"效果，画面人数一般较少，且拙于布景的表现。后一派则兼长古装人物的题材，所创作的艺术形象具有一种舞台的"演出"效果，能轻松地驾驭众多人物的大场面构图，且善于山水花树的布景处理，刻画出"典型环境中的典型性格"。姚老师则兼二者之长而自成一格，尤其是学习印象派之后常用紫色晕染人物脸部的阴面，有一种吹弹得破的水润娇嫩，"我见犹怜"。他用这一手法画鲁迅小说《伤逝》，创作了一部中国画形式的连环画。原稿送到北京，在人民美术出版社的编辑室引发一片惊艳之声，中央美术学院人物画专业的第一届研究生也闻讯赶到出版社观摩，争相临摹学习。不久作品出版发行，在第三届全国连环画评比中再次获得大奖。

20世纪80年代初，思想解放，国门打开，姚老师萌生了出国的念头，并随即付诸行动，参加了上海外国语学院（今上海外国语大学）举办的留学辅导班。从 ABC 开始，苦学一年之后便到美国转攻油画去了。又用了三年时间，便取得了他所认为的成功，一面在大学任教，一面又签约了哈默画廊。不久，把女儿和妻子相继接去美国。大约是在 1983 和 1984 年间，杨老师动身赴美之前，特地把我叫去，说是从此一去不还了，姚老师留在蜗居中的上百幅作品是带不出去的，让我帮助一一撕毁。这种偏执的做法我很不赞同，建议可以留在上海或杭州的亲属家中。但杨老师说这是姚老师的主意，不能违背的。看着这一幅幅的精品，经我之手而变为"废品"，虽然心痛，也只能无可奈何。足足撕了有半天的时间，塞满了楼下的垃圾桶。其决绝如此！后来姚老师回国，我向他谈起此事，他也对自己不留余地的冲动表示后悔，但终究于事无补了。

　　姚老师这一段时间的风光，我虽然看不到，但却时常听到，包括朋友的传说和他自己的述说。他是一个"报喜不报忧"的人，眉飞色舞的扬扬自得中，未必没有掩藏着艰辛。但朋友的传说肯定不会假，因为大多数艺术家是非常吝惜对同行的好话的，尤其是对他这样一个高傲的同行。他所给我的画册当然更不会假，里面赫然印着的都是一些国际上顶级人物的肖像。其中最让他引为荣耀的是 1985 年应哈默博士之请，为时任美国总统里根的夫人南希·里根所作的一幅写真。画面不作正襟危坐，名之为"爱之吻"。里根夫妇收到这件作品后欣喜不已，直接把它挂进了白宫的办公室。中国画家的油画挂进白宫，这可是史无前例的，一时在美国的华人艺术圈中引起一片惊叹。郑重兄获知这一消息后，率先在《文汇报》上发布了这一条信息。除南希之外，他为戈尔巴乔夫、李光耀等多位世界政要的夫人或本人作过肖像。一时声名鹊起，春风得意。其间数次回国探亲访友，否极泰来、衣锦还乡之意，溢于

姚有信 《母婴图》

言表,而不羁的性格则一如既往,大有"当年笑我微贱者,却来请谒为交欢"的做派。联想到他所自许的徐渭在入胡宗宪幕府前后的遭际变化,我不禁隐隐为他担忧。没过几年,姚老师便不幸遭遇车祸!痛悼之时,没来由地想起梅兰芳在《霸王别姬》中的一句唱词:"自古常言不欺我,富贵穷通一刹那。"

"世事洞明皆学问,人情练达即文章。"少年时从《红楼梦》中读到这一副对子,理所当然地认作是封建礼教"吃人"的说教。但事实上,任何一种关于做人道理的"说教"往往是有利有弊的,我们要批判它弊端的一面,却不能连它正确的一面也否定。千百年来，多少诗礼积善之家，都把这副对子作为训导子弟的箴言，正因为它在总体上是正能量的。它的意思，无非是教人在洞达世事人情的前提下来完善个性的创新，而决不是在挑战世事人情的前提下来实现个人的意志。闻一多曾说："健全的个人是必须的，个人发达到排他性的个人主义却万万要不得""极端的个人主义到了恶性发炎的阶段"，其结局"天知道是什么"（《一个白日梦》）！社会性和个人性，"它们原来是一种精神的两种表现，在表现上两种运动一直是分道扬镳的……这两种运动合起来便能互收效益，分开来定要两败俱伤"（《文艺与爱国》）；"我以为不久的将来，我们的社会一定会发展为 Society of individual，individual for Society（社会属于个人，个人为了社会）的"（《诗与批评》）。发人深省。

相比于其他行业中人，艺术家尤其是个体创作的美术家，对个性自由有着更强烈的执着追求。这本无可厚非，因为"为文忌出诸人"，没有个性就没有鲜明的艺术创新。但个性过度膨胀，往往事与愿违。古今中外的艺术家中，徐渭、凡·高之外，还有多多少少困顿牢骚之辈，为我们提供了这方面的经验和教训。他们用自己的心血创造了不朽的艺术，值得我们永远地高度尊敬；但他们的品行遭际，却需要我们在同情之余作出深刻的反思：无论作为社会还是作为个人，在"社会属于个人，个人为了社会"的境界真正实现之前，如何用一种更好的方式来推进它的不断完善并最终实现？值此姚老师逝世二十周年，放眼神州中兴，不由得而发"魂兮归来，何远为些""魂兮归来，反故居些"的怀想追思。"人似秋鸿来有信，事如春梦了无痕"。无论如何，姚老师能够获得及身的荣耀，应该说，他的艺术人生还是幸运的。

## 聊为陇亩民

今天,知道"沈轶刘"(1898—1993)这个名字的人应该不会太多了。但在20世纪的三四十年代,他却是诗坛词苑的活跃人物之一,与白蕉、邓散木、唐云、沈禹钟、施叔范等结为诗友,忧时感世,相与酬唱,慷慨磊落。由此可看出他的旧学功底和影响,在当时绝非泛泛。鼎革后,因抗战期间避兵八闽,任国民党福建省府办公厅主任,被定为"历史反革命"。尽管"罪名"吓人,但他后来的经历,相比于他的诗友们多被打成"右派"甚至流放青海

沈轶刘

劳教,还算是幸运的。归田后不仅没有遭到严酷的"专政",不久还被外聘为中华书局上海编辑所(今上海古籍出版社)的编辑,直到1966年出版业停顿才回到老家浦东高桥务农。

先生名桢,字轶刘,以字行。早年就读于上海中国公学文学系,毕业后一直从事报刊的编辑和撰稿工作。虽身躯弱小而笔力雄强,有"开山五丁手,诗国万人敌"之誉。

我与沈先生相识并有幸得到他古诗文方面的指导,是在1973年之后,缘于唐云先生的介绍。他与我同在高南公社,他属镇南大队,我属友好大队,但两家相距并不远,步行不过半个小时的路程。界浜一号桥桥堍的北岸,一幢高墙老宅濒水而筑,规模颇盛,在民国时的高桥,称不上大户,但也属殷实人家。不过大部分的房屋土改时都被分给贫下中农居住了,留给他的似乎只有东西向的三间还是四间。因为子女都在市区工作生活,只有老夫妻二人,所以倒还显得宽敞。青砖铺地,打扫得干干净净,清幽简朴。屋外是宅基地,蔬菜种到了围墙脚,门前稍空旷,用于养鸡、晾衣。

我第一次上门,他正在"咯咯咯、咯咯咯"地给鸡喂食,其乐融融。后来多次去看他,有时遇上生产队的农忙劳动,群众都在满头大汗地弯腰割麦或插秧,他却在田埂上东张西望,见哪一个身后的秧苗快没了就及时地送过去,见谁口渴了就赶快递上一碗大麦茶。他乐呵呵地对我说:"大家看我年纪大了,又不擅长农活,所以特别照顾我,从来不让我干重活、累活。"有时他刚从大队部接受例行的"四类分子"(地、富、反、坏)教育训话回家,照样乐呵呵的样子,一点看不出被"专政"者的苦恼抑郁。对这种随遇而安的生活态度,我首先想到的便是陶渊明荷锄种豆的平淡天真。

20世纪80年代以后,先生"脱帽"解放了,他的孙女还是外孙女考上了美国一所大学的博士生，心情更为愉悦。于是便开始出门走动，联络旧交并结识了一批新的诗友，陈声聪、周退密、施蛰存、钱仲联等，互为酬唱，并为施先生主编的《词学》审稿、撰稿。唐云先生、张建权先生（邓散木夫人）、金学仪先生（白蕉夫人）等则是由我帮助联系上的。一些年轻的旧体诗研究者也慕名时有书信或直接上门请教。如后来去了澳门的施议对，先离开钢铁厂去读硕士，接着又转攻中国社科院的诗词博士。沈先生对他大加赞赏，认为后生可畏，并与我的先读物理后读美术史引类比附，期望殷殷。

这段时间，我已从乡下迁居镇上。两家距离缩小到只有一刻钟的路程。所以，他也时不时到我家串门，给我送来我请他批改的诗稿和他的和诗，笺纸细字钤印，极尽风雅。其他诗友与他唱和的诗稿，同样也是笺纸小楷，有时还有长卷。他每分享于我，供我学习并收藏。回想起来，我呈他的草稿没有一件是毛笔宣纸的，全用钢笔抄写，对旧诗文的"敬事"态度，实在是万万不及前辈了。

其间，他又开始了对自己诗文集的整理，辑为《繁霜榭集》，包括诗、词、诗论、词话等，由富阳的一家古籍印刷机构刻蜡油印线装出版，分送友人和全国各大图书馆。虽然不是正式的出版物，他却看作千古寸心，对错字一一亲笔订正。后来我才明白，传统的文化，经、史、子是面向全社会的学问，所以有广泛的阅读面，需要社会性的出版发行；而集，主要是个人的言志抒情，一般情况下只在小圈子里流传。所以，旧时代的诗人词客，大多自己找人刻印个人诗文集，绝没有我们这一代只有国家出版社所出才是正规出版物的观念。避兵福建时所写的《八闽风土记》则由福建的某家出版社公开出版发行。还有一部《清词菁华》，是他在中华书局上海编辑所兼职时，副所长兼副总编辑陈向平先生授命他编写的，搁置二十年后，亦由当年的同事、龙榆生先

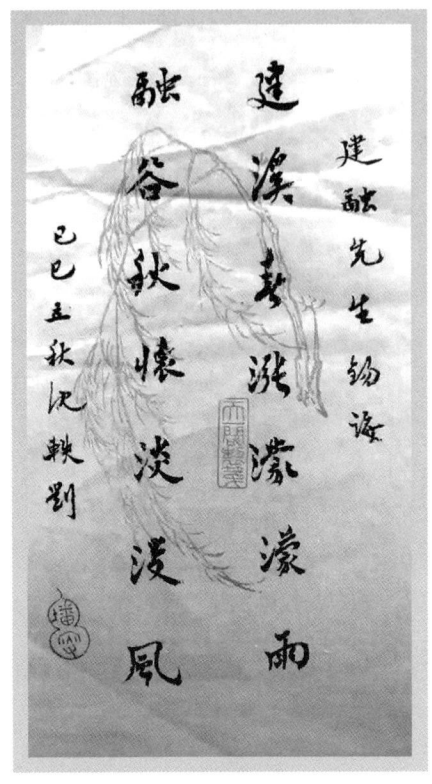

沈轶刘手札

生的学生富寿荪先生推荐给安徽文艺出版社。社方因沈先生的名头不大，必须富先生具名方答允出版，沈先生毫不犹豫地同意了社方的要求。

沈先生参与的另一部著作是《诗韵新编》，1976年由中华书局上海编辑所出版，1978年经修订又由上海古籍出版社再版。这部韵书不具作者姓名，系作为出版社的一个集体项目。但其实，核心的作者是沈先生，他在此书上用心、出力最多。据他自述，当年能去编辑所兼职，主要就是因为编订此书的需要，其他有思想内容的古籍出版，一般没有他参与的份。包括《清词菁华》的编选点评，也是在此书完成之后才接受的新任务，当然还是集体项目，如果在当时出版，估计也不会有他的具名。这部诗韵的编采，遵守"平仄须严，用韵可宽"的原则，在严守格辙的前提下有所创新，把通常所用的平水韵由一百零六部压缩为十八韵九十部，用起来非常方便。但修订本的出版沈先生并没有参与，估计当时的出版社方面已不清楚此书的最初奠基人之一是沈先生了。至于今天的不少旧体诗作者，主张不用新韵而恪守平水，实无关大雅。

1992年浦东开发开放，我和沈先生的家都在外高桥保税区的建设中动迁到了富特新村，他在三村，我在四村，相隔不过一条马路，步行五分钟。沈先生心情愈佳，虽年逾九旬而依然思清体健，不料翌年竟无疾而终。

沈先生本人的诗文，他自认为得益于陈维崧。但我以为他早年偏向于唐宋，有"以天下是非风范为己任"的意气风发。尤以一组咏七十二抗日名将诗最称雄迈："死为雄鬼食胡肉，生见金瓯插汉旗""醉卧沙场谁不朽，五千貂锦夕阳西"。笔下纸上，如有风云奔走、雷霆震发，分明华夷，激昂大义，读之令人血脉偾张。我以为这类诗近于辛弃疾的豪放派。《八闽风土记》则于山水形胜之外并记民情风俗，虽在血肉长城的硝烟之外，犹存"还我河山"的家国情怀，深郁厚重，有柳宗元《永州八记》的笔力和意境。无论辞藻的洗炼，还是精神的严正，近世文言游记，我以为无出其右。

中年以后的沈先生，因形格势禁，潜心于诗韵和词论的研究，虽仍时有诗词的写作，不过咏"芦粟""落苏"之类。看似无聊，但一片"此中有真意，欲辩已忘言"的境界，我以为近于陶渊明。"长吟掩柴门，聊为陇亩民"的生活，不正是沈先生此际的真实写照吗？但在词论、词评中，还是可以隐约读出他少年时的风义，如《清词菁华》中评顾贞观词：

> 瑰辞隽藻，清初确可肩随陈、朱两大家。与吴江吴兆骞为生死至交，兆骞以科场案株连，久戍宁古塔。贞观因性德之力，援而归之，天下高其风义。其寄呈《金缕曲》两阕，肺挚如被肝胆，至今传诵不绝。他如《青玉案》《夜行船》，皆风骨挺异，满腔生气，悉非凡响。

则又有陶渊明"少年罕人事，游好在六经""刑天舞干戚，猛志固长在"的当年怀想了。

20世纪80年代之后，沈先生才真正洗尽绚烂，完全入于平淡。所撰《高桥四园林记》纯粹纪实，一点不染尘垢，对沧桑兴废，作不冷不热观，行无香无味文。包括为我所作的嵌名联"建溪春涨蒙蒙雨，融谷秋怀淡淡风"，没有一丝一息的"愁滋味"。

虽然，辛弃疾在中年后也倾慕陶渊明，但读了沈先生，我觉得稼轩的心境始终是孔明而没有进入到渊明，即使他口口声声说渊明，至多也只是"心向往之"而其实是"未能至"的。而沈先生，几乎一字不着陶渊明，却真正进入了渊明的境界。于是，写诗、赋词与种地、喂鸡一样，都成了他的日常生活。每想起前辈学术人生的日常和常识，我以为作为农民的沈先生比之作为专家、学者的文化名人们，实在更为典型。行文至此，正好女儿回家，我让她在手机上"百度"一下"沈轶刘"。胪列的诗词作品不少，但人物内容并不多，而对他的评价竟是"一生坎坷"。我不禁哑然失笑。由此也联想到自己的整天伏案，在旁人眼里"干吗这么辛苦"，怎知我实在其乐无穷。

# 人品与画品

中国画十分讲究人品与画品的统一。这一点，晋唐宋元和明清，经典和非经典，是共同的。但对人品的具体内容，以此导致对画品的具体要求，则有不同的追求。

人品有先天的一面，即"气韵必在生知"，如天赋、气度、禀性，等等。这一点，晋唐宋元和明清，经典和非经典，也是共同的。但对于人品的后天一面，二者却有着大相径庭的认识。

根据我们所熟知的，实际上也是明清以来惯势的人品观，它主要有两方面的内容，一是气节、操守等道德的内容，尤以与社会相冲突为高尚的人品；一是文化修养方面的内容，尤以诗、书、画、印的三绝、四全为高雅的人品。所谓"宁可画以人传，不可人以画传"，也就是说，作为一个画家，不应以画出优秀的、经典的绘画作品贡献于社会，从而使历史记载下你的名字，而应以高尚的或高雅的人品，如气节、操守、诗书文化修养，等等，使画得不太好的绘画作品获得社会的认可。所谓"精神优美，形式欠缺"，类似于"政治标准第一，艺术标准第二"。

然而，在晋唐宋元，这一些并没有被看作是根本性的，尽管它们也很重要。那么，根本性的人品要求是什么呢？便是以和谐的心态和高度的社会责任心，认真地看待并做好自己的本职工作，通过苦练基本功，画出优秀的绘画作品来获得社会的认可，画以画传，人以画传。有了这样的人品，再有气节操守、诗文修养，进而更有天赋的气度，他就有可能创造出经典的作品，如顾恺之、徐熙、李成、李公麟、钱选、倪云林。反之，气节操守、诗文修养、天赋气度等，就很难发生作用，如苏轼、米芾、郑思肖等，以一肚皮不合时宜的牢骚游戏笔墨，画以人传，尽管颇有值得称道的特殊性、偶然性创意，却不足以作为具有普遍性、必然性的经典垂范后世。进而，有了这样的人品，即使没有多少气节操守、诗文修养，甚至天赋气度值得称道，照样也有可能创造出经典性的作品，如莫高窟和两宋画院的画工，以及张萱、周昉、赵幹、黄筌、崔白、郭熙、李唐、张择端、王希孟、刘松年等。

　　具体而论这一"认真做好本职工作"的人品，不论这"本职工作"是画画，还是种田，或是传播仁义道德，管理国家大事，论其和谐的心态、敬业的精神和社会的责任心，无非是温、良、恭、俭、让。在天才，"达则兼济天下，穷则独善其身"，而不是达则为所欲为，穷则怨天尤人；在中人，亦不外老老实实，认真安心，而不是见异思迁，这山望着那山高。一切的人品要求，包括先天的和后天的，道德的和文化的，只有在这样的前提下才可能发生积极的作用，推动具有经典价值的画品创造。

　　所谓"温"，也就是温和敦厚，而不是狂热冷漠；

　　所谓"良"，也就是善良和悦，而不是穷凶极恶；

　　所谓"恭"，也就是严肃认真，而不是马虎草率；

　　所谓"俭"，也就是节俭淳朴，而不是侈奢浮华；

　　所谓"让"，也就是含蓄谦让，而不是争名夺利。

　　如明代的钟惺所说："学问莫言我大于人，大于我者还多；境遇莫言我不如人，不如我者还众。"

这样的要求，在顺境中还容易做到，处于逆境中就很难做到，而这，正是对画家的一种考验。我们可以把历代画家的人品，以这样的要求来作一比较，可见真正值得称道的是作为一个画家所应有的人品，而不是作为一个志节之士或风雅之士所应有的人品，必然是坚持"做好本职工作""人以画传"的。他以与社会相和谐的、安心做好本职工作的人品，辅以其他的条件，如志节、风雅等，才能创造出和谐的、精美的画品，而他作为画家的人，也因这画品得以传世。背离了这样的人品，即使有其他的条件，使他的"画以人传"，但这样的画，肯定不可能成为经典。因为，社会对他的肯定，主要是道德上或学识上的，而不是绘画上的。我们决不能因为绘画史上必须承认这样的一格，而用非艺术标准颠覆艺术标准。

人品既有先天的一面，所以，它与画品的关系，又牵涉到天才和勤奋的关系问题。相比于其他的行当，艺术这一工作，对于它的从事者有着更高的天赋要求，而勤奋的刻苦用功则是其次的。尤其是最高级的创造，更被看作是天才"一超直入如来地"的顿悟。如果不是天才，任凭你怎样刻苦渐修，至多"积劫方成菩萨"而已，而不可能攀上最高的顶峰。进而，只要是走"一超直入"路子的，一概被认为是天才、高品，而走"积劫方成"路子的，一概被认为是庸工、俗品。

其实，这一看法虽然有它特殊的真理性，从普遍性的立场来看，却是相当片面的。至少，从晋唐宋元画史上的经典作品来引证这一观点，并不完全契合。天才和勤奋，一超直入和积动方成，前者只有在后者的基础上才能发生作用，而不是撇开后者所能产生作用。这里，也牵涉到道和技、心和手的关系问题。苏轼强调"有道有艺""心手相应"，离开了艺，离开了手，道和心便没有意义。所以，先天的顿悟固然重要，后天的勤奋，主要是绘画基

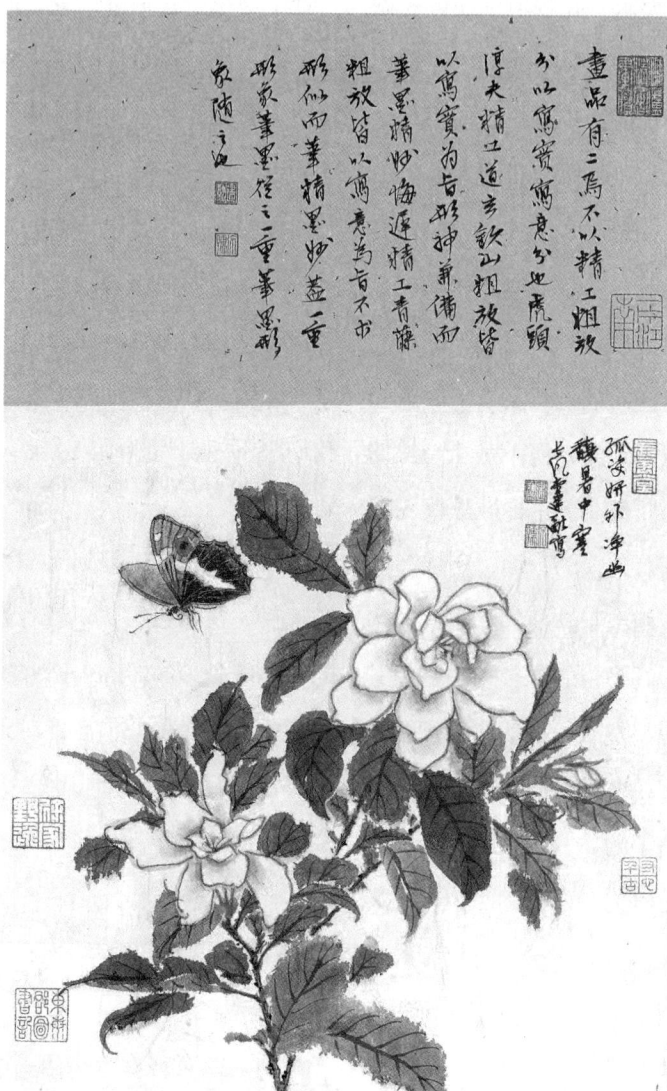

徐建融 《蝶影蕳香》

本功的刻苦修炼尤属关键。苏本人是诗、书、画无所不通的天才，但他在诗文、书法方面用足苦功，读书万卷，退笔如山，才成为诗文、书法史上的典范，在绘画方面则自以为"不学之过"，未能认真投入，只是偶尔游戏笔墨，在他自己也是颇为不满的，遑论成为绘画史上的典范。天才而不用功，或天才而缺乏基本功，靠一超直入的顿悟，尽管也可以创造出令人耳目一新的画品，那至多不过是以特殊的"至人之境"取胜，属于清妙新奇的小品、逸品，而不可能以普遍的"常人之境"，完成恢宏博大、雄深雅健的神品、经典创造。

反之，没有天赋，或缺少天赋，只要刻苦用功，方向准确，耐得寂寞地长期积劫，也有可能技进乎道，创造出经典、力作。被画史上津津乐道的庖丁解牛，之所以能进乎道，主要不是靠的天才，也不是靠宰牛之外的哲理修养，而正是靠对宰牛技术的长期钻研。晋唐宋元画史的经典、力作、精品，固然有出于天才之手的，但更多的则并非出于天才之手，如敦煌壁画、两宋院画、王希孟的《千里江山图》、张择端的《清明上河图》等。究其原因，正在后天对于绘画专业技艺的不懈用功，包括天才也不能是例外。

当然，并不是所有没有天赋的画工，只要刻苦用功，都有可能创造经典、力作。除了方向性问题外，天才是"至人"，没有天才是"中人"。至于"中人以下"，虽然也是没有天才，但这样的人再用功，也是难以成才的。所谓"匠作"，只有刻板的技术，没有生动的气韵，一部分是"中人"尚未技进乎道时所创作，更多的则正是"中人以下"所创作。

至人、天才是极少数，甚至代不一人；中人是大多数；中人以下也是少数。所以，关于天才与勤奋的关系，结合晋唐宋元的绘画传统，我们可以认识如下：

经典、力作的创造，有出于天才之手的，有出于中人之手的，但无不积劫而成，没有一超直入的，所以，与其归功于天才，毋宁归功于正确方向下的勤奋。

逸品、精品、妙品的创造，更多的出于天才之手，这是十分可惜的，因为他们本来可以创造经典、力作的，只是在绘画基本功方面投入不够，所以只能仅止于此（如苏轼、米芾）；也有的出于上述勤奋的画家之手，但或因技尚未进乎道，或因以余力所为，所以不可能每一幅都是经典、力作。

匠作的创造，与其归于勤奋刻苦，毋宁归于：一、勤奋远未到家，技远未进乎道；二、不是"没有天才"的问题，而根本就是"中人以下"的问题。

这样，从普遍性的立场，晋唐宋元的绘画传统和经典、力作、精品的创造，所给予我们的启示，应该是充分地认识勤奋的重要性；匠作所给予我们的启示，也不应该贬抑勤奋的重要性。所谓"信天命，尽人事"，是不是天才，不是我们后天所可以把握、改变的；但用不用功，全在我们自己的把握。离开了本职工作谈人品，对于画品的创造，没有普遍的意义。

## 人品和艺品

人品决定艺品，包括书品和画品，艺品反映人品。这是国学对于文化艺术的一个千古共识，类似于西学论文学艺术的"人格即风格"。虽有质疑之声，但基本上属于不刊之论。这里的人品，主要指道德品质的高下，而艺品，主要指艺术成就的大小，所谓"人品既已高矣，气韵不得不高""人品不高，落墨无法"。意为道德品质高尚者，其艺术成就一定高华；道德品质卑下者，其艺术成就一定低劣。即使有道德卑下而艺术高华者，如蔡京的祸国殃民而书艺高超，也视作个别的特例而否定之。但问题是，撇开道德高尚者多有艺术成就不高的例子，道德卑下而艺术成就高超者也绝非个例，赵佶是昏君，赵孟頫、王觉斯为"贰臣"，张瑞图为阉党，等等。显然，用"政治标准"来评定艺术的成就是行不通的。

于是又有一说，认为"人品"不是指道德品质，而是指文化修养。文化修养高的艺术家，艺术成就一定高华，文化修养低的艺术家不过是工匠，艺术成就一定低下。这样，对于蔡京、赵佶、赵孟頫、王觉斯、张瑞图等道德低下而艺术高华的例子便有了圆满的解释。但是，吴伟业、袁子才等，文化修养高而书画艺术成就平平者比比皆是，而张择端、王希孟、黄筌、吴道子等，文化修养不高的工匠，甚至如莫高窟的画工有不少还是文盲，其艺术成就何等高华？显然，用"文化标准"来评定艺术的成就也是讲不通的。归根

徐建融　工笔荷花

到底，艺术成就的高下要用"艺术标准"来评定。

钱锺书先生别创一说，认为人品既不是指道德品质，也不是指文化修养，而是指人的性格；"艺品"并不是指艺术成就，而是指风格。人的性格有温婉的，有豪迈的，有卞急的，有和缓的，艺术的风格也有文秀的，有雄健的，有奔放的，有端凝的。不同的性格必然表现为相应的风格，不同的风格必然反映出相应的性格。此说甚是。但通常所讲的"人品即艺品"，主要侧重于艺术成就的高低。不同艺术风格的作品，有的成就高，有的成就低，这高低又是由什么决定的呢？与人品又有什么关系呢？

我的看法，人品包含了三个层次的内容。其一，先天而来的禀性；其二,后天养成的道德品质和文化修养;其三,先天的秉赋,即有没有艺术的天赋以及天赋的高低,后天的努力包括是不是在适合自己禀性道路上的努力以及有没有努力的客观环境。艺品则包含了两个层次的内容。其一,艺术的风格;其二,艺术的成就。明乎此,则"人品即艺品""艺品即人品"的问题就可以迎刃而解。

艺术风格的雄健还是文秀,与人品的第一个层次相关,但艺术成就的高低与之无关。艺术成就的高华还是低下,与人品的第三个层次相关。没有高超的天赋,再刻苦努力也不可能取得成功。当然,有了高超的天赋,但不努力,同样不可能取得成功。刻苦用功,还必须是在适合自己禀性的道路上下功夫,黄筌有天赋且用功,但如果去画石涛的一路,再刻苦用功也不可能成功;石涛有天赋且用功,但如果去画黄筌的一路,再刻苦用功同样也不可能取得成功。是不是刻苦用功是可以自己决定的,但有没有这个环境则是主观所无法决定的客观存在。如果石涛生在五代两宋,根本没有写意画的环境,他就不可能彪炳画史,只能成为王墨之流;如果黄筌生在清代,根本没有规整画的环境,他也不可能标程百代,至多成为邹一桂之流。

那么,人品的第二个层次即后天的道德品质和文化修养,与艺品包括风格和成就,有没有关系呢?当然有,但却不是直接的、关键的。尽管如此,我们还是强调艺术家应该具备高尚的道德品质和博洽的文化修养,因为这不仅是艺术家所需具备的,也是各行各业所有的人都需要具备的。

# 国学中的国画教学

有国学中的书画,也有美术中的书画;有国学中的文史,也有学术中的文史。这关联到教育体制的不同。有国学的教育体制,可以培养出齐白石、黄宾虹、叶恭绰、张元济等国学中的书画大师和文史大家,却培养不出徐悲鸿、林风眠等美术中的书画大师和学术中的文史专家。而今天的仿西式教育体制,可以培养出周思聪等美术中的书画大家和学术中的文史专家,却培养不出吴湖帆等国学中的书画大师和国学中的文史大师。这里专谈国学中的国画教学和美术中的国画教学。

我们知道,美术中的国画教学,侧重于国画作为区别又相通于油画、版画、水彩画等"画种"的技法传授,以 20 世纪初引进的美术学院为典型。

其教学具有严格的科学性,这种科学性是建立在中国画特有的工具材料基础上的。经过专业和文化的考试而入学,专业的考试强调素描的造型功能,文化的考试则同于其他文史哲、数理化的内容而要求甚低。

入学后的课程安排,由素描而速写,由临摹而写生,最后进入毕业创作。不同的年级,由低而高,由浅入深,有固定的教材和课时安排,不能迟到早退,更不能旷课。

分班而教,不同的课程各有不同的教材,由不同的老师讲授,亦各有不同班级的学生听讲。一年级的学生不可能跳级去学三年级的课,四年级的学生也不需要降级再去听一年级的课。

国学中的国画教育,侧重于国画作为区别又相通于书法、经史、诗词等"考工"的文化传授,以历代直至二十世纪吴湖帆的梅景书屋、赵叔孺的二弩精舍、张大千昆仲的大风堂、江寒汀的荻舫等为典型。

海派大家吴湖帆极重视师徒相承的教育方式,其教学没有严格的科学性,这种不科学性当然也注重中国画特有的工具材料,但更注重的是"世事洞明皆学问,人情练达即文章"的品行。

学生不需要经过专业和文化的考试,主要是通过老师的认可而入门,入门后的教学,没有固定的材料和课时安排,学生可以迟到、早退,既可以旷课,也可以常来听课。

入门有先后的学生,可以同堂听同样内容的课。不同的授课内容,没有深浅高低之分,也没有先讲什么后学什么之分,更没有什么时候毕业的分界,所谓"活到老,学到老"。

在老师的面前,他永远是毕不了业的学生,即使他自己设帐授徒了,在老师的面前也永远还是学生。所学习的内容,直接从临摹入手,包括老师的课稿,也包括前贤的经典。

且其临摹,不仅是着眼于画稿的技法,更潜移默化着老师漫谈的传统文化,包括掌故逸事等。

看老师示范,听老师讲解、批改作业,当然是学习。但学生在老师的画室中,更多的是听老师谈天说地。有时不是与学生谈,而是与朋友访客谈,学生们不能参与交谈,而只是旁听交谈,这也是学习。

有客人送来时鲜名果,学生恰好来到,与老师一起品尝,并听老师讲解时鲜名果及其产地的人物风情,是学习。或有客人送来古人墨迹请老师鉴定其真伪优劣，学生恰好到来，听老师讲解分析，这当然更是学习。

　　老师对于学生，固然要因材施教，但更多情况下，是学生跟着老师的日常生活随时而学。老师的日常生活，单调中丰富多彩，有能预设的，更多的则是不能预设的。国学中的国画教学，就如同日常的生活，老师是日常生活中的老师，学生则成了进入老师日常生活的学生。

　　以此反观美术中的国画教学，则迥然有别于日常的生活，老师不是日常生活中的老师，而是课堂上的老师；学生也不是日常生活中的学生，而是课堂上的学生。

　　西学的学术，迥别于日常和常识；国学的学术，根植于日常和常识。由美术的国画教学与国学的国画教学，可以看得再清楚不过。

# 中国画为什么会成为历史

近读海外某中国绘画史研究专家的文章，谈"中国画为什么会成为历史"，无非说中国画注重文化的修养，不只是技术之事云云。但是，西洋画难道没有文化修养，仅止于技术之事吗？什么是文化？什么是有营养的食物？这是各人各看的，不能以甲的文化否定乙的文化认为乙没有文化，不能以虎狼的肉食为有营养的食物而否定牛羊的草食为没有营养，并强行要求牛羊也食肉。所以，专家所论，虽然洋洋洒洒，却并没有从本质上讲明中国画为什么会成为历史？何况，绘画本身就是文化，技术本身也是文化，一切专业分工都是文化。

从广义上，一切陈迹都可以是历史，只有不留下痕迹的东西才不是历史。比如说上古时有人画了一幅鳄鱼图，但这件作品不仅毁灭了，而且没有任何文献的记录，它便不成为历史。而只要作品留存至今，或者虽然早已毁灭了，但在古代的文献中有关于它的记录，它便对我们的生活发生了影响，便可以称为历史。但具体又有两种情况：一件作品，就是它本身，上面没有后人的痕迹，它只能见证当时的历史，尽管它也对我们今天的生活可以产生影响，但它只是历史的陈迹，因为它自身的生命已经结束，今天通常称作"文物"。而一件作品，不仅仅是它本身，上面持续地有后人留下了痕迹，不仅可以见证当时的历史，更可以见证历代的历史，它便是历史的延续,因为它的生命没有结束。

## 中国画不只是陈迹的历史,更是延续的历史

本文所讲的"历史",不是指过去的陈迹,只能收藏在博物馆里供一代又一代的后人欣赏,而是指子子孙孙永无穷尽的延续。比如说达·芬奇的《蒙娜丽莎》,是特定的时期——文艺复兴时期,由特定的某一个画家——达·芬奇所创造的一件已经完成的作品,它当然也是历史,但只是一件陈迹供后人欣赏并缅怀已经逝去的历史。

而北宋李成的《茂林远岫图》、元代赵孟頫的《鹊华秋色图》,等等,我们所看到的,不只是北宋李成的已经创作完成的作品,而且是包含了南宋向若冰、元代倪云林、明代张天骏的题跋。也就是说,把作品仅仅止于画心,那么,它确实只是北宋李成的已经完成的一件作品,是历史的陈迹。但把作品看作是连同了题跋的整体,那么,它是从北宋而南宋而明代的李成、向若冰、张天骏共同创造的一件作品。换言之,一件绘画作品,当它由某一时代的某一画家完成了,它的创作中止了,那么,它就是历史的陈迹,尽管它的文化在鉴赏的活动中可以继续影响后人,但作品本身已经结束,就像古希腊的时代已经结束,古埃及的文明已经结束。而一件绘画作品,当它由某一时代的某一画家完成了,但它的创作并没有中止,后人在对它的鉴赏活动中不断地对它进行再创作,那么,这件作品就没有结束,如果不是被收藏进博物馆,它就永远不可能结束,除非它毁灭。当然,这里所讲的再创作,不是在画心上加以涂改增删,改变它的画面,而是指题跋,包括题在画心,更包括题在裱件上。

所以,我们讲到《蒙娜丽莎》,那当然是达·芬奇一个人的作品。而讲《清

明上河图》，却不只是张择端一个人的作品，而是包括了整个画卷上历代人的题跋。拆去了《清明上河图》的题跋，就不是一件完整的《清明上河图》，而这件完整的《清明上河图》，如果它流传在民间，也将永远是不会完整的，后人一定会在上面继续加以题跋，就像人类的知识，不断地趋近绝对真理而永远不可能达到绝对真理。一件中国画的创作，也是如此，不断地趋近完成而永远不可能达到完成。

## 鉴赏题跋是中国画成为历史的独有原因

虽然，对绘画作品的鉴赏是中西都有的，过去王朝闻先生曾以商品的"生产与消费"作比喻，认为美术活动也包括了"创作和鉴赏"，创作是美术作品的生产，鉴赏则是美术作品的消费，没有生产就没有消费，没有消费也没有生产。当然，鉴赏和消费还有不同，消费绝对不是生产，而鉴赏往往还是再创作。但在西方，由于作品的装潢形式只是装框，鉴赏者对于作品的感受只能放在脑子里，最多写成文章发表到报刊上，不可能使它成为作品的一部分。中国画的装潢形式则是装裱，立轴、册页、手卷，画心之外还有许多空出来的裱件，立轴有诗塘、天头、地头、边，册页有扉页、对题、副页，手卷有引首、隔水、拖尾。它们的存在，使得鉴赏者对于作品的感受即再创作，不仅可以放在脑子里，或者写成文章发表到报刊上，更可以题在作品的裱件上乃至画心上成为作品的一部分。

什么是《清明上河图》？不只是张择端的画心，更包括了历代后人在画卷上的题跋。什么是《快雪时晴帖》？不只是王羲之写的几个字迹，更包括了历代后人在册页上的许多题跋。什么是黄山的风景？不只是始信峰等自然的景观，更包括了历代观赏者题刻在崖谷间的人文景观。所以，如果我们展出赵孟頫的《鹊华秋色图》,仅仅展出画心并不能称为这件作品的全部,而只是一部分;如果我们出版王羲之的《快雪时晴帖》,仅仅印出王羲之的几个字迹并不能称为这件作品的全部,而只是一部分;如果我们临摹倪云林的《绿水园竹石图》,仅仅临摹倪的画笔和题款并不能称为临了这件作品的全部,而只是一部分。所以,各大博物馆今天的展出,只要有条件,一定是把作品全部打开;上档次的出版物,一定是把作品连同画心、题跋一起印出来;而过去,秦古柳先生临倪云林的《绿水园竹石图》,也会把上面的题跋一并临摹下来——只有有了这样的认识,才能充分地印证中国画不只是陈迹的历史,更是延续的历史。对于作品的著录,至少从明代以后,就是把画面上的内容和裱件上的题跋一起记载下来的。

中国画为什么会成为历史?原因众多,最重要也是中国所独有的原因应该是鉴赏的题跋。但这一鉴赏方式,到今天可能将中断了。不只是博物馆的收藏不允许在前人的作品上进行再创作,更重要的,是因为即使民间的藏品可以在上面进行再创作,但这样的人却几乎没有了。

### 题跋者须具备硬实力和软实力

我们看到各种版本的《美学概论》《艺术概论》《美术概论》教材,对于鉴赏有极大的篇幅论述,足以与创作分庭抗礼。对于一般的艺术鉴赏,这些论述应该已经相当充分了,但对于中国画的鉴赏,却没有一本能讲到题跋这一根本的点子上。不认识题跋,就谈不上对中国画的真正鉴赏,更进入不到中国画之所以能成为历史的文脉之中。今天,能题跋的人之所以会几乎绝迹,我想,这是与教育有很大关系的。因此,相比于学院中出来的中国画的专家,包括著名的书画家和著名的史论家,反而是市场上的一些画贩子对题跋包括中国画的装潢形制更熟悉一些。如此一来，则中国画能成为历史的传统也许将从此中断。

也许有人会说：那么好吧，我们都来题跋好了，博物馆里当然不允许题，民间的藏品、名家的作品，到了我的手里，经过了我的鉴赏，便把我的鉴赏感想用毛笔题写到作品上去吧！这样，中国画成为历史的传统不是就不会中断了吗？并不是的。这需要题跋者具备实力，包括硬实力和软实力。软实力就是一个人的修养，这个不好说，因为人人都认为自己有修养，即使不超过过去的题跋者如章士钊、董其昌、冯子振，至少不在他们之下。软硬兼具的实力就是写得一手好文章、好词赋，一手好书法，这个也不好说，因为文章词赋人人都能写，用毛笔写字也人人都会，因此人人都可以认为自己具备软硬兼具的实力。我看董其昌们也不过如此，你说我写得不好，我还看不顺眼你呢！硬实力就是要了解题在什么位置上，不同的位置各有不同的要求，包括对于文章词赋的要求，文章长短的要求，书法字形大小的要求，等等。详细内容我在十几年前上海书店出版社出版的一本小书《书画题款题跋钤印》中讲得很清楚了。不过这也不好说。为什么一定要这样呢？我是创新。正是从这一立场，与其乱题，不如不题，博物馆不允许今人和后人在藏品上题跋，市场上的有识者把所得名家作品上今人的题跋宁可拆去重新装裱，与今天的风景名胜区不允许游客乱题乱刻"到此一游"，正是同样的道理。与其让中国画成为糟糕的历史，不如让中国画不成为历史。

# "国学"中的书画与"美术"中的书画

"国学"中的书画是相对"美术"中的书画这一概念而来的。书画艺术，自近代以来被归属于"美术"的范畴，但在这之前，它们一直是"国学"范畴中的两项分工。例如，在经、史、子、集的四部分类中，书画与音乐、农工、算术等都被归于子部；在唐宋，它们又隶属于翰林院。至于"美术"，则是一个西学的概念。由于在西方，没有"书法"，则专论"绘画"，从"美术"的概念，"中国画"主要是以工具、材料上的特殊性而区别于油画、壁画、版画、年画、连环画等的一个画种；而从"国学"的概念，则不仅用毛笔调了水墨丹青画在纸绢上的是"中国画"，包括敦煌的壁画、明清的木刻版画、杨柳青的年画，等等，无不是"中国画"。

"美术"概念中的"中国画"与"国学"概念中的"中国画"之不同，就像"美术学院"中的"英语"，与"外语学院"中的"英语"之不同。具体而论，像吴湖帆、贺天健、来楚生、陆俨少、沈尹默、张元济、陈声聪，等等，都是"国学"中的书画家，或文史专家而兼工书法；而像李可染、关良、周思聪，等等，则属于"美术"中的书画家，他们经过了美术学院的一套科学训练，具备了专业从事美术创作的能力。虽然，二者都是用毛笔在宣纸上作画、写字，都有写实和写意、重功力和重创意的不同风格表现（吴湖帆和李可染相对写实，吴冠中和齐白石相对写意），但在似乎相近的貌合之下有着判然的神异。前者,更注重从"国学"、文史来认识并创作书画,后者则更注重从"美术"、视觉来认识并创作书画。所以,不关优劣,前者的作品更浓于传统陶冶性灵的"古意",体现在笔墨上,更体现在意境中;后者的作品则更浓于吸引眼球的时代性,同样也体现在笔墨上,更体现在意境中。

何谓"古意"?赵孟𫖯曾说:"画贵有古意。""古意"的精神情感是第一位的追求,因此需要借中庸的视觉效果来完成。对传统绘画来说,"古意"指其线条、颜色显得旧气且保守,总能找得到出处和渊源,学董源的、学王蒙的,内行人一看都能知道。对古意的强调并不意味着新意不好,李可染、林风眠先生的画并无古意却有新意,也同样是出色的。打个比方,书画中的古意等同于餐饮中的辣味,川菜好吃,也不意味着徽菜不好吃。但"古意"依然是"国学"中的书画区别于"美术"中的书画的重要特色。没有古意,就不能称之为"国学"中的书画了。"古意"是怎么来的呢?画家一定有"国学中文史"的文化背景。有的通文史,能诗文,工书法,有的虽不通文史,不能诗,不工书法,但有这样的社会氛围。像莫高窟的画工,不会作诗,不能书法,有些还是文盲,文化水平很低。但当时的社会氛围,具有浓郁的"国学中文史"的背景。所以,他们的创作都能有"古意",至于佳不佳,是另一个问题。像顾麟士的文化水平肯定比莫高窟的画工高,二者的创作都有"古意",但艺术性的高低恰恰相反。今天,大的文史环境显然已经没有了,现今的书画家爱读康德,听莫扎特,有相当的新文化知识,那也是好的,只是不再有"古意"。美术学院培养出来的书画家大都是缺少"古意"的。李可染先生曾说,对于传统,"要用最大的功夫打进去,再用最大的勇气打出来"。用"美术"的认识,李可染先生从未真正打进过传统的堂奥。他在八十岁时讲到,开始真正认识到董其昌的笔墨之妙。证明他在八十岁之前并未认识到传统的奥妙,其成就主要来自美术学院的科学训练而不是传统文化的涵养。

## 文史馆与"国学"中的书画

新中国所设置的文史馆,在性质上类似于古代的翰林院,所接纳的馆员,虽以文史专家为主,但也有相当数量的书画家。这里就要厘清一些概念,即"国学"意义上的书画家和"美术"意义上的书画家,"国学"中的文史专家和"学术"中的文史专家。举例来说,张元济先生不是文史专家而是出版专家,这就是"国学"中的文史专家。无论国画、书法、文史都是专业,西学的"术业专攻",是建立在专业教育基础上的;而国学的"术业专攻",是建立在通识教育基础上的。中国的传统教学,从蒙童到科考都是通识的教育,由科举而走上社会,有人从事行政,有人从事水利而有不同的分工。在"国学"中根本就不存在"跨学科"的概念,没有人认为苏轼任杭州太守时疏浚西湖筑苏堤是在"跨学科",也没有人认为陈声聪从事税务工作又作诗词、诗话是"跨学科"。王阳明、曾国藩,都是一介书生,没有学过军事专业,但带兵打仗,照样建赫赫之功。孔子并不因为学了周公之道,便不干仓库保管员和畜牧饲养员的专业工作。《论语》曰:"君子不器。"古人认为"器"是形而下的,只要通晓大道,专业之器并不是难事。

对"国学"中的书法家而言,除了抄书匠之外,书法基本上不是专业,王羲之、苏东坡、颜真卿都有具体工作,而非专业书法家。他们从小在通识教育之下习字,进入社会后从事与文史书法无关的工作,业余时间爱好写字。欧阳修曾说:"学书消日。"古人的娱乐比较少,闲暇时光需要打发,没有麻将,没有KTV,就学书法为乐,日积月累下来,自然而然就成为了书法家。沈尹默原来是北京大学的教授，于右任在行政院供职，他们从事的社会工作、专业皆与书法无关，而在书法之外，他们还都有诗文集。他们写字，不但写古诗，也必然包括自己创作的诗。美术学院中的书法必然是一个专业，书法家们经过专业训练，进入社会之后从事专门的书法创作，他们不可能去从事水利、农业等其他领域的工作。他们可能有一些艺术论著，但不会有自己的诗文集面世，写的诗文都是唐诗宋词。这是"国学"中的书法和"美术"中的书法的差别。清代之前，西学未曾东渐，都是"国学"中的国画和书法；民国时期，"国学"与"美术"中的书画并存；到20世纪80年代以后，"美术"中的书画蔚为大观，而"国学"中的书画则式微了。当然，西学也很好，它为传统书画注入了新的气象，但传统书画有诸多值得保存流传的精华逐渐丧失了，这一点应该引起我们的重视并思考。

大体上，文史专家即使不工绘画，也一定擅长书法；而"国学"意义上的书画家则必通文史；唯有"美术"意义上的书画家与文史有不同程度的隔膜。但把书画家纳入到文史馆，毕竟与画院、美术学院的书画家，在文化属性上引起了变化。这一举措提醒我们，我们不只需要"美术"中的书画艺术，也需要"国学"中的书画艺术，这对于文化的大发展、大繁荣，尤其对于传统先进文化方向的弘扬和与时俱进的科学发展，是一个十分必要和重要的认识。

## 文史馆馆员的书画

今年，上海市文史研究馆为庆祝建馆六十周年举办历届馆员书画展并出版书画集，凡二百零六家二百零六件作品。我得以先睹为快，印象之深，更坚定了上述的认识，这里我以若干馆员书画作品来做例子。

（一）张元济

本次展出的是张先生的一副对联："薄有文章传子弟,更无书札答公卿。"他是上海文史馆首任馆长,前清进士,授翰林院庶吉士,后来是刑部主事、总理各国事务衙门章京。他没有学过出版,国学上很有成就,又专讲泰西实学,曾与康有为参加戊戌变法。后任上海南洋公学译书院院长。任商务印书馆董事长时主持校勘出版四部丛刊、百衲本二十四史,这是他最大的成就。书法写得极好,其视觉感受没有如今天美术学院训练出来的书法家写得好看,但是有"古意",有传统书法的功底和渊源,颜真卿、欧阳询的根底非常清晰。他的主要精力在搞出版,著有《校史随笔》《涉园序跋集录》,其诗歌集是朋友之间的应酬,不是他的主业,都是后人和机构为他整理的。这些文史成果没有目的性,因而系统性也不强,不能与今天学术界的文史专家相提并论,但却有很丰厚的文史价值。

（二）贺天健

贺天健的画一看就有石涛、四王、王蒙的渊源,他的题诗受到了戴本孝的影响。"王宰当时五日水,鹰阿此日一时成,题诗莫嫌吾醉矣,波澜并得意纵横。"王宰是唐代的一位画家,杜甫结识王宰时在《戏题王宰画山水图歌》一诗中称赞他:"十日画一水,五日画一石。能事不受相促迫,王宰始肯留真迹。"鹰阿是清代的一位画家,也就是戴本孝戴鹰阿。这首诗是他自己创作的。贺先生与吴湖帆先生齐名,民国时的山水画,他们都是首屈一指的大师,当时陆俨少先生还没出名。他们在文史修养方面都非常出色,擅长诗文,当然吴湖帆家学渊源,贺天健出身贫寒,所以他的国学功底要略逊吴先生一筹。在绘画上来说,他们的确不相上下,各有千秋。相比较而言,贺天健更豪放,吴湖帆更婉约一些,当然他的豪放也无法和现今的现代派相提并论。正如钱锺书所说:"中国人认为喊破嗓子很大的声音,在西方人来看是低声细语。"贺先生解放前靠卖画为生,还很早担任无锡美专、南京美专、上海美专的教授。我听说过很多老一辈的艺术家去美术学校上课,上完课学校还不给讲课费,一学期下来没有收入,所以还要做很多其他事情,例如卖画,主编《画学月刊》《国画月刊》,并主编出版《中国现代名画汇刊》。1953年后历任中央美术学院研究员、上海中国画院副院长,算是有了生活保障。他的画也有一个演变的过程,先学四王,后来学石涛。因为石涛比四王刺激,青年人一看到石涛就觉得淋漓酣畅改学石涛,当时天下都在风行石涛之风,于是他后来又上追五代宋元的精神,这里面各家的长处都有。戴本孝的风格也接近于石涛一路。

(三)吴湖帆

吴湖帆的家庭十分显赫,民国时期他的地位高于贺天健先生,画的水平两者都极高,但其全面修养更加出色。进入新中国,家庭背景反倒连累了他,两个人的地位调转了,所以凡事都是相对的。吴湖帆先生是个全才,诗文、书法、人际交往、鉴定眼光都很好,有人说他的诗词由周炼霞先生修改而成,但在画家来说,他的诗文水平除了周炼霞先生之外绝对是首屈一指的。他的画"古意"盎然。有"古意"并不一定是好,民国很多书画家的作品"古意"十足但死气沉沉,而他的"古意"极富生气。他也是四王出身,上追到董其昌,到明四家,然后到元四家,这是一条十分清晰的线索,传到他手中又焕发出新的摩登活力。

(四)陶冷月

陶冷月的画相对而言缺乏"古意",但注重从美术的角度来强化视觉造型效果。无论是月亮、光影、石头和松树,都极度逼真,当然,真实和"古意"

没有什么矛盾之处。他最有名的就是画月亮,很冷很真实,有时候会有天上的云、松间的瀑布、一片湖水来渲染,但他的笔墨效果与传统国学的效果截然不同,也没有吴湖帆、贺天健的"古意"。的确,当时中国还没有这么画的,画得也很好。徐悲鸿、陶冷月是当时西画写实的一路,林风眠、刘海粟是西画不写实的另外一路。

(五)陆俨少

陆俨少的线条很厉害,有人评论说石涛之后三百年内未曾出现过。陆先生没有上过美术学校,是临摹出身,民国时他买了土地做农场主为生,但经营失败,所幸新中国后进入中国画院。抗战前夕,北京故宫的画运到南京,他到南京去,带着干粮天天去看原作,潜心钻研,临空勾划,回家赶快根据印象绘出来。他对《水经注》有许多题跋,能背诵柳宗元的《永州八记》,文采斐然,并擅书法,国学功底深厚。他的线条从石涛、唐伯虎到王蒙,能看到传统的渊源。当然,陆俨少、贺天健、吴湖帆的线条也各自不同,却有共性——"古意"。

从上述介绍可知,"国学"中的书画家,所受的教育是以文史为主的通识教育,"专业"的工作往往与书画无关。当然,画家可能有以画谋生的职业画家。而"美术"中的书画家,特别是国画家,所受的是美术的专业教育,"专业"的工作当然也是美术、国画的工作。"国学"中的书画家往往兼通文史、诗文、书法、国画等传统的旧文化,而"美术"中的书画家,尤其是国画家则很少通晓文史、诗文、书法,但他们通晓西方的新文化。在"国学"的范畴内,文史专家、书法家、国画家往往交谊密切,而在"美术"的范畴内,书画家尤其是国画家很少与文史专家、书法家相交往,却可能与新文化人有交往。

# 绘画性和书法性

唐宋画家画,为绘画性绘画,强调"画之本法"而以形神兼备、物我交融的形象塑造为中心,使艺术的形象源于生活而高于生活。一般称作"写实"。写实,并不是模写生活真实的"与照相机争功"。事实上,照相机的摄影也绝非照搬生活的真实,而一定是提炼、概括生活真实为真、善、美而引导生活的理想追求。所以,好的写实作品一定是与生活真实拉开距离的。至于写实而没有达到高于生活真实,是另一回事,不足以证明写实的艺术是不可取的。塑造形象的主要形式是笔墨,包括色彩,这些笔墨、色彩的技法,则表现为"绘画性",就像规之于圆。其特点是"整体把握,逐步深入"。其过程步骤类似于西方的素描,当然,这里的观念与素描是不同的。

这里专谈过程。在素描中,对于形象的刻画,先用淡的线条画出其大致的轮廓,找准眼、鼻、口的不同位置;第二步画出整体的淡调子;第三步画出部分体面的深调子;最后从整体的要求画出最深的调子。而决不允许把眼睛的轮廓和深浅调子全部完成之后再画鼻子的轮廓和深浅调子。这就是"整体把握,逐步深入"。

唐宋的主流绘画,以李仲宾的《画竹谱》为例,第一步画出整体不同部位的位置;第二步画出各部位的轮廓线条;第三步画出不同部位在整体中不同的明暗调子;第四步画出不同部位在整体中不同的色彩;第五步则对整体

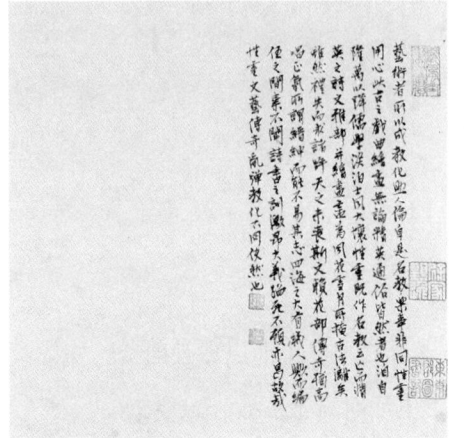

徐建融小楷札记（一）　　　　徐建融小楷札记（二）

作统一的收拾。决不允许画好了前面的竹子再画后面的竹子，画好了左面的竹子再画右面的竹子。

北宋的"落墨"花竹、水墨山水，与素描尤为相近，就是整体定位之后，用点、皴、刷、渲、染等笔墨技法，逐步地刻画出不同部位在整体中不同的明暗调子和三维立体效果。故所谓"写实"者，"绘画性"者，要再表现出形象的立体真实性，用闻一多的话说，便是相通于雕塑。所以，中外的写实绘画，造型的观念不同，造型的技巧形式不同，但其步骤则是相同的。

明清文人画，为书法性绘画，强调"画外功夫"尤其是书法的功夫，以沉着痛快、蕴藉淋漓的笔墨抒写为中心，使艺术的形象美不如生活，而艺术的形式美即笔墨美高于生活。一般称作写意。写意，就是"不求形似"，画意不画形。这个意，不仅指客观物象的精神，更主要的是指画家主观的情感。所以，专论形象，它必与生活中的真实物象迥然不同，是谓"与生活真实拉开距离"。这样的形象,并不是创作的目的;写意画的创作目的在表现笔墨而不是塑造形象,形象不过是展现笔墨的"衣架"。作为中心的笔墨,则表现为"书法性",就像矩之于圆。其过程步骤类似于书法。书法是书写文字,借文字来表现笔墨,绘画则是书写类似于文字的符号程式,借符号化、程式化的"形象"来表现笔墨。

我们知道书法对于文字的书写,如一个"王"字,一定是先完成第一横,再完成中间一横或一竖,最后完成末一横,而不允许把它双勾出来之后,逐步地填染浓淡不同的墨色。同样,书法性绘画的抒写,也是如此。画一枝梅花,第一步画出不同浓淡的枝干;第二步点出不同浓淡的花朵;第三步点花蒂、花蕊;最后题款钤印完成。至于哪里应该浓而长,哪里应该淡而短,并不是从形象塑造的整体来考虑的,而是从笔墨变化的需要随机生发的。就像草书中写了粗而短的一横,自然而然就要用细而长的一撇来呼应对比它。这就是"局部完成,合成整体"。

专以唐宋画家画论,与西方写实画的不同,只是观念、形式上的有所不同,本质的造型性和创作的步骤则同。而与明清文人画的相同,只是观念、形式上的有所相同,本质的造型性和创作的步骤则不同。明清的文人画,虽在形式中心取代形象中心上与西方的现代绘画有所相同,但中国画所自由挥洒的是笔墨,西洋画所自由挥洒的是色彩。且中国画的笔墨是从局部来合成整体的自由挥洒,而西洋画的色彩则是从整体考虑来处理局部的自由挥洒。

造型艺术的绘画性绘画和综合艺术的书法性绘画,都是绘画。就像马、驴和骡,都属于马科。绘画性绘画是马,书法是驴,书法性绘画是骡。骡比马耐劳却不及马之快疾,骡比驴快疾却不及驴之耐劳。我们不能以骡为马、为优秀的好马,而以马为不是马、至多只能称作不优秀的劣马。

# 国学与西学的不同之处

自改革开放三十多年来,中国传统文化在今天迎来了前所未有的大好形势,大家强调传承、发展中华优秀传统文化,使很长一段时期来对传统的各种质疑之声一扫而空。高倡传统的呼声日趋高涨,包括曾经是坚定的传统质疑者,也成了坚定的传统拥趸。但是,离开了对于传统与国学的认识,"坚定文化自信"很可能成为一个口号,而抽空了它的实质。进而传承、发展中华优秀传统文化,也难免使龙种孵化成跳蚤。

什么是传统?唐诗宋词是传统,书法、中国画是传统,《红楼梦》是传统……这当然是不错。但仅仅这样的认识,还是非常不够的。因为有英文版的《红楼梦》,它当然是传统,是《红楼梦》而不是《红与黑》;但也有中文版而且是繁体直排的《红楼梦》,它也是《红楼梦》,而且是更本质的《红楼梦》。如果认为只有英文版的《红楼梦》才是《红楼梦》,中文版繁体直排的《红楼梦》却不是《红楼梦》,至多不过是"落后"的《红楼梦》,而且从此没有了,偶尔有,也不再被认为是《红楼梦》了,则《红楼梦》还存在吗?这,还能认为是"坚定《红楼梦》自信""传承、发展《红楼梦》优秀传统文化"吗?

因此,对传统的认识,并以此来建立坚定的文化自信,做好传承、发展的工作,根本是要从国学和西学的分别来加以认识。否则难免使传统的自信,变成英文版的《红楼梦》,却灭绝了中文版繁体直排的《红楼梦》。

国学和西学,是人类文明创造的两大高峰,它们有相通的地方,但在根本的性质方面有着重大的相异。不能认识到这一切,就不可能真正地认识到什么是传统。我们从四个方面来分析。

国学与西学根本精神不同:和而不同、吐故纳新与物竞天择、适者生存

国学又称旧学,其基本的精神是"和而不同",即对异质文明取包容的态度;是"吐故纳新",即对异质文明取吸收、融合的态度。在这一基本精神下,既坚持"周虽旧邦"的自信而不变(常道、正道),又坚持"其命维新"的自信而创新(变道、奇道)。奇正相生,其用无穷,从而达到五千年的持续不衰,成为人类文明史上的一个孤例。

西学又称新学,其基本的精神是"物竞天择,适者生存"的"弱肉强食",对异质文明持滴水不进的排斥态度,不是我征服、消灭你,就是我被你征服、消灭。"上苍有好生之德"的"和"的精神,与"物竞天择"的持强而"斗"的精神,是国学与西学根本精神上的不同。

直到今天,西方的帕瓦罗蒂也好,多明戈也好,好莱坞大片也好,法国19世纪农村画展也好,到中国来演唱,来展映,来展览,观者如堵,足以印证中国人根性中对异质文明、西方文化的包容、好学精神。而在西方,则从来就没有什么"汉译西方名著"工程那样的"英译、法译、德译中国名著"工程。即使有"汉学家",也只是少数人,目的是为了从"情报"上了解中国,而不是从文化上学习中国。即使有普通的民众学习中国文化,目的也是为了文化上的猎奇,而不是文化上的学习。所以,中国的文化艺术名家们到西方,讲学也好,中国画展也好,金色大厅演出也好,孔子学院也好,主要

是一些华人在参与。西方人基本上不要听、不要看、不要学，甚至为你设置各种障碍，要取缔你们的活动。事实证明，中国文化的发展历程，总是不断地融合异质文化，包括西方文明；而西方文化的发展历程，较少学习、融合异质文明，包括中国文明。

### 国学与西学文化的代表人身份不同：学者与专家

国学文化的代表人之身份为学者，而不是专家。在传统的典籍中，有学者一词而没有专家一词，并不是说在传统文化的创造中没有专家，而是说传统文化对于代表性文化人的身份，重在学者而不在专家。

什么是学者呢？其走上社会工作之前的学习，所接受的是"通识教育"而不是专业教育，四书五经、唐诗宋词，君子不器；走上社会之后所从事的工作，则是"非职业化"的君子无不可器。今天任职户部，明天任职刑部，后天任职地方；今天去修史了，明天去打仗了，后天又去搞水利了。如王阳明、曾国藩。他们一生所从事过的专业工作非常多，但没有一个是他们进入工作之前所接受过教育的专业，也没有一个专业是他们终生不变的职业。

中国古代，如汉唐的书工、画工，再早的如孙武等，他们可以说是"专家"，从小接受的是书写、绘画、打仗的专业教育，走上社会之后一辈子所从事的也是专业对口的职业化工作。但在中国文化史上，他们的地位远不及苏轼、董其昌、关羽。专家，在国学中一般称作"工匠"，属于"三教九流"、"诸子百家"中的一家，地位并不高，远逊于"君子不器"的士即学者。

西学文化的代表人之身份却是专家，而不是学者。什么是专家呢？其走上社会之前的学习，所接受的是某一专业的教育，而不是通识教育，或历史、或文学、或军事、或物理、或法律、或艺术，等等；走上社会之后所从事的工作,则是对口的专业,且一辈子以此专业为职业,军事家、物理学家、历史学家,等等。西方当然也有"通识"的人才,称作"通才",如达·芬奇等。但其一,这样的人才很少,而且并不称为"学者",仍称作专家,无非其所"专"的不限于某一专业,而是涉及多个专业,一专而多能。其二,这种情形仅发生于文化分工并不很细很深的时期。因为某几个不同的专业,其自身并未发展到很高的高度,所以,有大本领的少数人可以"通吃"。一旦发达到非常的高度和深度,分工便越来越细,再大本领的人也无力"通吃"。于本专业之外的其他专业,至多只能作为业余的爱好,尤其在自然科学,更是如此。

近代以来,中国受西学的影响,也开始侧重于"专家",在自然科学领域,这当然是必须的。但在人文科学和艺术学科,西学的专家有其长也有其短,国学的学者同样有其长亦有其短,本应并存,却也竟成了专家的一统天下,学者几乎不见了。唐宋文学的专家,接受的是唐宋文学的专业教育,毕业后一辈子从事的也是唐宋文学研究的职业工作;明史专家,接受的是明史的专业教育,毕业后一辈子从事的也是明史研究的职业工作;书法家、中国画家,接受的是书法、中国画的专业教育,毕业后一辈子从事的还是书法、中国画研究、创作的职业工作。"非职业化"的"学者",作为国学文化人代表的身份,开始为"职业化"的"专家"所取代。即使有些"专家"在文化知识方面涉及自身专业之外的领域,但他的文化素质已经局限在他所从事的专业领域之中了。或言,韩愈不是说过"术业有专攻"吗?是的。学者也讲专业精神,但不同于专家的是,他的专业精神是体现于当他从事某一专业工作之时的,我称为"非职业化的专业精神",有别于"职业化的专业精神"。作为军事家,巴顿、蒙哥马利在军事专业方面的精神,与作为学者,王阳明、曾国藩在军事专业方面的精神,肯定是不一样的。军事的专业精神,在专家是一生的事业,而在学者则是某一阶段的事业。

## 国学与西学文化创造的空间观不同:文房与工作室

国学文化的创造空间,可以概括为"文房"。当然,在工人,实为作坊;在商人,实为店铺;在教育,实为私塾、书院;在文化人,才真正称作"文房"。但它们的性质都是一样的,即文化的创造空间,包括物质文化和精神文化,都是与日常起居生活的空间一体化的。前作坊,后住房;前店铺,后起居;家居中旁辟一室即私塾,即文房,又称"书斋"。这就使一切的文化创造,与日常的起居生活融为一体而没有明确的界限,八小时之内和之外,也没有分别。甚至,这个"文房"不仅在家中,也可以在舟船上,在驿馆中,所到之处,日常生活的空间,皆可作为文化创造的空间。

西学文化的创造空间,可以概括为"工作室"。当然,在工,称为工厂;在商,称为商厦;在教育,称为学校;在科学家,称为实验室;在文史哲,称为研究室;在画家,称为画室。这些工作室的共同点,是与日常起居生活的家居住房空间相隔离的,八小时之内,在工作室中进行创作的工作;八小时之后,回到家中过日常的起居生活或去娱乐场所娱乐。他们的文化创造,包括物质文化和精神文化的创造,都不是在家里完成的,而是在居家之外的工作室中完成的。像康德,写他的哲学著作,也要离开家庭,到隔离的研究室中去完成,庶几专心致志,心无旁骛。董其昌从松江去杭州,在大运河的舟行中,可以完成几卷书画的创作,这在鲁本斯是根本不可想象的。工作就是工作,不同于日常;生活就是生活,不再工作,这是西学的文化空间观。工作就是日常的生活,日常的生活就是工作,这是国学的文化空间观。

就自然科学而论,文房的空间,在创造力上肯定不及工作室的空间。尤其是科学高度发达之后，固守文房的空间去创造，只能落后挨打。从这一意义上，近代中国在自然科学、物质文明的创造方面淘汰了文房的空间而引进了西方的工作室制度，其好处不言而喻。但在人文科学、艺术学科方面，"文房"和"工作室"各有利弊。

国学的人文艺术，从《论语》《孟子》到唐宋散文，从二王法书到杜诗苏词，从倪黄名画到亭林日知，虽创作于固定或移动的文房之中，也即日常生活之中，但其价值并不因此而不高。西学的人文艺术，从黑格尔到康德，从鲁本斯到安格尔，创作于隔离于日常生活的工作室之中，其价值当然也很高。这两种高，好比春兰秋菊，各具特色。

但今天的中国文化专家，也引进了工作室制度，而抛弃了文房制度，也试图创作于隔离日常生活之外的空间，但其价值未必就很高。这里当然有一个刚刚引进而未能融化的原因。但我的看法，今天的人文艺术创造，固然可以而且应该引进西学的工作室制度，并在不断的实践中使之趋于成熟，但却不应该废弃文房的制度。

相比于工作室中与日常生活相隔离的攻关性创造，国学文化在文房中与日常生活一体化的创作也许不能算创作，而就是日常生活的又一种行为方式，用欧阳修的话说，便是"学书消日"。我们看王羲之的书法名迹，都是日常往来的书信而已，没有一件是"创作"出来的。包括黄公望的《富春山居图》，同样也是如此，其创作的心态，非常日常化、生活化。国学文化也好，传统也好，日常化、生活化，是它区别于西学文化非日常、非生活的一个重要特色，而文房，正是其创造的一个根本空间。在工作室的非日常、非生活空间中，要想创造这样的文化，是不可想象的。

国学和西学在人文艺术方面的成果不同：自然成文与学术规范；非项目、非课题的自然成文、类次成书与课题攻关的体系庞大、规范严格

  国学的成果，表现为非项目、非课题而"无体系""无规范"的"自然成文"（苏轼）、"类次成书"（顾炎武）。而西学的成果，则表现为课题攻关的体系庞大，规范严格。换言之，国学的成果，是在日常生活中随时随地感悟出来的，以札记、随笔、题跋为主要形式。即使沈括的《梦溪笔谈》、顾炎武的《日知录》，够皇皇巨制了吧？实际上也是大量"自然成文"的随笔"类次成书"。而西学的成果，是在隔离日常生活中专心致志、全力以赴地攻关出来的，一定是皇皇巨制。所以，一者显得散漫、松灵，一者显得重大、严肃。国学的《梦溪笔谈》《日知录》等，每一个短篇都可以独立成文，而西学的《美学》《判断力批判》等，则是一个逻辑的整体。

  近见国内某知名文史专家论学术的创造，必须遵循的学术规范。他没有谈具体的细节，怎样引文，怎样注解，等等，而是讲大的要点。我以为非常到位地厘清了今天正流行于国内学界的西式"学术规范"。概括为四：一、要有好的选题；二、要懂得行情；三、要有足够的厚度；四、要有好的方法。

  具体而论，你要做一个课题，一个项目，研究也好，创作也好，要想使它有学术的价值，必须首先苦思冥想、深思熟虑、反复论证出一个"好的选题"，可谓"选题先行"。然后申报立项。

  其次，必须使这个选题取得好的行情，为学界乃至社会所好评，如重大发现、主要创新点、填补空白，等等。而且，这一切都必须为社会所关注或吁请社会来关注。

  第三，兵马未动，粮草先行。这个"足够的厚度"不仅表现为计划中完

成之后的篇幅，更在正式动手之前，取得思想的厚度、材料的厚度。包括罗素、维特根斯坦的思想，尽可能完备的关于本选题的材料包括已有的研究成果，等等。

第四，选用好的方法，即"方法论"，我准备用图像学、历史学、人类学等"学"来开展本课题的研究。在这四条的充分准备之后，从事具体的工作，最后完成创造，形成体系庞大、规范严格的学术成果。如黑格尔、康德、委拉斯贵兹、鲁本斯的成果，便是按照这样的"学术规范"研究、创作出来的，选题、行情、厚度、方法俱臻"高大上"。今天中国的不少专家，"中国思想史""苏轼诗词研究""重大历史题材创作"，一系列的成果，作为国家课题、国家项目，乃至不计其数的学士、硕士、博士、职称论文，同样也是如此弄出来的。但康德等的成果，遵循了如此的学术规范，当然价值重大，不仅学术性很强，而且学术价值很高。而我们的专家，遵循了同样的学术规范所完成的成果，尽管学术性很强，远远强于孔孟、苏轼、顾炎武，但学术价值似乎并不大，并不高，通过评审验收获奖之后，基本上便没有什么用了，有的甚至只能送到废品收购站去，到造纸厂中打成纸浆再造新纸。

反之，孔孟、韩愈、苏轼、王阳明、顾炎武等的著述，几乎完全不合学术规范，不仅学术性不强，简直一点没有学术性。他们的任何一篇著述，几乎都没有经过先行的选题论证，也没有考虑什么行情，完全是在日常生活中遇到了某事而即兴感悟出来的有感而发。苏轼不到庐山，能发现"不识庐山真面目，只缘身在此山中"的重大哲理吗？当然更不会去关注人们是不是需要我在这方面有所发现的"行情"。"足够的厚度"也没有，篇幅大多非常短小，即使宏篇巨制如《梦溪笔谈》《日知录》《资治通鉴》，也是几乎不成体系的"类次成书"，将一个个独立的成果分类合并到一起而已。思想的厚度，讲不清，故不论；资料的厚度，苏轼决不可能去收全了前人所有关于庐山"研究"的成果再去作《题西林壁》。他的其他文字，引用前人的资料更多有错误！方法呢？更不讲究，不管什么方法，全无定质，"辞达而已"，几乎称不上什么"方法论"。总之，他们的著述成果，包括董其昌、八大山人、石涛的画，一点没有"学术性"。然而，这些学术性很不强的成果，能说它们的学术价值不高吗？

如果把国学的文化成果比作木构建筑，它的每一个构件既是从属于整体的，又各有其相对独立的价值。把它从安徽原拆下来，用这些构件，又可以原建到上海。西学的文化成果则好比钢筋混凝土建筑，它的每一个构件都只能从属于整体，而不具备独立的价值。把它从原址拆毁，便成为一堆废墟，根本无法用拆下的构件原建到别处。

我们今天强调"文化自信"，所以重视传统，所以在传承传统了。站在西学的立场去认识、研究、传承传统，好比英译本的《红楼梦》，这当然是需要的。但没有了用国学的立场去认识、研究、传承传统，就好比没有了中文繁体直排版的《红楼梦》，对于传统，对于《红楼梦》，肯定是严重的欠缺。

我多次讲到，有国学中的文史，也有学术中的文史；有国学中的书画，也有美术中的书画。实际上，就是有国学中的传统，也有西学中的传统；有中文繁体直排版的《红楼梦》，也有英文版的《红楼梦》。学术中的文史、美术中的书画，正属于西学中的传统，英文版的《红楼梦》。包括苏立文、高居翰的"中国美术史"，同今天国内专家的"中国美术史"一样，都属于英文版的《红楼梦》；而张彦远、郭若虚的"中国美术史"，则属于中文繁体直排版的《红楼梦》。

毫无疑问，西学中的传统在今天之大兴，尽管其学术价值不高，这是因为刚刚开始引进而尚未成熟之故；但以其学术性之强，对于传统走向世界、接轨国际，对于创新传统、坚定文化自信，肯定是必要的，有重要意义的。但没有了国学中的传统，虽无害于传统走向世界、接轨国际，但对于我们坚定文化的自信并实现传统的真正传承、创新，难免迷失方向而走到不是传统。

毫无疑问，我们今天不乏志于继承、弘扬传统的专家，并由专家们的学术而将他们所认识的传统推行到大众的生活。但这些专家学术中的传统基本上属于西学，如西方"汉学"家立场上的传统，而不是如叶恭绰、张宗祥等学者们日常生活中的传统也即国学中的传统。无非西方的"汉学"家们只研究、不践行、不弘扬，既无意于替中国弘扬中国的传统，更无意于在本国融合中国的传统。而我们的专家则不仅研究，而且践行于弘扬，尤其用他们对于传统的认识来呼吁大众的践行、弘扬传统。这些都是必要的，是传统创新多元方向中不可或缺的一元。但没有了国学中的传统，没有了如张宗祥等学者所研究、认识、践行、弘扬的传统，传统的文化自信中最根本的一元便不复存在，传统也将因此而被"创新"为另一种"传统"，甚至不再是传统。

"周虽旧邦，其命维新。"传统在"拷贝"中的走样是肯定的，不走样反而是不可能的。但离开了"旧邦"，所谓的"维新"必然使龙种孵化为跳蚤。传统的"旧邦"，正是国学。可以有不是国学而是西学化的传统，但不能没有国学的传统。我们需要让传统"走出去"，但更需要我们对传统"走进去"。西学化的传统，可以把传统创新为如西方的"汉学"，从而推动传统的文化和国人更有力地走向世界；国学的传统，可以使传统创新为如佛教的中国化，从而推动传统的文化和国人更自信地走进传统。

当然，打着"传统"的旗号，可能搞成不是传统；同样，打着"国学"的旗号，也可能搞成不是国学。根本不是跟着形势见风使舵，而是自己的本心中要有这个东西，深入骨髓，而无论形势是不是流行这个东西。

# 也谈西学化的中国文史研究

2014年9月18日"笔会"刊谢泳先生文章,指出当今文史研究在学术规范正日益"去中国化"的现象,读后深有同感。所谓学术规范,也即"怎么做学问"的形式问题。形式必然关联到内容,所以,对于"为什么做学问?做什么学问?"的内容问题,似乎同样存在着"去中国化"的现象,值得我们加以关注。

这里以传统书画艺术的研究为例。撇开古代不论,仅论老一辈的研究。如潘天寿、王朝闻、吕凤子、钱松嵒、贺天健、谢稚柳、白蕉、陆俨少等的著述,无不致力于把复杂的问题简单化,玄奥的问题明朗化,以推进传统的继承和创新。钱松嵒在《砚边点滴》中开宗明义:"这本小册子写了点国画创作上的笔墨经验,是一本条举式的笔记,为了便于阅览,我将它归类排列,但终不是有系统的、完整的一部著作,点点滴滴,名之为《砚边点滴》,好像一爿杂货小铺子供应一些小件罢了。我也希望老画家们,大家动手写经验,积累起来,也非常可观,这对于新生力量的培养,国画传统的继承和发扬,能起一定的作用……不过我个人的经验有限,可能有些不够称为好经验,只是个人作画已成的习惯,或许还不是好习惯,涓涓细流中,不免夹杂着泥沙,希望同志们对我多多指教。"书中的具体内容,包括"画中四难""生活""太阳""夜景""月亮""风""雪""雨""阴天""空气""水面物及水中倒影""人面着色""鸟兽""虫""点水法""花卉""墨兰墨竹""指头画""配色""章法""临摹""学习""传神""六法""中国气派及民族风格""艺术性处理""字与画""印章""修改及挖补""扇面""装裱及保养",等等,无不具有通俗可懂的可操作性。比如讲到人面设色,在生宣纸上色彩有时会无限制地冲出脸面的轮廓线,怎么办呢?"只要在颜色冲出去的边缘上用清水一接,干后就看不到颜色接边,好像没有冲过边界线一般……纸上误落不需要的墨点和颜色,补救办法都可如法炮制";又讲到局部画坏后的挖补,"其法在所需要挖去的四周,先用毛笔蘸清水圈一圈,用手指轻轻一摘,不能用刀挖,要边缘毛。补上去的纸……边缘也要用手指摘,不能光,最好双方边缘都用刀刮薄刮毛,然后双方纸边都用口津一润",粘贴到一起重重压砑,"干后,可以天衣无缝";又讲到折扇上作画,"如果画坏了,或者写错了字……可用干净毛笔饱蘸清水,笔尖再蘸香烟灰,香烟灰着水即呈浓浆状,在字迹上或画错处轻轻洗擦,再以清水一过,立即无痕";乃至讲到赭石色可到常熟虞山等处选捡回家,"水磨加胶即可应用",效果胜于颜料厂制作的;朱砂着色后应"立即把纸反过来,候干",就可令色彩"保持其浓度"而不致"沉到反面去",等等,看似非常琐碎,却是"技进乎道"的实在。

然而,这样的著述,在今天的学术评价体系中肯定是通不过的。

那么,我们今天的研究又是怎样的呢?首先,宣布自己运用了多少最先进科学的"方法论",坚决地无意于解决美术这一"狭隘学科中的狭隘问题",而是"揭示了宇宙生命的哲理""解决了那些困扰着人类的重大问题",为传统的研究开拓了"重大创意"或"填补了空白"。然后,《周易》、老庄、佛典、萨特、海德格尔、新名词,信马由缰,直入云里雾里。"四王"的艺术特色在哪里?在儒、道、释三家兼参而以儒为主,所以区别于同样三家兼参而以释为主的董其昌和以道为主的倪云林。倪云林的艺术特色在哪里？在儒、道、释三家兼参而以儒为主，所以区别于同样三家兼参而以道为主的吴镇、黄公望、王蒙。这样的两篇文章，竟出于同一人的同一时段之手！此外，还有把一个小画家、小事件做深做细为大画家、大事件的，或把一个大画家的日常生活琐事小题大做为与众不同的，等等，或以艰涩之辞，文浅易之说，或以补直擘绩废春秋义理，这里不一一展开。

大约是1987年前后吧，有一次我去拜访陆俨少先生。先生拿出一篇我们这一代某学者的论文，洋洋五六十页，六七万字，说："这篇论文太有学问了，讲得太深刻了。我已经看了三遍，每一遍都是看到第三页就看不下去了，实在看不懂它在讲什么。你们年轻人真厉害啊！"这在当时便引起我心头一震。

1998年春，有一位西方的"中国美术史"研究学者James来访，并在中国美术学院讲学，他的一个基本观点，就是认为"中国根本就没有美术史学之可言"。这一个观点，其实早在80年代便为中国美术史学界的新锐广泛认同，因而有了从形式到内容全盘否定传统而引进西方美术史学、人文科学的学术创新大潮，到世纪末已基本大功告成了。最为诡异的是，为了接轨西方"美术史学是一门独立的人文学科，不应该设置在美术学院中，而应该设置在人文学院中"的学术体制，便在美术学院中设一个人文学院，再把美术史设于其中。也就是说，本来，美术史是美术学院的"儿子"，现在，则成了"人文学院"的"儿子"、"美术学院"的"孙子"！我一点不反对汲取西方学术之长，但目的究竟是为了推动传统学术的发展呢？还是为了否定传统的学术呢？无论如何，当前文史研究中的"去中国化"现象，确实需要引起我们足够的警惕了！多年来，我反复提出有必要厘清"国学中的书画"与"美术中的书画"、"国学中的文史"与"学术中的文史"在文化性质上的异同，便缘于此。

## "书画同源"和"诗画一律"

"书画同源"论具体系统的提出,是从唐张彦远《历代名画记》开始的,但张彦远认为的"书画同源"有多重含义。首先,书法即文字的书写而造字的基础是"象形",再加上"指事""会意""形声""转注""假借",合称"六书",其本质还是"象形"。字本来是简单的象形,结果是越来越不象形,变成了抽象的符号,而图画则是由简单的象形到越来越象形。随着时代的发展,绘画与书法距离也越来越远,分道扬镳。他的原话是这样的:苍颉造字,"是时也,书画同体而未分,是故知书画异名而同体也"。这里的"书",其实并非指"书法",而是指文字。上古的文字与图画,都是起源于象形,无非文字对形象的模拟日趋抽象,而图画对形象的模拟日臻具象。

其次,"书法"即书写出来的典籍文章,与绘画的功能相同。从远古到唐代,两者的目的都是"成教化,助人伦,穷神变,测幽微",也就是促成社会的教化,帮助推行政策,构建和谐的社会,让社会更加有序。书法书写典籍,如儒家典籍就是为了传播宣传教化思想,当时没有发明印刷术,各类经典都需要用书法来书写。绘画的作用也是如此,人面鱼纹、饕餮纹、汉墓里的青龙白虎、伏羲女娲等都体现了这一点,都起到"成教化,助人伦"的作用。"书画同源"在这里的本意是功能相同。他的原话是:"纪传所以叙其事,不能载其容,赋颂有以咏其美,不能助其象,图画之制,所以兼之也。故陆士衡云:

丹青之兴，比雅颂之述作，美大业之馨香，宣物莫大于言，存形莫善于画。此之谓也。"这里的"书"并非指"书法"，而是指用书法书写出来的典籍，其同源则是同样的功能，也即典籍和图画在教化社会方面具有同样的功能。

第三，用笔相同，技法相同。我们知道书法是由线条构成的，线条又是用毛笔写出来的，人物画同样是由线条构成的，这就是骨法用笔，用笔相同就是技法相同。但内容有别，书法的内容是文字，绘画的内容是形象，是用笔塑造形象，所以画画的人都善于用笔。张彦远用东晋的顾恺之、刘宋的陆探微，南梁的张僧繇，唐代的吴道子四大画家证明书画用笔相同，具体论证了顾恺之和陆探微是密体，张僧繇和吴道子是疏体。密体线条周密，规范工整，疏体比较粗放。

他的意思，当然是指书法和绘画在用笔的技法上是相同的，所以又说："自古善画者多工书。"但这里的相同，只是指抽象的理法上的相同，顿挫转折，气脉通连，而并非指具体的笔法相同。因为一，不仅自古善画者多不工书，就是被他作为"书画用笔同法"之典范的顾、陆、张、吴，也均不工书。晋唐乃至两宋，工画者大都不擅书，擅书者大都不工画。唐宋擅书的人大都不擅画，如褚遂良，颜真卿，擅画的人如敦煌画工也大都不擅书，韩幹、李成、张择端也都不工书。魏晋唐宋美术史绘画卷与书法卷中人名均不重复，便是明证。吴道子早年学书于贺知章，学书不成才去学绘画。所以，我们不能因为张彦远的观点就认定书法和绘画在用笔的技法上有着相同的具体要求。具体地讲，书法对于用笔之要求，比绘画高得多；而绘画用笔的多样性和丰富性，又非书法所能相提并论。因为，这两个不同行当，在用笔技法上的相同，只是理法上的相同，就像绘画的用笔技法，与舞蹈演员的动作也是相同的，但也只是抽象理法上的相同，而不是具体技术上的相同，更不是要求一位画家必须先擅长跳舞，成为知名的舞蹈演员，然后才能成为一名优秀的画家。卫夫人、王羲之的《笔阵图》，认为书法的整个创作包括用笔，与战阵的杀戮是相同的。同样也是抽象理法上的相同，而不是具体技术上的相同，更不是要求一位书家必须先擅长征战杀戮才能成为一名优秀的书家。

第四阶段，元代开始，"书画同源"又有了新的内涵。绘画用笔与书法的相同，表现为具体技法上的相同，但只限于某些特定的题材，如枯木竹石，体现出绘画性减弱，书法性增强。如赵孟頫所说："石如飞白木如风，写竹还于八法通；若也有人能会此，方知书画本来同。"

第五阶段，中国画的用笔，笔墨与形象两者的关系。唐宋绘画笔墨为形象服务，我们称作"绘画性绘画"；明清绘画形象为笔墨服务，我们称作"书法性绘画"。在"绘画性绘画"，书画用笔技法的相同，主要表现为抽象的理法相同，具体的技术要求不同；而在"书法性绘画"，书画用笔技法的相同，不仅表现为抽象的理法相同，更表现为具体的技术要求相同。这一点在元代的枯木竹石画中，乃至简率的山水画中已有所表现，属于特殊性。至明清，则变成了普遍性，用书法的具体技法作画，从枯木竹石等特殊题材扩大到了所有的题材。不仅描写形象的笔墨完全书法化了，而且，画面的构成，也必须在上面用书法题字成为绘画不可缺少的一个部分。所以，在明清，一般大画家就是大书家，擅画者必工书；大书家一般也是大画家，擅书者亦工画。主要是因为明清的绘画从绘画性绘画转变成了书法性绘画，具体方法都一样了，绘画的基础也就变成了练书法。我们看晋唐宋的主流画风以"画"为主，主流画家大都不是书家，只有少数如王诜、赵佶等是例外；明清的主流画风以"写"为主，"画法关通书法津""画法全是书法""书法即是画法"，主流画家大都兼为著名书家，只有少数如任伯年等是例外。"书画同源"的结果，使绘画完全走向书法化了。

第六阶段清初，书法吸收了绘画的长处。石涛、八大山人将绘画中的长处运用到了书法中，形成了"画学书法"。原来的书法包括帖学、碑学，丝毫不受绘画的影响。而画学书法的形成，书法中可以看到绘画中的用笔。如八大山人的书法，其结体移位夸张，有如其笔下的禽鸟；石涛的书法，墨彩变化淋漓，显然是借鉴了绘画的墨法之长。后来扬州八怪包括吴昌硕的书法，有竹叶、梅桩、紫藤的用笔意趣，我们称之为"画学书法"。

第七阶段，1980年后改革开放，国门打开，西方后现代思想传入，传统发生了变化。不仅打破了传统的观念，而且艺术与非艺术的界限开始模糊、泯灭，艺术家与非艺术家的界限也变模糊，艺术的标准发生变化，书法与绘画的界限也开始泯灭。广西书法家李骆公创作现代书法，日本还有前卫书法、现代水墨，既是书法又是绘画，既不是书法也不是绘画，抽象艺术中也使用书法元素。另外徐冰的版画天书，谷文达的碑林，可以用毛笔画在宣纸上，也可以是装置。80年代后的这种观念是对"书画同源"又一次新的诠释，它使得书法与绘画变得没有界限了，什么都是，又什么都不是。

所以，综上所述，由唐代张彦远提出的"书画同源"观，影响了中国画一千多年，其含义是各个不同的。在张彦远的"本义"有三：第一是"文字"与绘画的结体起源相同，都是"象形"；第二，"书籍"与绘画的功能相同，都是教化；第三，书法与绘画的用笔技法相同，但主要是抽象理法上的相同。至元代演绎出它的"演义"，书法与绘画的具体用笔技法也是相同的，但仅限于特殊题材。至明清又把这一"演义"由特殊扩大到普遍，扩大到一切的题材，而且使题书也成了绘画的一个构成要素。至于第六阶段的"演义"，不是针对绘画的，而是针对书法的。第七阶段的"演义"，既不是绘画从书法中汲取借鉴以改造绘画,也不是书法从绘画中汲取借鉴以改造书法,而是要打破书法与绘画的界限,带有某种"搞笑"的后现代性质。

唐代时提出了书法和绘画的关系,宋代时则以苏东坡为代表倡导诗与画的关系。这就是他在《书鄢陵王主簿画折枝两首》中与著名的"论画以形似,见与儿童邻",同时提到的"诗画本一律,天工与清新"。此外,他还高度评价王维的"诗中有画,画中有诗",主张绘画要"离画工之度数,得诗人之清丽"。诗,成了"六法"之外,评价绘画的又一个标准。此外,还有许多人讲到"诗是无形画,画是无声诗""诗是有声画,画是有形诗"的。

魏晋南北朝一直到唐代倡导的都是文章与画的关系,即"书画同源"。这个"书"是指文章典籍尤其是六经,不是指书法,讲的是功能上的关系。自宋代开始绘画与文的关系不再被倡导,转而强调绘画与诗的相辅相成。至此,绘画成为画家情感的抒发,与诗一样以美来陶冶情操,使人们得到间接的教化,而不再像之前那样直接地阐述道理、教育大众,所以这时候,绘画的社会教育功能已经被减弱了、间接化了,它转而更强调审美愉悦的功能。过去教化的功能是第一位的,愉悦的功能是辅助的,目的是为了使教化功能更容易达到。现在愉悦的功能是第一位的、直接的,教化的功能仅仅是间接的收获。

苏东坡评价王维是"诗中有画,画中有诗"。王维自己也用"宿世谬词客,前身应画师"来概括自己诗画皆全的才能,但他并不在画上题诗,作诗也并不是为了某一幅绘画而发。但是后人对苏东坡的言论产生了误解,认为画上一定要有题诗,否则就没有诗情;诗一定要题在画上,否则就失去了画意。其实苏轼的意思只是讲两者道理相同,并不是说两者一定要发生直接的关系。而且,这个"诗画一律"也仅仅是苏轼作为赏画者的一种感受,并不是作为对画家的一个创作要求。一个诗人，能运用高超的诗的技巧来歌咏事物，便能使无形的诗仿佛具有画的形象；一位画家，能运用高超的画的技巧来描绘事物，同样能使无声的画仿佛具有诗的意境。在这里，诗人要使自己的诗具有画的形象，不需要他掌握画的技巧，只需要他掌握诗的技巧，即使王维长于绘画，但他在创作诗时所运用的也只是诗的技巧而并不需要运用画的技巧。同样，画家要使自己的画具有诗的意境，不需要他掌握诗的技巧。而只需要他掌握画的技巧，即使王维长于诗歌，但他在创作画时所运用的也只是画的技巧，并不需要运用诗的技巧。这就是"异曲同工"的意思，否则，便成了"同曲同工"了。所以，唐宋的许多优秀的诗，并不是针对题画的，更不是直接题在画面上的，但很有画意。宋代的许多画家都是工匠，他们不会作诗，更不在画上题诗，但他们的画很有诗情。到了后来，虽然没有认为没有画的修养的诗人就不可能作好诗，却认为没有诗的修养的画家就不可能画好画，而且画上一定要有题诗才能体现诗意。其实，苏轼所指的诗与画的关系是"诗画本一律，天工与清新"，即诗和画讲求的都是自然与和谐，虚的道理上是相通的，并不是实的技法上的等同。

但后人却不是这样理解的，变成了画家一定要工诗，画上一定要题诗。例如，我们认为郑板桥的画比林椿好，为什么？郑板桥能诗，工书，他的画上有精美书法的题诗，而林椿却不是。这就是用诗或书的标准取代画的标准来评画。照此逻辑，我们岂不是也可以认为郑板桥的诗比杜甫好，书比颜真卿好呢？因为郑板桥工画，能书，杜甫却不工画、不擅书；郑板桥工画，能诗，颜真卿却不工画、不擅诗，至少诗名没有郑大。

我们知道，唐宋的画家大多不工诗，他们都是通过画的技巧来描绘形象，传达出诗一般的意境；即使工诗的画家，也还是如此，画面的意境是通过形象的塑造传达出来的，而不是通过题诗表达出来的。正像当时画面的形象塑造，主要依靠造型的笔墨技巧，而不是依靠书法的笔墨技巧；同样，当时画面的意境传达，也是主要依靠形象的塑造，而无须通过题诗的配合。到了明清文人画就不一样了，仅靠画面的形象，你完全不能看出这幅画的意境究竟是什么。例如，几笔墨竹，它要传达的是什么意思？光看这几笔墨竹，是看不出来的。当题上一首关心民间疾苦的诗，你才明白它要传达关心民生的意思。如果题上凌寒不凋的诗，它又变成了传达坚持操守的意思。再如果题上祝寿的诗，它又变成了传达祝您长寿的意思。当画的意境不是靠形象来传达，而是靠题上什么样的诗来表达，这样的"诗画一律"意味着什么呢？比如说，本来画好比飞机，把你从上海空运到了日本，就是通过"空运"的技巧传达了"到日本"的意境。诗好比轮船，把你从上海海运到了日本，就是通过"海运"的技巧传达了"到日本"的意境，异曲同工，所以说"诗画一律"。而现在画还是飞机，你乘上去了，但它飞不起来，不能把你送到日本，就是用"空运"的技巧传达不了"到日本"的意境，怎么办呢？就把这架飞机载上万吨轮，你还是坐在飞机里，而且被送到了日本，但这个"到日本"的意境不是通过"空运"的技巧实现的，而是通过"海运"的技巧实现的。只是不同于一般"海运"的方式，你不是乘在轮船的船舱里，而是乘在飞机的机舱里。那么绘画意境的传达，也就是飞机要送人到日本，究竟是用"空运"的绘画技巧更好呢？还是把飞机载上万吨轮"海运"过去更好呢？当然，两个都是好方法，都达到了准确传达意境的目的，而且后一个方法更具有创新的意义。但从学科分工的角度，应该是前者而不是后者。

　　当然，此时的绘画强调要在画面上题诗，不仅仅因为由于形象塑造的欠缺无法传达意境，所以需要用题诗来表达。而且在形式方面，尤其是构图章法方面,由于三维空间营造也即整体形象塑造的欠缺,转而谋求平面化的笔墨构成,所以要用题诗来经营位置。明清人强调"题款(主要是题诗)所以补画之不足",同书法是中国画的"拐杖"说一样,是很有道理的。也就是说,画的本身有"不足"了,造型的双脚出了毛病,有两种方法:一种是把它医好,另一种是不去医治,任它病废,借用书法这根"拐杖"的支撑来帮助画的行走。现在,画的形象有"不足"了,传达不了意境,构图也有"不足"了,营造不了空间,同样有两种方法,一种是把它医好,另一种是不去医治,任它去"不足",借用题诗这根"拐杖"的支撑来表达意境、组织构图。所以,明清以后的"书画同源"变为以书入画,"诗画一律"变为题诗于画,都是画本身出了毛病之后的一种权宜之计,进而成了长久之策。当它们成了中国画的长久之策,画本身的毛病不去医治,书法、诗文的这两根"拐杖",在明清是非常结实的,到了今天则变得非常脆弱,不再是龙头"拐杖",而是把苇秆当成了"拐杖",用这样的"拐杖"来支撑画的"不足",要想振作起来就非常困难了。

  所以,诗画一律也好,书画同源也好,主要是讲两者的虚的道理是一样的,并不是指实的技术要求是一样,以作诗的要求来画画。这种相通,是我们旁观者看出来的,参透出来的,并不是画家的自觉实践。一位画家之所以能画出好画,并不是因为他先研究作诗的道理和技术,弄通了,再把这道理和技术运用到画画中,才画出了好画。我们讲刘翔一百一十米跨栏好,王励勤乒乓球打得好,道理也是相通的,但技术要求完全不一样,不能通融起来。刘翔的一百一十米跨栏得奖了,并不是因为他先下功夫去研究打乒乓的技术,打好了乒乓,再把这技术用到一百一十米跨栏才创造了好成绩,而是他致力于研究一百一十米跨栏的技术,所以才创造了一百一十米跨栏的好成绩。王励勤打乒乓同样也是如此。这就是种瓜得瓜，种豆得豆的道理，我们却把它理解为要想得到瓜的丰收，必须种豆，要想得到豆的丰收，必须种瓜。所以，宋画是无声诗，宋诗是无形画。后人把虚的道理变成了实的要求，画上题了诗，变成了有声诗，诗题到了画上，变成了有形画。旁观者的虚的感觉，变成了对于画家的实的技术要求。

"书画同源"和"诗画一律"是中国画学理论中的两个重要命题，它们提出于唐宋，但到了明清以后，文人画成了中国画的主流，今天，我们更把明清文人画当作中国画传统的最经典，所以，对这两个命题的理解就完全背离了唐宋人的本意。平心而论，明清人的理解虽然偏了，但他们确实是用如此的理解来如此行动的。他们在书法、诗文上下了很大的功夫，取得了相当的造诣，所以创造了明清文人画的特殊真理：用坚实的书和诗的"画外功夫"取代或弥补了造型即"画之本法"的欠缺。今天的我们，如此理解并不是为了如此行动，只是以书和诗的"画法功夫"为借口来取代、削弱造型的"画之本法"，并不准备在书法、诗文上下功夫，甚至以为只要削弱、颠覆了"画之本法"，就意味着具备了"画法功夫"。

相比较而言，以书法为借口尤振振有词于以诗文为借口。因为诗文，尤其是近体格律诗，今天的人大多不擅长了，画家们更不敢大言不惭，偶有大言不惭者，所作的诗大多不合平仄韵辙，令人绝倒。但书法却在今天仍相当普及，以写毛笔字作为擅长书法者不在少数，而且书法写得好不好的评判，不像格律诗写得对不对的评判有一个固定的标准，所以，只要是写的毛笔字，人人都可以自诩擅长书法。所以，以书法作为中国画基础的呼声甚高。这在逻辑上显然不通。因为绘画可以不以绘画为基础，而以书法为基础，那么，打乒乓也可以不以乒乓为基础，而以长跑为基础，这显然是荒唐的。另有一种说法,中国画必须讲究笔墨,而笔墨的造诣必须于书法的训练中获得,所以,书法是中国画的"拐杖"。这个"拐杖"说比"基础"说要有道理得多,但仍属于特殊真理。因为,中国画的基础,它需要画家苦练绘画造型之本法,兼长书法、诗文等画外功夫,但在创作绘画时,仍由画之技进乎道,而不是用书、诗之技取代,削弱画技,可以达到很高的笔墨造诣和意境内涵。荆浩、李成、文同、王晋卿、赵佶、李公麟是也,尽管他们手里有多张牌,但所出的还是单张的绘画大牌;相当于冠军、明星,却不以加分,而以很高的高考成绩成为名牌大学生。

画家于绘画造型之本法严重欠缺,又不补足之,但长于书法、诗文,遂以书、诗之技取代画技,可以达到很高的笔墨造诣和意境内涵。徐渭、董其昌、四高僧、吴昌硕是也,所出的是绘画的中小牌,却与书、诗等大牌组合成了一副同花顺,相当于高考成绩不高,但有高考之外的冠军、明星加分而成为名牌大学生。

画家于绘画造型之本法严重欠缺,又不补足之,虽高倡书法、诗文等画外功夫,实拙于书、诗,遂以拙劣之书技、诗技取代画技,以造型本法之欠缺作为达到很高笔墨造诣和意境内涵的表征,实为自欺欺人。正统派之末流,野逸派之末流,今之"弘扬传统"者是也,所出的是一副不成组合的小牌,相当于高考成绩不高,又没有冠军、明星的加分,怎么能成为名牌大学生呢?

这四种表现,其一,就是平常之人为平常之事。其二,就是非常之人为平常之事。二者皆为绘事之普遍真理。其三,就是非常之人为非常之事,盖为特殊推行特殊真理。其四,就是平常之人为非常之事,盖为普遍推广特殊真理。

# 艺术的懂和不懂

人们每用"看不懂""不知画的是什么"来质疑当代艺术作品。其实，在古典艺术、现代艺术作品的鉴赏中，同样存在着这个问题。

通常，对于古典艺术，中国的唐画也好，宋画也好，西方的文艺三杰也好，古典主义学院派也好，我们误以为是人人看得懂的，不存在看不懂的问题。其实，看得懂的，只是它们所描绘的形象、故事、内容，不一定是它的艺术。当然，对它所描绘的形象、故事、内容，也有一个见仁见智的问题，有一千个读者就有一千个哈姆莱特，览者所得，未必是秉笔人的本意。对它的艺术、美存在着严重的懂与不懂之别。三幅人像写实素描，一幅出于拉斐尔之手，一幅出于安格尔之手，一幅出于高考辅导班的优秀学员之手，掩去名字，一百个观者中，八十人认为不分上下；二十人认为拉斐尔、安格尔所作高于学员之作。二十人中，十五人认为拉斐尔和安格尔不分上下，只有五人认为拉斐尔高于安格尔。你能说，对于古典艺术，是人人都懂的吗？

对于现代艺术，中国的徐渭、八大也好，西方的凡·高、蒙克也好，在当时便有"看不懂"的，斥为胡涂乱抹的不知所云；后来，当然"看得懂"的人多了起来。甚至连不懂的也没有人再会坦承自己"看不懂"，都宣称自己"看得懂"。但不论形象、内容，单论艺术，真正懂的又有几个？这时，一部《王子复仇记》，当然不是古典艺术的《王子复仇记》，而是假设现代艺术的《王子复仇记》，有一千个读者，只有一百个哈姆莱特，还有九百个成了李尔王、奥赛罗甚至朱丽叶！

三幅水墨写意的小鸡，一幅出于齐白石之手，一幅出自娄师白之手，一幅出于旅游景区的商品画家之手，都是"高雅艺术"而不是"行画"。因为，只有形似逼真的画才是"行画"，写意的则不是"行画"而是"高雅"艺术。掩去名款，一百个观者中，八十人认为不分上下；二十人认为齐白石、娄师白的高于商品画家；二十人中，十五人认为齐白石和娄师白不分上下，只有五人认为齐白石高于娄师白。你能说，对于现代艺术，是人人都懂的吗？

但懂和不懂的问题最严重的，表现于对当代艺术的欣赏。一块白布，什么形象也没有，或者只有两三块颜色；一个艺术家，在美术馆中卖对虾……从内容到形式，这意味着什么呢？这部当代艺术版的《王子复仇记》，有一千个读者，就没有一个哈姆莱特，甚至没有一个李尔王、奥赛罗、朱丽叶，什么也没有。但什么也没有正是无所不有的大有，如苏轼的《白纸赞》所云："素纨不画意高哉，倘着丹青堕二来；无一物处无尽藏，有花有月有楼台。"当你看惯了它的"什么也没有"而以为自己"不懂"，恰恰你已懂了。即使作者或专家向你介绍，这幅作品所表示的意思，你若明白了他的意思，是懂，也是不懂；你若仍不明他的意思，不是懂，更是懂。

盖古典艺术，内容与形式的统一，在于教化人在社会现实中的功利追求。懂和不懂，只是量上的区别，还没有质上的区别。所谓"可与知者道，也可与不知者言"，一千个读者，都是哈姆莱特，尽管每一个哈姆莱特各有不同，但决不会不同成李尔王。

现代艺术，内容和形式的统一，在于揭示人在社会现实中的超功利追求。懂和不懂，不只是量上的区别，而有了质上的区别，所谓"可与知者道，不可与不知者言"。一千个读者，只有一百个哈姆莱特了，其他都成了李尔王、奥赛罗、朱丽叶。

当代艺术，无所谓内容，也无所谓形式，它是一件作品，也不是一件作品，在于研究人在超现实中的超功利无价值，同时也是最大价值，也即"对宇宙和我们在宇宙中的地位的沉思……（最终去解决）那些困扰人类的重大问题"。所以，就像在古典期的后期，有人会对凡·高等现代艺术表示"看不懂"而排斥之，但到了今天，就再也没有人会表示对它们"看不懂"了。同样，在今天，有人会对当代艺术表示"看不懂"而排斥之，但到了明天，相信也不再会有人表示对它们"看不懂"的。无非，当我们"看得懂"现代艺术之后，不应排斥古典艺术；同样，当我们"看得懂"当代艺术之后，也不应排斥现代艺术、古典艺术。

至于艺术所要解决的"困扰人类的重大问题"，在古典期是人生在社会现实中的功利价值追求；在现代期，主要是人生在社会现实中的超功利价值追求；在当代期，主要是人生在超社会现实而进入无穷宇宙中的超功利无价值追求。

大体而言，撇开不敢说自己"不懂"而装懂者不论，真正"看得懂"和"看不懂"者，在古典艺术约为九十比十，懂的不同表现为量上的；在现代艺术约为五十比五十，懂的不同一半表现为量上，一半表现为质上；在当代艺术约为十比九十，懂的不同表现为质上的。

"知也无涯""此亦一是非，彼亦一是非"，尤其对于艺术，无论古典、现代还是当代，我们都是不懂的，也都是懂的。

# 书法奇正

"一阴一阳谓之道。"天下万事万物,其"道"皆然,书道当然也如此。《红楼梦》中说"天地有正戾两气",杂然赋流形,在人也有正、戾两品,所讲的正是这个道理。但在通常的理解,以正为好,以戾为坏,所以还是用正、奇更为合适。且正者不一定就是好,它也可以为坏,奇者当然也是如此。无论正、奇,都是中性的词,不含褒贬。就像"书食单"中不同药物,使用得当,都是好药,使用不得当,都是坏药。其实,药无好坏,用之而成好坏。用在甲身上起死回生了,我们称它为好药灵丹;用到乙身上反使其病入膏肓;反之亦然。

此外,正和奇,并不是截然分明、河井不犯的。就像太极图中,阴阳鱼自身既有此消彼长的肥瘦之分而交织在一起,阴鱼中还有阳眼,阳鱼中还有阴眼。

书法的奇正之分,大体上,碑学为奇,帖学为正。碑学中,《曹全碑》《礼器碑》又相对为正,可称作"汉碑中的馆阁体";帖学中,旭素、米颠亦相对为奇。

潘天寿先生曾论画学中的奇正,但他不用"正"字而用"平"字,其义相同。说是:画事以平取胜难,以奇取胜易;因为以平取胜,注重"规矩法度"的"功力",注重以奇取胜,"忽于规矩法度"的"功力"。当然,

"忽于规矩法度"也是讲"功力"的，但不是"画之本法"的功力，而是"画外功夫"的功力，两种功力，性质不同。所以，以奇取胜，并不是单恃"忽于规矩法度"就可以取胜，而须其人有奇异之禀赋、怀抱、学养、境遇方可取胜，这实在是相比于以平取胜之难更难的。这就好比大学的招生，考生要想考出超过录取分数线的高分是很难的，考个不及格就容易得多。但不及格而想进入大学，比之超过录取分数线而进入大学，就更难了。这段话，用于分析书法的奇正也是十分合适的。

大体上，性格温和的人，适合走正的路子，性格倔强的人，适合走奇的路子。但一味地正，循规蹈矩，便成为馆阁体，馆阁体之失，人人都看得出来；一味地奇，狂肆飞扬，便成为野狐禅，野狐禅之失，"虽晓书者有不知"。但是，一方面，即使如此，以平取胜之路十分艰辛，需要投入长期的努力，决不是短时间里可以取得成功。所谓"积劫方成菩萨"，而且积了劫还不一定能成为菩萨；而以奇取胜之路相对便捷，往往短时间里可以惊世骇俗，所谓"一超直入如

徐建融楷书十五言联

来地",而且即使入不了如来地也因别人很难看出来,所以不妨对众宣称自己已经进入了如来地并为众所认可。所以,当世风演变,整个社会上急功近利之心大炽,大多数艺术家包括书法家,更愿意走以奇取胜之路,而摒弃乃至激烈地抨击以平取胜之路。

20世纪80年代以降,思想大解放,首先在美术界兴起现代艺术、后现代艺术的风气,接着在书法界也涌起现代书风、流行书风的大潮。原因何在呢? 就是美术界、书法界的艺术家们急功近利之心的推动。从好的一面说,他们要创新,要打破旧观念的束缚;从不好的一面说,他们要快速地出名以获取各种利益。

我们看金庸的武侠小说,凡心性平和的人,如郭靖,很老实,不聪明,从全真的心法练起,进而再学洪七公的降龙十八掌,一步一个脚印,甚至十步也踩不出一个脚印,最终成了一代武学的宗师。更有全真七子,同样的做法还成不了武学宗师的。而凡心性卞急的人,一定是不肯这样做的,如梅超风,她一定要千方百计去偷《九阴真经》来练,不惜走火入魔也要一步十个脚印, 最后也成了一代武学的高手。马援在《诫侄书》中说,龙伯高、杜季良是我所敬重的两个人中楷模,但一正一奇,我希望你们学龙而不要学杜:因为学龙不成,不失为谨饬之士,刻鹄不成,犹类鹜也;学杜不成,陷为天下轻薄子,画虎不成,反类狗也。其意并不是说只可学正的、不可学奇的。而是说学正,有益而无害,故具有普遍性;学奇,有益亦有大害,故仅具特殊性。

近年的美术界、书法界,由风靡标新立异而变为风靡法度规矩,现代艺术、现代书风为古典艺术、古典书风所取代。这当然是可喜的。但千万不要像当年现代派的用奇来颠覆正,即恃奇斥正一样,用正来颠覆奇亦即恃正斥奇。

我们所应取的态度是，用正驭奇，庶使平中有正；用奇驭正，庶使奇中有平。

### 书本草

清人张潮写过一篇《书本草》，把经史子集、道释传奇等不同的图书比作不同的药物；我的《书本草》则是把不同的书法比作不同药物。不过，我对这样的比喻其实是心存不满的，好像我们读书、学书法是在"吃药"一样。我更欣赏的比喻，其实是前辈们所说的"儒家思想为我们提供的是粮食，道释思想为我们提供的是药物"。并把这一比喻细分为粮食、鱼肉、蔬菜、水果、饮料、药物六大类，称之为"文化食单"。不过，一方面，古人已有把书画比作"特健药""清凉散"的；另一方面，张潮的分析已经十分具体，大体上也还是比较贴切的。因此，出于惰性，也就不愿意再动脑筋去编排书法的"文化食单"了，还是抄袭一下张潮的图书"本草"来作书法"本草"吧！

二王、欧褚虞薛颜柳、苏黄米蔡、赵孟頫、董其昌，如四书五经，俱性平味甘无毒，或有略苦微毒者，服之清心益智，寡嗜欲，久服令人晬面盎背，心广体健。服之过度，则胀而滞，亦不利。

三代秦汉金石碑版，如《诸史》，味或有带甘者，而大多苦涩，性烈，有毒而利于攻毒。服之增长见识。有时令人怒不可解，或泣下不止，当暂停，复缓缓服之。但此药价昂，无力之家往往不能得，即服也不易，须先服四书五经，再服此药方妙。必穷年累月，方可服尽，不可因其似旦夕可奏功而懈之。官料为上，野者为伪而别有功。服时得酒佐之为佳。

张旭、怀素、杨维桢、祝允明、张瑞图、黄道周、倪元璐、王铎、傅山、八大、石涛，如《诸子》，性寒带燥，味有甘者、辛者、淡者、烈者不一，俱有毒，可攻窒滞。然须慎服，不慎，令人狂易。

扬州八怪、嘉道后碑学诸家，如《诸集》，性、味不一而各异，俱有毒。服之助气，亦能增长见识。须择其佳者方可用，否且伤人。

魏晋墓志造像，如《释典道藏》，性大寒，味苦烈，有毒。平素不可服，服之令人身心俱冷。唯热中者宜用，胸有块垒者，服之亦能消导。忌酒，与茶相宜。

民间书法、汉简晋经，如《小说传奇》，味甘，性燥热，有大毒，不可服，服之令人狂易。唯暑月神气疲倦，或饱闷后，风雨作恶，及有外感者，服之解烦释郁，消滞宽胸，有奇功。然不宜久服也。

这几段文字，基本上是从张潮的《书本草》中抄下来的，只是把各种图书换作了书法。其中的模拟以及对于药性和效用的分析，不一定十分准确。但它的目的，只是为了说明这样一个问题：

书法的学习，关系到学习者的"病"性和被学习对象的"药性"两个方面，缺少了任何一个方面，学习便无法展开；这两个方面不能契合，也即药不对症，学习同样不能成立。

学习的目的，是为了人品和书品的提升。当他未进入学习之时，其境界和情操、技法和技术必有所欠缺和不足。这欠缺和不足便是他的"病"，要通过进入学习借前贤名作的"特健药"而祛除掉，补养之，使不高尚、不成熟而高尚、成熟，高尚、成熟而更高尚、更成熟，从而在书法上取得高明的成就。这就需要学习者包括指导他学习者，分析他的"病症"在哪里，需要用哪一副"药方"去针对之。但对症下药，如西医的"百人一病而同方"有时也不一定管用。中医还讲究"百人一病而异方"，同样的"病症"，生在不同的人身上，有时还需要"因人施方"。这里的情况又是非常复杂的，所以，前人有"学医三年，觉天下无不治之症；行医三年，觉天下无可用之方"之说。

既然如此，开一张"书本草"又有什么意义呢？就像虽然"按图索骥"不一定管用，但伯乐为后人写一本《相马经》还是需要的；又像"纸上谈兵"不一定管用，但孙武为后人写一部《孙子兵法》也还是需要的。换言之，"书本草"者常也，经也；实际的应用，变也，权也。

# 奇正相生

"一阴一阳谓之道",阴者奇,阳者正,"奇正相生,其用无穷",如鸟之双翼,合则双美,离则两伤。

虽然,它们的地位是平行而不平等的,绝不是平分秋色的。而且一定是以正为主、为普遍,奇为辅、为特殊,而绝不是以奇为主、为普遍,正为辅、为特殊。大而言之,国学文化,儒为正为主,道释为奇为辅。中国传统绘画亦然。

潘天寿先生有言:"画事以奇取胜易,以平取胜难。然以奇取胜,须先有奇异之秉赋、奇异之怀抱、奇异之学养、奇异之环境,然后能启发其奇异而成其奇异。如张璪、王墨、牧谿僧、青藤道士、八大山人是也,世岂易得哉!"

又说:"以奇取胜者,往往天智强于功力,以其着意于奇,每忽于规矩法则,故易。以平取胜者,往往天资并齐于功力,不着意于奇,故难。然而奇中能见其不奇,平中能见其不平,则大家矣。"

这里所说的"平",实际上就是"正"的意思。而"以平取胜者"的"不着意于奇"后,应该还有一句"必严于规矩法则",庶与上文"以奇取胜者"相呼应。

哪一种画是"以平取胜"的正格呢?就是以唐宋画家画为代表的行家画,注重的是以形体为第一要义的"画之本法",以形神兼备的形象塑造为中心,用精妙的笔墨去量体裁衣地服从并服务于形象的塑造,"严于规矩法则",所以为"难"。

用傅抱石的话说,便是"制作繁难",用董其昌的话说,便是"顾其术亦近苦矣",简直就像服劳役一样。

哪一种画是"以奇取胜"的奇格呢?就是以明清文人画,尤其是文人写意画为代表的戾家画,注重的是综合了奇异的秉赋、怀抱、学养、环境的"画外功夫","不求形似"而以笔墨的抒写为中心,用程式化、符号化、文字化的形象去削足适履地服从并服务于笔墨的挥写,"忽于规矩法则",所以为"易"。

用傅抱石的话说,便是"挥洒容易",用董其昌的话说,便是"以画为乐",简直就像玩游戏一样。

"以平取胜"很"难",必须经过长期、刻苦的严格专业训练才能进入绘画的行当,而且即使进入了也不一定取得很高的成就,如律宗的"积劫方成菩萨"。像唐宋的画工都是从少年就开始绘画生涯的,大多数只是默默无闻的"佚名"画家。

"以奇取胜"很"易",不须经过长期、刻苦的严格专业训练便可以进入绘画的行当,而且一进去便可以取得很高的成就,如禅宗之"一超直入如来地"。像徐渭、董其昌等,都是五十岁前后才真正进入绘事的,一出笔即成为开宗立派的大师。

事实却是,"难"的正格,少数可以取得很高的成就,就像吴道子、黄筌、郭熙、马远,等等,大多数可以取得次高的成就,极少数即使画得不好但肯定也不坏。这就像大学的普招生,是一样的道理。而"易"的奇格,极少数可以取得很高的成就,少数也可以取得次高的成就,大多数却画得"荒谬绝伦"。这与大学的特招生，还是一样的道理。因为，"忽于规矩法则"，高考不及格，虽然人人都能做到，但奇异的秉赋、怀抱、学养、环境，特长的怪才、偏才，却并不是人人都能具备。而不具备这些条件，即使以"忽于规矩法则"、高考不及格进入了绘画这所大学，又怎么可能取胜呢？潘天寿所讲难的"以平取胜"容易做到，易的"以奇取胜""世岂易得"，就是这个意思。

"取胜"也就是把事情做好。包括绘画在内的任何事情，必须以正为主、以奇为辅，执正而驭奇则可，执奇而斥正则不可。正、奇各有利弊，两利相较，正大于奇，两弊相较，奇大于正。当然，用正还是用奇，还要视不同的时间、空间、条件、对象而定。

# 题跋、鉴赏又称"再创作"

人类艺术的活动，包含了创作和鉴赏两个部分，正像生产和消费，没有生产便没有消费，没有消费也没有生产。艺术的鉴赏，中西不同，以题跋作为鉴赏的一种形式，是中国书画所独有的，包括风景、园林等自然的、人文的景观，同样如此。

在西方绘画，观赏者对每一件名作的鉴赏可以想象在心中，也可以形成文字即"评论文章"，但这篇文章只能发表在报刊上，而不能题到这件名作上去。

而在中国书画，观赏者对一件名作的鉴赏可以想象在心中，也可以形成文字即"评论文章"，而且，这篇文章不仅可以发表到报刊上去，还可以直接题到这件作品上去。

所以，在西方，一件名作必定是某人所已经完成了的，如《蒙娜丽莎》就是达·芬奇的作品，它是已经完成了的历史遗存。

而在中国，一件名作却可以是永远完成不了的作品，如《茂林远岫图》，不仅是传为北宋李成所完成了的作品，而且是包含了南宋向若冰、元代倪云林、明代张天骏等的鉴赏题跋。

也就是说，如果以画心为《茂林远岫图》，那么，它仅出诸传为李成之手，并在他的手中已经创作完成了；但是，画心不是《茂林远岫图》卷的全部,它的全部包含了整个裱件,裱件上有历代诸家的鉴赏、题跋,鉴赏又称"再创作"。

所以,全部的《茂林远岫图》卷并非传为李成一人的完成之作,而是历代人共同创造的合作,如果不是因为被藏到了博物馆中,以今天博物馆管理对于藏品的要求,不允许今人、后人在上面继续题跋,那么,它还将是由今人、后人"永无穷尽"地参与创作的一件永远不可能完成的作品。

中国书画这一世界文明史中所独有的鉴赏形式,不仅取决于中国书画画心的创作匠心,尤其是绘画,在经营位置时注重画面的空白,这就为鉴赏的题跋留出了空间。

如张中的《桃花春鸟图》,画心上陆陆续续地竟有数十人参与题跋。当然,从原则上讲,画面空白的留出,是画家创作时独具匠心的构图形式,过多地把空间题满,不免破坏作品的布局之美,有违画家的初衷。

所以,题跋的形式更取决于中国书画的装裱形制,立轴、册页,尤其是手卷,裱件的天头、地头、诗塘、扉页、对题、跋页、引首、隔水、拖尾等等,大量的部位,正是为当时、后世的鉴赏家提供了题跋的用武之地。

西方的绘画不仅画面画得很满,而且用装框的形制,鉴赏者根本无法把自己的鉴赏感想题写到画面和画框上去。再加上中国书画与书法、诗文的"同源"、"一律",画心上、裱件上题上题跋,非常协调,不仅不损其美,反而有增其美。

而西方的绘画,由于与书写、与诗文的隔行如隔山,如果勉强在上面题写鉴赏心得的话,一定非常不协调而有损其美。

题跋的形式必须辅以精美的书法,什么地方用大字?什么地方用小字?都是有讲究的,不能乱来。小字适宜于规整的行书、楷书;大字引首也可用隶书、篆书。但狂纵的草书是不适合用来写题跋的。

所以，即使成就很高的狂草书法名家，也不适合为书画的鉴赏作题跋。而成就平平的甚至不是书法名家，只要端端正正地书写，也可以为书画鉴赏作题跋。

题跋的内容必须辅以精彩的诗文，而且是文言、旧体诗文，白话文是不适合作题跋的。其内容，或赞其美，或定其真，或述其传统渊源，或抒我人生感怀，不拘一格。

除诗文之外，也可用图画形象作题跋，如《快雪时晴帖》等，就有不少是用图画来作题跋的。近世以吴湖帆先生最擅此道。其书法的精湛，诗词文采的生动，图画的高妙，鉴赏眼光的独具，使书画鉴赏的题跋，在他手里达到了集大成的登峰造极。

不懂题跋，不会题跋，就不算真正懂得书画的鉴赏。不能真正懂得书画鉴赏，就不能真正进入国学文化之境。

前辈国学文化人中，冒广生、章士钊等，即使不会画画，也能作精妙的绘画鉴赏题跋，证明国学中的书画和美术中的书画，有一个明确的分界，这就是能不能题跋。

# 人文真理的多元性

自然科学的真理是一元的，圆周率的正确答案只有 3.14 一个，其他答案都是错误的，而且，这个正确的答案适用于不同时间、空间、条件、对象的一切圆。

人文艺术学科的真理则是多元的，甚至两个截然相反的观点也都可以是真理，但每一个真理各有其特定的时间、空间、条件、对象，此一时空条件下的真理，放在另一时空条件下便成了谬误。如"不识庐山真面目，只缘身在此山中"是真理，"隔行如隔山"也是真理；"旁观者清，当局者迷"是真理，"不入虎穴，焉得虎子"也是真理；"以形写神"是真理，"不求形似"也是真理；"以礼设防"是真理，"坐怀不乱"也是真理；大学普招是真理，大学特招也是真理。但所有这些真理，都必须具体在特定的时空条件下，而不能孤立于特定的时空条件之外来判定它是对还是错。

我们讲"真理愈辩愈明"，其前提就是必须有一个时空的条件，撇开了时空条件来讨论某一个观点是错还是对，只能使"真理愈辩愈糊涂"。但事实上，关于人文艺术学科真理的讨论，往往是撇开了时空条件而论，以自己的立场推广到所有人的立场，来证明我的观点是对的，你们的观点都是错的。对方当然也是如此而为。

我们今天讲"实践是检验真理的唯一标准"，这个实践，就是具体的时间、空间、条件、对象。对人文真理的这一认识，是国学的传统，即"和而不同"。不同的观点，在各自的立场都是真理，但在各自之外的立场，却未必还是真理，甚至还是谬误。所以，应该各安其立场，互相尊重，和谐共处，而不是互相指斥，试图否定别人，改变别人。一病也，治各不同，皆愈，这就是中医。一问也，答各不同，皆仁，这就是儒学。

相对于国学的求和，西学对于人文真理的追求则是求同，泯异而趋同，用自己所认定的真理去强加给别人，改变别人。比如说自己的脚，最适合穿四十码的鞋，于是便认为天下一切人的脚的真理，都是四十码的鞋，看到别人穿了三十八码的鞋、穿了四十八码的鞋便大发雷霆，要求别人也穿四十码的鞋，否则便施以制裁。人文真理的泯异趋同，有成功的例子，这便是这个真理推行者的势力之强大，所谓"谁的拳头硬谁就是真理"。但这实在是行不通的。所以，对人文真理的追求，西学泯异趋同的做法，实在不如国学的和而不同。

但即使在国学中，对和而不同的人文真理之认识，也不是一成不变的铁板一块。以绘画而论，晋唐宋时，画工画也好，士人画也好，夷夏体殊也好，用夏变夷也好，不作孰是孰非的争论。所讨论的只是画得好不好，画工画、士人画、夷夏体殊、用夏变夷，都可以画得好，在各自的时空条件下成为真理，也都可以画得不好，在各自的时空条件下不成为真理。

可是，到了晚明以降，却大争特争画工画、文人画的孰好孰不好。由于文人的话语权，画工画便成了谬误，文人画便成了真理。进而，画工画不好，画得再好，也不可能成为真理，文人画好，画得再差，也不可能成为谬误。于是，由"家家大痴，人人一峰"而"家家清湘，人人石涛"，偏见凭借了强权泯异而求同的真理便风漫天下。

又进而到了民国以降直至今天，又执着于争论中西的融合，中国画必须坚守传统，不能搞中西融合，而且这个传统必须是文人写意画的传统，不能是唐宋画家画的传统，又成了泯异求同的真理。

试想，中国画的传统是怎样形成的？人物画至唐代吴道子奠定传统，而吴道子不正是借鉴、融合外来西域绘画之长而来的？包括佛教文化本身，不也是外来文化进入中国之后被融汇、改造而成中国传统文化的？

一言以蔽之，国学文化之所以绵延五千年而不衰，正在于认识并贯彻了对于人文真理"和而不同"的多元性，包括精英的、通俗的、本土的、外来的、普遍的、特殊的。西学文化之所以一个又一个地中断，正在于偏执并贯彻了对于人文真理"弱肉强食""泯异求同"的单元性，试图征服、泯灭别人的文化，一旦你的力量衰弱，最终你的文化一定又被崛起的更强大的别人征服、泯灭。古巴比伦、古埃及、古希腊、古罗马文明，皆是前车之鉴。

# 书画家兼收藏家

本文所论"书画家兼收藏家",不是简单地指某一书画家他也有一些书画文物的收藏,或一位收藏家他也能写上几笔书法,画上几笔图画。像今天的不少书画家,顺手牵羊,或师长友朋辈赠送,或偶然地获得,家中总拿得出几位老师的、同辈的书画作品甚至前贤的书画、文玩,但他的志是在书画,而不在收藏,甚至无意于收藏。像这样的书画家,即使家中有几件藏品,也是称不上"兼收藏家"的。又像古今的不少收藏家,乾隆、庞莱臣、张伯驹等,也能写几笔书法,实际上是毛笔字,因为当时所有的读书人都能写毛笔字,无非一般读书人写的不叫书法,而书画收藏家写的则叫书法;还能画几笔兰竹、山水,这也是大多数人包括今天街道中的退休工人都能来上几手的,无非一般人的画不被称作画,而书画收藏家的画则被称作画——但他的志是在收藏,而不是书画创作,甚至无意于书画创作。像这样的收藏家,即使留下了书画作品,并被时人、后人推重,也是称不上"兼书画家"的。

那么,怎样的人才够得上"书画家兼收藏家"呢?宋的王诜、米芾、赵佶,元的赵孟頫、倪云林,明的沈周、董其昌等,是这方面的代表人物。他们既有志于书画艺术的创造,是书画史上的大名头,又有志于书画文物的收藏,是收藏史上的大名头。直到今天,公私收藏的不少显赫名迹,便出于他们的曾经庋藏。

到了20世纪,"书画家兼收藏家"的情况基本上局限于上海,而为其他地方所罕见。像吴湖帆、张大千、谢稚柳、刘海粟、唐云、程十发、钱君匋等,既以书画成就的高标为世所知,又以书画文物收藏的富且精为世所知。他们的藏品,今天,有的早已进入了国家的博物馆,成为镇馆的重器,像曾经吴湖帆收藏的黄公望《剩山图》、米芾《多景楼诗册》,曾经谢稚柳收藏的王晋卿《烟江叠嶂图》等;有的则陆续流散市场,成为新一代收藏家青睐的对象,像曾经唐云收藏的八大山人《瓶菊图》等。这一情况,在其他地区的书画家中,是绝无仅有的。像广东的关山月,杭州的潘天寿、沙孟海,南京的傅抱石、钱松嵒、高二适,西安的石鲁,北京的齐白石、李可染、李苦禅、王雪涛、吴作人、启功等,基本上没有什么高质量的藏品。徐悲鸿虽然收藏有《八十七神仙卷》等,但数量十分有限;黄胄虽然建有炎黄艺术馆,内有不少古代的书画,但质量似乎并不太高。上海之外,唯一的例外应该是溥儒,但他的藏品,却在生前便陆续让出去了。也就是说,"书画家兼收藏家"这一书画界的传统,在20世纪,仅在上海的书苑画坛得到了传承,当然,进入21世纪之后是否还能继续传承,也难说了。

虽然,书画家和收藏家,是两个不同的行当,即使关系密切,毕竟目标不同。书画家的目标,是创作自己的、新的作品。收藏家的目标,是搜罗别人的,尤其是前人的、旧的作品。前者,重在创造,后者,重在维护。创造,是从无到有,从少到多;维护,是因为已有的正在变少、变无,所以致力于不要使它减少,不要使它消失。

但书画的创造又有两种情况,当然还有介于两者之间的。第一种情况,"我用我法""笔墨当随时代",根据自己的个性,结合时代的需要,来引领新的创造,对于旧时代的、前贤的已有创造,便不需要深入的关注——这样的书画家，一般不会有志于书画文物的收藏，至多对于公私收藏的藏品略作浏览。第二种情况，"借古开今""贵有古意"，通过对旧时代、前贤的已有创造的深入研究，并结合自己的个性和时代需要，来引领新的创造——这样的书画家，只要有条件，便一定会有志于书画文物的收藏，尤其是有志于与自己性情相近的书画文物的收藏，像吴湖帆的藏品，侧重于四王的正统派，唐云的收藏，侧重于八大、石涛的野逸派；谢稚柳的收藏，侧重于北宋，程十发的收藏，侧重于陈老莲、任伯年；钱君匋的收藏，侧重于赵之谦，等等。没有条件的，也一定会用极大的精力去关注公私收藏的藏品，如王石谷对黄公望《秋山图》的追访，陆俨少对故宫藏品在南京大展的痴迷，等等。自己拥有的藏品，相比于观摩别人的藏品，从中得到的收益当然是不一样的。

虽然，今天的书画家们都在高唱"继承传统，弘扬传统"，但实质上，黄宾虹、傅抱石、潘天寿、李可染、徐悲鸿等，相比于吴湖帆、张大千、谢稚柳等，对于传统的认识，在广度和深度、角度和力度上是完全不一样的，从而造就了个人艺术创造的不同风格。更有不少曾经的反传统者，只要风向一转，艺术的潮流由以反传统为荣转向以弘扬传统为荣，他们也会以最积极的姿态大力倡导"弘扬传统"，则他们对于传统的认识，就更令人无语了。

撇开反传统者的"弘扬传统"不论，吴湖帆和齐白石，一个是"书画家兼收藏家"，一个是"书画家不兼收藏家"，艺术的创造上各有千秋的高标，但在学习传统的实践上，吴湖帆是刻意地深入研究，务求全面地把握，然后化为个性的创造；齐白石则是"十分学七要抛三"，通过对"七"的把握，然后化为个性的创造。前者，个性以传统的面貌呈现，个性在传统中；后者，传统以个性的面貌呈现，传统在个性中。

要之，"书画家兼收藏家"，在反传统的大潮中，一定坚定地坚守丰厚的传统；在弘扬传统的大潮中，一定低调地坚守丰厚的传统。书画家不兼收藏家，一种，在反传统的大潮中，一定坚定地坚守局部的传统；在弘扬传统的大潮中，一定高调地坚守局部的传统。又一种，在反传统的大潮中，一定高调地抨击传统；在弘扬传统的大潮中，又一定高调地抨击反传统。这与六七十年代，一个人可以对孔子大加鞭挞，视作不齿于人文的狗屎堆，到了今天，还是这个人，又对孔子顶礼膜拜，奉若神明，是一样的道理。同样，对传统真正有认识的人，当然也是"书画家兼收藏家"，而不是"书画家不兼收藏家"，尤其不是曾经的传统激烈反对者变后来的传统激烈弘扬者。而由曾经的传统激烈反对者，来承当今天的弘扬传统，尽管他的态度比任何人都要激烈、坚定，这个传统很难被真正弘扬起来的。

从这一意义上，今天的书画界高倡弘扬传统的经典和先进文化，就有必要反思一下20世纪的"书画家兼收藏家"现象。当然，这并不是要求今天的书画家也来兼收藏家，尤其在科技发展，印刷术几乎达到"上真迹一等"的条件下，书画家完全不必兼收藏家，而是指如何借鉴二十世纪包括古代的"书画家兼收藏家"对待传统的态度，作为传统物化的藏品，不应该只是成为学者们对"过去"文物的研究对象，更应该成为今天的书画家对"今天"和"今后"创新的借鉴对象。这样，公私收藏的藏品，才不致停留在已经"过去"的历史，而能融入到"今天"乃至"今后""将来"的生生不息。

# 传统的继承和创新

作为世界文明史上的一个奇迹，国学的文化传统五千年持续发展而没有中断，我们泽其光辉，理所当然应该予以继续传承、弘扬。"用古人之规矩，开自己之生面"，这个"古人"就是传统，这个"自己"不仅指艺术家的个性，也包括艺术家此时此地的时代性、地域性。所以，艺术创新的道路是多元的，但对于传统的继承，至少对于中国的艺术家来说，是最重要的一元。

但传统有精华，也有糟粕，我们应该继承的是精华，而不应该是糟粕。如孝道，是国学所特有的一个优秀传统，但即使在这个优秀的传统之内，也存在着糟粕，如"郭巨埋儿"之类的孝行，便应该摒弃。

即使是精华，既有在当时的条件下可以普遍继承的，也有在当时的条件下无法普遍继承而只能特殊继承的；更有在今天的条件下可以继续普遍继承的，也有在今天的条件下无法继续普遍继承的。

以当时的条件而论，马援诫侄子书认为，龙伯高周谨端重，吾敬之重之，愿汝曹效之，效之不得犹为谨饬之士，刻鹄不成，尚类鹜者也；杜季良豪侠好义，吾敬之重之，不愿汝曹效之，效之不得陷为天下轻薄子，所谓画虎不成，反类狗者也。龙伯高、杜季良都是人中楷模，但一个适合大家去学，学不到他那样的高度，不失为次优秀的人；另一个不适合大家去学，因为学不到他的高度，便沦为无行不良之人。所谓鲁男子以礼设防，可学，柳下惠坐

徐建融　《蓉滨鸳梦》

怀不乱,不可学,也是同样的道理。中国画中,吴道子、吴昌硕都是优秀的画家,但唐宋的画家普遍学吴道子,虽不及吴的高度却各有成就;民国的画家普遍学吴昌硕,不仅不及吴的高度更沦于"荒谬绝伦"(傅抱石语)。还是同样的道理。

传统的继承,重要的不只是在"然",更在"所以然"。

以今天的条件而论,科技发达,摄影、摄像的辅助,使今天的画家对写生、造型、"画之本法"的训练,远胜于宋人;钢笔书写取代了毛笔书写,甚至电脑打字取代了钢笔书写,英文的学习取代了文言文的学习,使今天的画家对书法、诗文的"画外功夫"之训练,远逊于明清人。则唐宋的画家画传统,显然更适合于在今天继续普遍地继承;而明清的文人画传统,则不适合在今天继续普遍地传承。不顾个人、此时、此地的主客观条件,究竟是优于还是劣于古人、彼时、彼地的主客观条件,硬要去继承不适合今人、今时、今地条件的优秀传统，显然不可能使传统的继承达到创新的目的。

所以，继承传统以达到创新，就不能不分析传统的精华还是糟粕；分清了精华，还要分析它的主客观条件，适合不适合今天的主客观条件。适合今天主客观条件的，还要分析它究竟能否普遍地继承。不适合今天主客观条件的，再优秀的精华也不必继承，因为这样的继承无法达到传统的创新，如青铜艺术已经根本无法取代瓷器进入人们的日常生活，象牙雕艺术更为今天的法规所不允许。适合今天主客观条件的，具有普遍性则普遍地继承，仅具特殊性则特殊地继承，普遍地继承仅具特殊性的优秀传统，不仅达不到传统的创新，甚至连"传统的继承"也达不到。如格律诗的写作，只适合特殊的推广，绝不适合普遍地推广。

要想使继承达到创新，除上述之外，还必须结合此时此地的物质和精神，尤其需要汲取外国文化艺术之长为我所用。拒绝外国艺术，在传统的基础上结合时代的条件自我更新虽然是可行的，但汲取外来艺术使传统的继承达到创新同样应该提倡。因为第一，外国艺术的全面涌进，本就是今天的时代条件之一。第二，传统的形成并不断更新发展，本身就是不断汲取外来营养的过程。汉唐对外来文化艺术的融合，是传统形成辉煌的一个正面例子。清代时郎世宁的中西融合虽然不成功，但这并不证明中西融合是不可取的，就像不少画家学宋人、学石涛不成功，并不能证明宋人、石涛是不可学的。拒绝外国的继承传统既有成功，也有不成功，不能以有成功的证明它是唯一可行之道。融合外国的创新传统既有不成功，也有成功，不能以有不成功的证明它是绝对不可行之道。

## "异端邪说"

由王阳明心学到王艮的泰州学派,"拷贝"不断地走样,到了李贽,便成为"敢叛圣人之教"的"异端邪说"。"圣人之教"就是孔孟的儒学,李贽的学说则旨在"打倒孔家店"。儒学倡导"克己""为人"的人格,人性是自私的、为己的,所以就需要用各种"闻见道理"去教化人,约束人性的自私。何为善?何为恶?择善而去恶,所以说人格高尚者,人性一定不真率。李贽则主张"人欲即是天理",人性是天经地义的,不论善恶,只论真伪,决不能用"闻见道理"去改变它、"污染"它。他倡导"童心","童心"即"私心",一切为了自己,不必考虑别人,"只知为人,不知为己,虽尧舜等同尘垢,夷齐等同秕糠",更不必管天下苍生。孔融让梨,我们认为这个孩子很懂道理,用李贽的眼光则是:这个孩子怎么这么虚伪!他所倡导的是孔融争梨,不仅孩子要争梨,成人也要争梨,这才是真率的人性,葆有真率的人性才称得上本真的人。后来的袁中郎等,大批的文人,都完全赞同李贽的观点,尽求个人物质、精神的享乐,袁中郎有"五大真乐""三大败兴"之论,全以个人的得失为忧乐,与范仲淹的"不以物喜,不以己悲""先天下之忧而忧,后天下之乐而乐"完全唱反调。一切为了自己,不择手段同时又择一切手段地为自己谋利益,不顾别人,不顾社会。有人会说,这又不影响别人,他谋他的利,享他的乐,有什么可指责的呢?

话虽不错，但问题是，彻底为己而不影响别人，是永远做不到的。不顾别人的为己行动中，必然直接、间接、有意、无意地会影响到别人、危害到社会。晚明直至清代，尤以清移明祚的大动荡为烈，追踪李贽学说的文人中，出了大批出卖恩人、出卖国家民族利益的无行之辈，正说明了"为己"是不可能真正做到不影响、不损害别人的。最搞笑的当然是李贽自己，作法自毙。他一度极端落魄，为社会、大众、官府不容，便写信给他的同志，正在朝廷当大官的焦竑，请求做他的幕僚，焦以"身心俱不得闲"拒之，后来李被朝廷正法，焦在编定自己的文集时干脆把与李贽相往来的文字全部删去！所谓君子喻以义（为人），小人喻以利（为己），再也清楚不过。人是社会关系总和的一分子。任何"为己"，都是不可能不发生与别人、与社会的关系的。南宋覆灭，陆秀夫抱了小皇帝投海自尽，文天祥高唱"正气歌"；崇祯皇帝上吊煤山，朝中大臣作鸟兽散；清朝定鼎后，钱谦益、吴伟业、周亮工等名士都作了"贰臣"。人格之善和人性之真，为人、为公和为己、为私的分别，再也清楚不过。

但古人之所谓"异端邪说"，并非如顾炎武等所批评的那样一无可取。我们所说儒学是食粮，道释是药物。食粮有霉变，吃了会致病，这时候就需要吃药物。程朱理学对于人性的扼杀，所导致的疾病，用道释这副方子已经吃不好，李贽的"异端邪说"，恰恰可以作为治此顽疾的猛药。只是把药当饭吃，才引起了更严重的问题。

比如说，今天我遇到一个人落水了。从人格的立场，我一定要奋不顾身地投到水中救人，不管我会游泳还是不会游泳，即使因为我不会游泳，不仅没有把人救上来，而且搭上了自己的性命，也是值得称扬的。从人性的立场，他落水关我什么事？这当然应该批评。而如果以人格的立场结合人性的立场，首先要考虑的是我会不会游泳。不会，就不能投水救人，应该想其他办法，即使无法可想，落水者死了，我至少没有搭上性命。这当然也要受到迂腐儒学的批评。但今天我们强调见义勇为以保护自己为前提，不正是两相结合的做法吗？可见，对一些所谓的"异端邪说"，我们也要给予客观的评价。

## 无涯有涯

"吾生也有涯，而知也无涯"，这是庄子讲的，意为一个人的生命是有限的，而客观世界的知识却是无限的。所以，他认为"以有涯随无涯，殆矣"，努力地学习、上进，是错误的。孔子虽然认同"生也有涯，知也无涯"，但却不同意干脆放弃学习，他还是提倡努力地学习上进，"学而无厌""学而时习之，不亦悦乎"？一方面，学习可以使人生得到有事可做的充实，另一方面，学习虽然永远不能使一个人的"知"到达无涯的"知"却可以不断地趋近无涯的"知"。

以一个人的"知"为分子，它有大有小，以无限的"知"为无穷大。以无穷大为分母，以不同的大小为分子，或一百，或十，或只有一，这个数字本身都归于零。不认识到这一点，一百的分子便会骄傲，看不起一的分子。认识到这一点，一百的分子不会自大，一的分子也不会自卑。西哲有云："任何人在自己的专业范围之外，只能是半通。"鲁迅说："一为专家，便有满天飞之嫌。"这两个观点，互为补充，足以提醒任何人，尤其是一百的分子，不要骄傲自大，不要以一懂为全懂。事实上，任何人在自己的专业范围之内也只能是半通，在之外往往是不懂。

先说在自己专业范围之外的。沈括是科技方面的专家，但他挟科技专家之名，竟认为什么都懂都通，所著《梦溪笔谈》是一部百科全书，涉及方方面面的多个领域。论科技领域，其见解大多是准确的，发人所未发，高出同行多多。但论及其他领域，如绘画领域，就多属门外之见，虽自以为是，且认门内人为不是，实际上却是他不是，而门内人很对。

如斥李成的仰画飞檐，认为山水画的创作，不应以"真山为法"，而应"如观假山"，因为以真山为法，看到了东面就不可能看到西面，看到了山前就不可能看到山后，看到了山下就不可能看到山巅，只有俯视假山，才能统揽东西、前后、上下的山势全局。引起郭熙的反对，表示山水画家的创作必以"真山为法"，但不是站在一个立场不动地观察山势，而是"山形面面看，山形面面移"，然后合东西平远、前后深远、上下高远于一局。

又认为吴道子画圆光不足为奇，以肩抵壁作圆心，以臂长为半径放手一挥即成。不知圆光半径有长有短不等于臂长者，更不知以肩抵壁根本挥不到一百二十度，而佛像圆光至少要三百度！这种以外行斥内行的自以为是，便属于"一成专家"而有"满天飞之嫌"，不仅不是"半通"，根本就是不懂。

再说在自己的专业范围之内。苏轼算是肉食的专家了吧？大名鼎鼎、传播千古而依然热销的东坡肉便是他的发明。所以，对于什么地方的猪肉质佳，什么地方的猪肉质差，乃至至佳与次佳间的细微区别，一般的美食家根本弄不明白的地方他也清清楚楚，骗不了他的口舌。有一次到凤祥做官，品尝当地猪肉不佳，而以汧阳猪肉为天下至佳，凤祥当地的美食家们当然不信。便派两个仆人到汧阳去采购，半路上猪夜逃，仆人们便空手回到凤祥，在衙前的摊头采购了几头凤祥猪交差。苏轼大喜，届时宴请，供上两盆用同样方法、作料烹饪的猪肉，一盆凤祥，一盆"汧阳"，大家一吃，果然"汧阳"猪比凤祥猪肉好吃得多。不久仆人互讧，道出真相，苏轼以此时时反省，自揭短处，乃悟"每一个人即使在自己的专业范围之内，也只能是半通"。

晚明时邱长孺东游吴会，尝无锡惠山泉至佳。他是品茗的高手，对不同泉水、江水、河水的水质当然冷暖独知。于是便购置十坛，命童仆担回，他自己先骑马回家去了。童仆们等主人前脚一走，后脚便把十坛水倾倒干净，挑着十个空坛轻轻松松地回到家中，在门前的河中将十个空坛灌满交差。长孺见"名泉"到家，发函邀请品茗的雅士们到家共尝，一个个啧啧有声，赞不绝口，认为远胜门前河水，"非长孺高兴，吾辈何缘得饮此佳泉乎"？不久童仆们亦内讧，拆穿了西洋镜，名士们一个个把此事压下，照样当他们的品水专家，因为他们坚信："一个人在自己的专业范围之内，一定是全懂。"

任何人的人生都是有涯的，所以，面对无涯的知识，"知之为知之，不知为不知，是知也"。敢说自己不懂的人，比敢说自己都懂的人，实在更懂。

# 与生活真实拉开距离

拉斐尔画了许多"圣母像",他表示:我的圣母不是用现实生活中的某一个美女为模特儿的,而是用现实生活中的众多美女为模特儿的,萃众美于一身而成为一个完美无瑕的圣女。

毕加索画了一幅《亚维农的少女》,观者大惊失色,认为世界上哪里有这么丑的女人!毕加索回答:这不是几个女人,而是一幅画!

中国古代的经典,唐宋画中的形象,无论人物还是山水、花鸟,"不知人间何处有此景",比生活真实更美;明清画中的形象,无论人物、山水、花鸟,"以径之奇怪论,画不如山水",远不如生活真实美,情况与此类似。

即形象的艺术美与生活美可以迥然相反,美的生活形象可以成为美的艺术形象,而且比生活美更美,这是正常的"审美"。

丑的生活形象也可以成为美的艺术形象,而且比生活丑更丑,这就是"审丑"——在外国叫"变形",在中国类似"不求形似"的"写意"。

抛开古典艺术和现代艺术对于艺术美中心的不同不论,古典美以形象美为中心,美的形式服从并服务于美的内容即形象的创造;现代美以形式美为中心,在中国以笔墨美为中心,"丑"的形象即内容服从并服务于美的形式即笔墨的创造。

它更证明了一点,即艺术形象美的创造,是需要与生活真实拉开距离的。

写实的艺术形象,向比生活美更美的方向拉开,与生活美的标准相一致而成为生活美的理想。

不写实的艺术形象,向比生活美更不美、比生活丑更丑的方向拉开,与生活美的标准相反对、与生活丑的标准相一致而成为生活美的反思、生活丑的针砭。

生活美必须通过"审"才能成为艺术美并高于生活美;生活丑也必须通过"审"才能成为虽然不如生活美、丑于生活丑而"丑得如此之美"的艺术美。

不明乎此,执拉斐尔的艺术为美,而斥毕加索的画为不美、为丑,执唐宋画家画为美,而斥明清文人画尤其是写意画为不美、为丑,这是混淆了艺术与生活的关系。

反之,执毕加索的画为美,而斥拉斐尔的画为不美,执明清文人写意画为美、为雅,而斥唐宋画家画为不美、为俗,这还是混淆了艺术与生活的关系。

作为对生活理想的追求,现实生活中对历代的、当世的楷模人物的宣传,类似于古典艺术。一个英雄人物,在宣

莫高窟唐代壁画胁侍菩萨

[清]罗聘 《侍女图》

传中总是被塑造得十全十美，没有一点瑕疵。

其实，金无足赤，人无完人，任何一个英雄人物，都是人而不是神，因此都有他的缺点。但我们把他塑造为大众学习的榜样，当然要关注并放大他的英雄事迹而忽略他的缺点，与真实拉开距离，唯有如此，才能弘扬高尚的精神。

可是，一些别有用心者却要以"不真实"为借口挖出他的缺点并加以放大，质疑他的楷模性，抹黑他的英雄形象，这就颠覆了追求理想的正面精神标帜。

作为对生活丑陋的鞭挞，现实生活中对历代的、当世的反面人物的宣传，类似于现代艺术。一个奸佞人物，在宣传中总是被塑造成十恶不赦，没有丝毫优点。

其实，砒霜也有它的治病救人之功，任何一个反面人物，也都是人而不是魔，因此都有他的优点。但我们把他塑造为社会公敌的典型，当然要关注并放大他的恶行而忽视他的优点，与真实拉开距离，唯有如此，才能鞭挞丑恶的现象。

可是，一些别用心者却要以"不真实"为借口，挖出他的优点并加以放大，质疑他的反面性，平反他的耻辱形象，这就颠覆了摒弃丑恶的反面精神标帜。

新社会以审美来创造艺术美，莱辛的《拉奥孔》是古典艺术的理论基石。旧社会以审丑来创造艺术美，袁枚的《子不语》可作为现代艺术的理论开山。

无论审美还是审丑，一切艺术美包括写实的艺术美，都是与生活真实拉开距离的。不能以向生活真实的反面拉为"艺术与生活拉开了距离"，而向生活真实的正面拉为"艺术复制生活""客观再现""没有拉开距离"。

生活真实经审美拉开与生活的距离而成为艺术美，是为生活美的理想。生活真实经审丑拉开与生活的距离而成为艺术美，是对生活丑的鞭挞。

# 书法收藏的历史

进入魏晋南北朝之后,直到今天,对于书法艺术品的收藏不限于官方,即所谓"公家收藏",同时还扩展到官僚、贵族、文人、雅士、富商,即所谓"私家收藏"。一部收藏的历史,藏品的聚散,又往往与国家政治的兴衰直接关联。国家动荡,则收藏散失,世道隆盛,则收藏日兴。所以,唐张彦远在《历代名画记》中一针见血地指出,书画收藏乃是"理乱之纲纪"。

例如汉末董卓之乱,王室收藏的历代书画竟被取作军人的帷囊;梁武帝、梁元帝的收藏,在侯景变乱、魏将攻城时也被焚毁十之八九;北宋徽宗赵佶的内府所藏,更在金兵攻破开封后,毁失大半;辛亥革命后内乱外患,清宫大内的书画藏品也被溥仪以及太监等偷盗出宫,佚失无算。

然而,每当开国之初或隆兴之世,历代开明的君主,又无不大力搜访、征集书画;而上有所好,下必甚焉,社会上的私家收藏也与公家收藏交相辉映,齐头并进。

唐太宗时,刻意购求天下法书名画,尤耽好王羲之的作品,萧翼赚《兰亭序》是收藏史上的一大佳话,而《兰亭序》陪葬昭陵则又是收藏史上的一大遗憾。

宋太宗太平兴国年间,诏天下郡县搜访前哲墨迹图画,端拱年间更于崇文院中堂置秘阁,淳化年间更以内府所藏为主,命王著编次摹刻《淳化秘阁法帖》，分赐贵戚大臣。

清高宗乾隆时，国运大盛，号称盛世，内府收藏更达到集大成的境地，尤以王羲之《快雪时晴帖》、王献之《中秋帖》、王珣《伯远帖》为三件稀世珍宝，筑三希堂以储之，并刻《三希堂法帖》拓印行世。

私家收藏中，唐代薛稷、张彦远，宋代米芾、贾似道，元代赵孟頫，明代项子京、董其昌，清代卞永誉、安岐等，都是有名的收藏世家，今天还能见到的不少铭心绝品，多经过他们的手眼。

书法收藏的历史，就像一幕幕过眼云烟的演义，印证着国家的理乱、世道的兴衰。但这期间的国宝命途，撇开毁失的不论，不过是楚弓楚得；至进入二十世纪，则更有外国之剽掠，遂使过眼云烟的演义，变得更加复杂。

外国列强之剽掠包括书法在内的中华文物，当然不始于二十世纪，而是从鸦片战争之后便开始了。但清廷覆亡、民国维新之初，天下大乱，政府无力也无意于保护国家文物。收藏界的一些有识之士，开始自觉地挺身而出，致力于抵制列强的文化掠夺，遂使收藏的兴废，不仅印证了"理乱之纲纪"，更见证了爱国主义的精神。

这里仅举两个具体的例证。

卢沟桥事变前一年，大收藏家张伯驹得知有觊觎溥儒所藏的西晋陆机《平复帖》者，欲以转售日人，急请阅古斋韩君出面洽商万勿流出，溥开价二十万，张因无力，又请叶恭绰、张大千出面以六万求让，溥坚持二十万。至卢沟桥事变，溥遭母丧，急需钱款，张适时请傅增湘出面，以四万元买断。北京沦陷后，张蛰居四载，携卷入秦，帖藏衣被中，虽经乱离跋涉，未尝去身。新中国成立后，张慨然以此帖捐赠于国家。

其二，"三希"中的王献之《中秋帖》、王珣《伯远帖》于民国后为溥仪盗出故宫，卖于郭世五。1937年，张伯驹见到此两帖后恐流落海外，请惠古斋柳春农居间求让，开价二十万。至卢沟桥事变起，金融封锁，不能按期付款，乃以二帖退还。抗战胜利后张又向郭氏后人议购此二帖，要价三千万联币，当时合黄金一千两。往返磋商，未能成交。1949年初，郭氏后人携二帖至台北，将求善价于外国。直至新中国成立，在周恩来总理的亲自关心下，由人民政府以重价将二帖从香港收回。

更近的事实，则在20世纪的下半叶。六七十年代，十年"文革"，书画文物被作为"四旧"付之一炬；改革开放以后，国运蒸蒸日上，书画收藏也掀起了一轮又一轮的高潮。其间，最值得注意的有两点，一是成交价格的不断飙升，由几百元到几千元到几万元，同一件作品，在几年之间可以升值几十倍；二是海外藏品的倒流，国运不济，书画文物外流，撇开民国时的情况不论，就是改革开放之初，大量的大陆书画作品，包括在世书画家的作品，多是由海外收藏家以"高价"买走，其实，这"高价"在今天看来是多么低廉！国运昌盛，外流的书画文物倒流回大陆——"书画者，有国之鸿宝，理乱之纲纪"，一部云烟过眼的收藏史，证明了这是一条颠扑不破的真理。

# 用笔千古不易

"结字因时相传,用笔千古不易",这是赵孟頫的一句名言。结字,是因时、因人而变化的,这容易理解。如从大篆而小篆,从隶书而楷书,从行书而草书,因时代的变迁,书体的发展,单字的结字各不相同;包括同为楷书,欧阳询的严峻,颜真卿的宽博,也各不相同;从半方尺的尺牍,到六尺对开的屏条,结字也各不相同。用笔也即笔法,说它"千古不易"似乎就令人不可理解,它不也是因时、因人而变化的吗?永字八法,各人有各人不同的笔法,即使同样的一点,也有多种不同的形态,需要不同的笔法去配合表现;更有内擫、外拓两种相异的笔法,不同的时代、不同的书家可以演变为千变万化。其实,赵孟頫在这里所说的用笔,并不是指具体的笔法,而是指本质的笔法。

什么是"本质的笔法"或"笔法的根本",也即"万变不离其宗"的"宗"?这很难讲得清。笼统地讲,就是起笔、运笔、收笔的顿、挫、转、折、轻、重、快、慢。"凡是可以形成一种线条的,不管它是弯是直,是粗是瘦,是长是短,甚至是点子;不管它配合的是山水、人物或是花鸟,笔锋就都是'圆'而'中'的,是挺健而不是痴弱的。"这段话是谢稚柳先生在《水墨画》一书中所讲的,不过谢先生是论画,所讲笔法配合的是山水、人物或花鸟。我把它移用过来论书法,把笔法配合的对象换作了篆隶楷行草等书体:"凡是可以形成一种线条的,不管它是弯是直,是粗是瘦,是长是短,甚至是点子;不管它配合的是篆书、隶书、楷书或行书、草书，笔锋就都是'圆'而'中'的，是挺健而不是痴弱的。"

"书画同源"，主要是二者的用笔同法。尽管绘画的用笔，在具体的笔法方面有着比书法更丰富的要求，但在本质的笔法方面，书法却有着比绘画更严格的要求。所以，绘画的用笔，在具体的形态方面可以千变万化，在本质的精神方面却与书法相一致。因此，绘画也好，书法也好，其具体的笔法可以因时、因人而万变，但不离之"宗"，应该正是如谢先生所说的"原则"。

明乎此，各种现代书法也好，丑书也好，不仅在结字上大跨度地变易了传统，而且在用笔上也大跨度地变易了传统。但凡是由经过传统笔法训练的书法家所写出来的，其用笔一般都不离"本质的笔法"，所以，即使有人对之作贬斥的恶评，还是不能不承认它是"书法"，书法界会对之作或肯定、或否定的讨论。而如徐冰的"天书"、韩美林的"书法"、吴冠中的"书法"，由于书写者不具备传统"本质的笔法"基础，即使在美术界引起了强烈的轰动，而

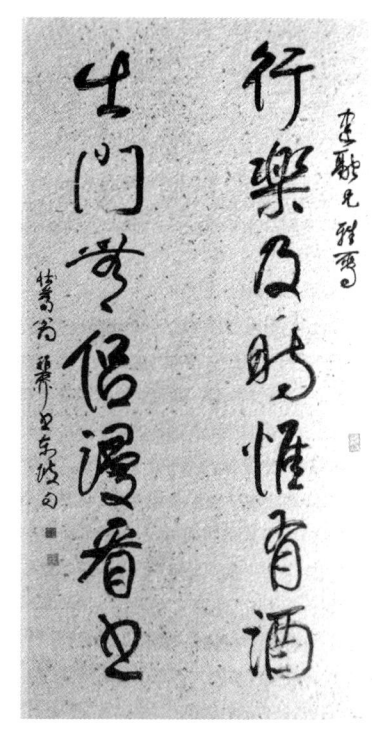

谢稚柳　"行乐出门"

且确实也写得很有创意，但在书法界却几乎毫无影响，没有对之展开肯定或否定的讨论。原因何在？便在于它们偏离了"千古不易"的"本质的笔法"，所以也就不能算是书法。

美书也好，丑书也好，以"千古不易"的本质表现为千变万化的形态之用笔出之，好不好别论，但都属于书法；以离开了"千古不易"的本质表现为千变万化的形态之"用笔"出之，好不好亦别论，但都不属于书法。但离开了"因时相传"的结字，主要是汉字的结字，以"千古不易"的"本质的笔法"出之，并表现为千变万化的用笔形态，成为"圆"而"中"的、挺健而不是痴弱的线条，包括粗的线条、细的线条、长的线条、短的线条、浓的线条、淡的线条、疏密聚散地纠结在一起，能不能算作书法呢？我以为也是不能的，而只能称作抽象艺术、构成艺术。因为尽管它的笔法是精妙的书法笔法，但所配合的却不是汉字。就像同样是"圆"而"中"的、挺健而不是痴弱的线条，所配合的不是汉字而是山水、人物、花鸟的形象，那它就不是书法，而是中国画。

在数学上，有"两点成一线"的常识。单靠一点，不能规定一根线是水平还是垂直还是倾斜。在绘画中，单凭形象的一点也不能规定它是中国画还是油画还是版画，中国画必须由形象和笔墨两点来规定。书法亦然，必须由汉字和用笔两点来规定。吴冠中等人的"书法"，只有汉字没有用笔，当然不是"本质笔法"意义上的用笔，所以不能称作书法；抽象"书法"，即使有用笔甚至还是传统"本质笔法"意义上的精妙用笔，但没有汉字，所以也不能称作书法。抽象"书法"还没有传统"本质笔法"意义上的用笔的，当然更不能称作书法。至于有用笔、无用笔的两种抽象"书法"哪一种更好？这是现代艺术所需要讨论的问题，而不是书法艺术所要讨论的问题。

## 国画作为"国粹"的变质

国学中包含了诗文、书画、篆刻,所以诗文、书画、篆刻都是"国粹"。我们专以国画为例。其实,作为"国粹"的国画,可以是国学中的国画,则"国粹"不变其质,也可以是美术中的国画,则作为"国粹"已经变质。就像经史,既有国学中的经史,也有学术中的经史。这就像英语,有外语学院中的英语,也有美术学院中的英语。所以,同一国画,同一经史,同一英语,置于不同的范畴,其性质是大有不同的。

今天的经史、国画,多为学术中的经史,美术中的国画,而国学中的经史、国学中的国画,已经趋于中断了。所以,今天传承并创造性地转化、创新性地发展国学、经史、国画,在承认学术中的经史、美术中的国画的同时,有必要倡导国学中的经史、国学中的国画包括诗文、书法、篆刻。

什么是国学中的国画呢?彩陶、青铜铸像、画像砖刻、木板漆画、莫高窟的壁画、唐宋元明清的卷轴画、木刻版画,包括绢本的、熟纸本的、麻纸本的、宣纸本的、生宣纸本的,一切平面的图像,区别又相通于诗、词、雕塑、书法、篆刻,不论工具材料,都是中国画,所强调的是中国传统的文化特色。如果使用标点符号,这个中国画,应该是"中国"画。包括晚清后传入的水彩画、油画,等等,都可以是"中国"画。

什么是美术中的国画呢?最典型的代表就是明清的文人画,尤其是画在生宣纸上的野逸派写意画，其次是画在熟纸上的文人正统派程式画，再次是唐宋画在绢上或熟纸上的画家画。所强调的是工具材料，以及由特定的工具材料所决定的特定技法，如毛笔、生宣纸、水墨、以书入画、诗书画印的"三绝""四全"等，以区别又相通于油画、版画等的画种特色。其他工具材料及技法的平面图像则不能作为中国画。如果使用标点符号，这个中国画，应该是中国"画"，包括朝鲜画、日本画，乃至今天欧美留学生等使用毛笔、水墨等工具材料所画出的平面图像，都属于中国"画"。

经史亦然。赵翼的"廿二史札记"属于国学中的经史，今人的各种经学、史学大部头专著属于学术中的经史。

这一国学和学术、美术的不同，或重在文化特色或重在画种特色的不同，具体表现在职业化的事业和非职业化的日常之不同。

学术、美术都是西学的概念，它以专业的教学、专业的工作为标志。一个人，撇开初级教学不论，到了"大学"的教学，学的是某一专业，毕业后所从事的也是这一专业，并一辈子从事这一专业，便成了他职业化的固定工作，并在这一工作中钻研专业的精神，军事、农业、金融等，国画、经史亦然，便成为这一专业的专家。西学的文化，包括今天中国的学术、美术文化，其主流便成为专家文化，以某一职业化的工作为事业。

国学则虽有专业的概念，所谓"术业有专攻"，但却不重专业的教学、职业化的工作，而是重通识的教学、非职业化的工作。科举制度，是中国传统的"大学"教学制度，所学的不是某一专业，而是传统文化的通识。科举考试毕业后进入社会，没有职业化的固定工作，而是今天派你去治水利，明天派你去理财政，后天让你去统兵打仗，在非职业化的工作中钻研专业的精神，把这个非职业化的工作做好。

在国学文化中，没有专家一词，却有学者一词，故其主流为学者文化，以任一非职业化的工作为常识和日常。"活到老，学到老，学到老，学不了"，不只是指当你一辈子从事某一固定的职业化工作，需要不断地学习，更是指因为你一辈子的工作是不固定的，非职业化的，所以需要不断地学习。

古代的经史大家，司马光也好，赵翼也好，乃至张元济也好，多不以经史为职业化的工作，故为国学中的经史。今天的经史大家，必以经史为职业化的工作，故为学术中的经史。古代的书画大家，李公麟也好，董其昌也好，多不以书画为职业化的工作，故为国学中的书画。今天的书画大家，必以书画为职业化的工作，故为美术中的书画。古代当然也有职业化的书工、画工等，但即使他们创造了很高的成就，在书画史上的地位却并不是最高。

# 俗与不俗

读 4 月 12 日《笔会》上扬之水先生《莫教我终身不识太行山》一文，对作者治学之谨严是感佩的，但也因此生发了些感想。袁中郎集中的那则故事，我在二十多年前也常有引用，但弄错了。我凭中学时的印象，不加引号，说是甲、乙二人质诸学究，读扬文方知是书生携仆，二人不是平等的关系。这个仆人读 "太行山" 为 "太形山"，学究不肯点破，要 "教他俗子终身不识太行山"。但我现在不再用这个故事笑话别人、苛求自己了，"生也有涯，知也无涯"，是人总难免有错，何况太行太形，其中是非也并非那么判然可断。我以为以一二处知识硬伤来定人之雅俗，其实是有失公允的。

黄山谷有云："士大夫处世可以百为，唯不可俗，俗便不可医也。……视其平居，无以异于俗人，临大节而不可夺，此不俗人也；平居终日，如舍瓦石，临事一筹不画，此俗人也。" 对于 "俗人" 与 "不俗人" 的区分，这段话很有道理。

以苏轼为例，我们随手就可以举出他的不少差错。如《书四适赠张鹗》，引《战国策》："无事以当贵，早寝以当富，安步以当车，晚食以当肉。" 而原文为："晚食以当肉，安步以当车，无罪以当贵，清静贞正以自虞。" 又《题鲁公帖》论 "观其书有以得其为人，则君子小人必见于书，是殆不然"，别人举其曾论 "观鲁公书未尝不想见其风采，非徒得其为人而已，凛乎若见其诮卢杞而叱希烈"诘之,回答说是"其理与《韩非》窃斧之说无异",但"窃斧"的寓言不出于《韩非》而出于《列子》。这些都是"硬伤",是苏轼"平居无以异于俗人"的例证,而一点无害于其"临大节而不可夺"的"不俗人"形象。

至于"软伤",在"平居"中有时不俗人甚至不如俗人。记得袁中郎集中还有一个故事,记邱长孺东游吴会,购惠山泉数坛命仆人挑回麻城家中分飨韵友,仆人将名泉倾倒干净,挑着空坛回到家,倒灌门前河水使满,长孺与众友享用后交口赞叹,以为非门前河水所及。这又与苏轼记汧阳猪肉事异曲同工。但这样的"软伤",在"平居"的物质生活中可能会"事败",在"平居"的精神生活中是永远不会"事败"的,不仅"今荆公之猪未败尔",今后荆公之猪也是不会败的。所以,"佛语深妙,菩萨不及",你苏轼可以讥为"岂非梦中语乎",他荆公还是可以坚信真实不虚的。

如上所述,当然并非主张不要指出错误、改正错误,而只是说,任何人要想做到没有错误是不可能的;但对"平居"中的错误,以"俗子"责人或自责则大可不必。大凡人一读了书,有了文化知识,心中便生出一个雅俗的分别相。但文人与士人,对于什么是俗、什么是不俗的认知是并不完全相同的。在文人,俗人还是不俗人,常着眼于他知识的对错和才情的有无;在士人,俗人还是不俗人,根本是看他的器识和学养。唐宋士人,观其散文,其"先天下之忧而忧,后天下之乐而乐",是何等"临大节而不可夺";明清文人,观其小品文,虽迥别于"俗子不识太行山",但"破国亡家不与焉",又是何种样"临事一筹不画"。

## 不敢苟同的闲雅生活

以袁中郎、屠隆、董其昌、陈继儒、钟惺、张岱、周亮工、钱谦益为代表的晚明文人生活，以其闲适、精致、风雅，在今天的文化人中广受艳羡，被认为是有文化、有诗意、有品位的表征，是传统文脉的标志，足以反拨我们的浮躁和焦虑、平庸和粗俗而拯救"天之将丧斯文"。

这些人物，或在朝，或在野，或为公卿，或为布衣，但无不超尘脱俗，"好精舍，好美婢，好娈童，好鲜衣，好美食，好骏马，好华灯，好烟火，好梨园，好鼓吹，好古董，好花鸟，兼以茶淫橘虐、书蠹诗魔"（张岱《自为墓志铭》），浅斟低唱、风月无边，于热闹场中辟出了宁静淡泊的高致。诗则性灵，文则小品，如此则为人生"真乐"，如彼则为天下"败兴"（袁中郎《与龚惟长先生》《与吴敦之》）。两片茶叶的沉浮，一块青苔的养成，也可以投入细致入微的讲究，在慢生活的悠长韵味中感悟生命与自然的真谛。遂使最普通平常的衣食住行、起居作息、男女大欲，也被赋予了文化的内涵，迥异于俗人的"日出而作，日落而息"。最为典型的，则当推从来被看作皮肉生意、声色交易的狎妓，竟然也成了诗文应酬、书画交流的风雅韵事。一大批工诗文、精书法、擅丹青的名妓的涌现，成了当时文坛、书林、画苑的靓丽风景。文化对于日常生活的改造，力量之大，有如此者！相形之下，我们今天的生活压力山大，难以解脱，论者推其罪魁祸首，不在工作的负重，也不在社会的节奏，而正在我们失去了文化，失去了天真，不懂得"诗意地生活"啊！

我一点不否认晚明文人生活的闲雅具有很高的品位。但把这种生活从当时的社会背景中抽离出来，孤立地加以欣赏，并标举为传统文脉所系，我实不敢苟同。

当时的社会背景是什么呢？就是朝野动荡、内外忧患，魏氏阉党的把持朝政，农民反抗的此起彼伏，关外后金的大兵压境，民生国事的水深火热，江山社稷的岌岌可危，"山雨欲来风满楼"！在这样的形势下，晚明的文人们尘垢尧舜、秕糠夷齐、诽谤周孔，公然宣称"破国亡家不与焉"（袁中郎《与吴敦之》），而沉湎于超旷虚灵地穷极人欲之乐，物喜则"清梦甚惬"（张岱《西湖七月半》），己悲则"所可恨者……岳坟无十里朱楼"（袁中郎《与吴敦之》），要把民族正气所钟的"爱国主义教育基地"变身为"暖风熏得游人醉，直把杭州作汴州"的轻歌曼舞、灯红酒绿！这样的生活，固然风雅之至矣，但相比于前贤知其不可为而为之、"先天下之忧而忧，后天下之乐而乐"的志道弘毅、任重道远，传统的文脉，究竟应该以此为标志呢，还是以彼为标志呢？

史称文章三变，唐则韩愈，宋则苏轼，明则袁中郎。韩苏一脉相承，圭臬了唐宋的散文，袁则别张异军，领袖了明清的小品。所谓"文章为风气所关"，从韩苏的散文，我们可以概见唐宋文人的生活态度，如韩愈《进学解》自述平居的生活："月费俸钱，岁靡廪粟，子不知耕，妇不知织，乘马从徒，安坐而食"，与一般官员无异，而其文则含蕴了人生必须紧守的"原道"大义。袁中郎的生活当然要比韩愈风雅十倍，而其文则直抒了人生应该放纵的性灵情趣——记得鲁迅先生曾经说过：所谓"小品文"，就是没有道理或只有小道理的美文。则反拨我们今天生活的缺少文化，绝不能仅止于艳羡晚明文人生活的闲雅,而更需要以唐宋的士人生活为范型。"不是云台兴帝业,桐江何用一丝风?"迷失了这一范型,闲雅很可能沦为如梁启超评晚明学术所说的"上流无用,下流无耻",亦即文化腐败。一旦"把个人道德社会道德一切藩篱都冲破了",试问"何补于国?何益于家?何关于政事?何救于民生?……学术蛊坏,世道偏颇,而夷狄寇盗之祸亦相挺而起"(费燕峰《弘道书》卷中)。一晚明文人也,任公痛心疾首如此,我们却艳羡钦慕如彼!吾谁与归?

## 己亥销夏记

2018年9月23日，朋友们为我做了七十岁生日的活动。欢欣热闹之后，我突然有了一种"求其放心"的"归去来"冲动。这里所说的"心"，专指我的"书心"或作"文心"。

回想我虽出生于一个世代半文盲的农家，但读书的经历却是相当早的，还没有学会走路便已经开始了——当然读的只是"小人书"亦即连环画。为了哄我吃饭，在浦西当门卫的祖父每星期都会从图书馆借十来本连环画回家作我的"下饭"。读文字书，记得是从小学三年级开始的，而且一上手就是繁体直排的大部头长篇小说，《薛仁贵征东》《薛丁山征西》之类。五年级时从出身大户的同学家里借到一部《康熙字典》，虽然读得不知所云，竟欢喜无量，足足用一年时间把文抄了一遍！此后直到1978年，古今中外，经史子集，尤其是传统的图书，拿到什么读什么，见喜欢的则片断或整本地抄下来，有心得体会则写下笔记，二十年间，积累有近一米高。直到八十年代初，大量用得到的书都被我买进了家里，竟使得所抄的"书"没用了，才陆续把它们几乎全部扔进了垃圾箱。

正是伴随着这批笔记的被抛弃，这个"无目的读书"的初心从此也被放逐了。考上大学跳出农门，之后又读了研究生，有了明确的专业方向。文心雕龙，读书也就由"无目的"转向了"有目的"，即无论专业书还是非专业书，都必须围绕着专业"学术研究"的目的。尽管近些年来，我开始有所反省，但总也无法彻底斩断"有目的读书"的纠缠，真正地回归"无目的读书"的初心。

归去来兮，田园将芜胡不归。既自以心为形役，奚惆怅而独悲。悟已往之不谏，知来者之可追。实迷途其未远，觉今是而昨非……

终于，七十岁生日活动之后，"求其放心"的决心既定，便陆续搬出了《论语》《孟子》《春秋公羊传》《史记》《尔雅义疏》《说文解字注》《资治通鉴》《反经》《焚书》《日知录》《古文辞类纂》《近三百年中国学术史》等，其中多部是反复读过的。但除语孟外，大多是带着一定的目的翻阅，很少有从头到底一页一页读过去的。这次的决定，则是要认认真真完整地读一遍。重读的感觉，是以前的读书生涯中，包括"无目的读书"和"有目的读书"，从来不曾有过的，就像《天龙八部》中虚竹得到逍遥子灌顶以授的受用无穷！各种电光石火般的新得，不是难得一现，而是时时迸现。每至此时，我便随手草草记下某书某页上的某段某句可以生发某一新问题，得二百多条。

这样读到2019年7月，天气日趋炎热，没有来得及读的那些书便收起不读了，二百多条新得涌动郁勃于胸中，宣泄之势若不可遏。便把笔记翻出来加以整理，形成文言札记，用小楷写在"十竹斋笺谱"上，一页一条，至八月底，得百数十页，名之曰《己亥销夏录》。其间，有两个星期应友人之邀，游浙东山中避暑，先后宿会稽、景宁、武义山上，遐时则写手卷，内容亦为读书札记，得十余条，共三个卷子，名之曰《于越消夏录》。己亥年的夏天，就这么在"无目的读书"的札记中不知不觉地过去了。

> 销夏，销通消，消遣、休闲以避暑也。消夏，消通销，以火熔金也，夏，五行属火，金，杀气也，盖以夏火熔化蠹虫之

杀气,曝书是矣。若白乐天"销夏诗"、纪晓岚《滦阳消夏录》,皆取纳凉避暑意也。又若俞曲园《九九销夏录》、孙承泽《庚子销夏记》、吴荣光《辛丑销夏记》、端方《壬寅消夏录》,皆取曝书化蠹意也。盖古代乏防蛀术,长夏三伏酷暑,骄阳似火,辄曝晒藏书、藏字、藏画,翻检不息,则读书而忽获新得,展字卷画而详其尺寸名实。于是而成读书"销夏录"者,必以芜杂也;而成字画"销夏录"者,必以详备也。故,避暑,销夏之一义也;溽暑,销夏又一义也。

将"销夏"释为闲适地避暑纳凉,是千百年来的共识。于是,在今天,最好的"销夏"办法便是打开空调,在家里乃至会所喝茶、读书、写字、画画、会客、聊天,其惬意自然是古人所不可梦见的。但我以古代图书"销夏录"、字画"销夏录"的成书,大都不是得自阴凉悠闲,而是得自烈日下曝书的忙碌,所以即使三十九摄氏度的高温,家中也不开空调,而是赤膊挥汗,或作书画,更多的则是撰写文章,而且主要是毛笔小楷的文言札记。像《长风画麈》《语孟艺解》等,主要的部分实际上都是在盛夏中完成的。不过,那几次的读书、札记,都是有目的、有计划的,这一次则无目的、无计划。到八月份结束,还有八九十条笔记没有来得写成札记,也就随它去。

《述而》:"志于道,据于德,依于仁,游于艺。"旧释志向远大、品德高尚、心地仁慈、业余多彩。大体是,惟解依仁为仁慈者非。盖仁慈者,高尚品德之一端也,何必两言之?且夫子所言,总括士之人生,志向、品德、业余之外,独无职事,则我岂匏瓜也哉,系而不食乎?则依仁之仁,非"仁者爱人","克己复礼"为仁也,服从并完成社会安排之工作是矣。

徐建融　《荷净纳凉》（局部）

《礼记·学记》论学有曰：藏焉、修焉、息焉、游焉。藏者道，修者德，息者事，游者艺。则志、据、依、游，余释为志向远大、品德高尚、工作出色、业余多彩。士之人生尽于此矣。

读书无目的，札记有收获。《己亥销夏录》的一百数十条，都是我旧书重读而有新的认识者，而尤以对《述而》中这一句的认识自以为最有价值。根据千百年来众所公认的定识，"士"应该有志向，有品德，有爱心，有丰富的业余生活，然而却没有提到从事工作！而我们知道，任何一个成年之人都有具体从事的工作，作为"四民之首"的"士"当然更不能例外，他之所以能立身于这个社会之中，根本的依傍就是必须为社会承担某一项职业的分工。志向、品德、业余的好尚主要是个人之事，唯独职业的分工，主要是社会之事，所以又叫"社会分工"亦即"礼"，而不能单凭个人的好恶去取。像孔子，以他个人的志向、品德、才学，最适合的工作当然是仕，其次则是教；然而，有一段时间，社会相关部门安排给他的分工却是委吏（仓库保管员）和乘田（畜牧饲养员）。不仅"专业不对口"，而且严重的"大材小用"！他怎么办呢？他"克己复礼",全心全意地投入,依仁息事,曰"会计当"而已,曰"牛羊茁壮长"而已。本职工作能够做到如此出色,是为"依于仁"的典范。

以"心地仁慈"释"依于仁",则"依仁游艺"是讲仁与艺的关系,士所游的艺必须是"尽善尽美"的。准此,欧阳修不少风流旖旎的婉约词便被认为不合"依仁游艺"的儒家宗旨,至有人认为不可能出于欧手,而是仇人的伪托栽赃。如曾慥说:"欧公一代儒宗,风流自命,词章幼眇,世所矜式。当时小人或作艳曲,谬为公词。"(《乐府雅词·序》)蔡絛也认为:"欧词之浅近者,多是刘辉伪作。"(《西清诗话》)至于黄庭坚的香艳词,就更不值一哂了。然而,以"工作出色"释"依于仁",则"依仁游艺"是讲工作与业余的关系,士所游的艺既可以是"尽善尽美"的,也可以是"尽美矣,未尽善也"的。准此,欧阳修等"一代儒宗"于平时"牵于事役,良辰美景,罕获宴游之乐"(《六一诗话》),则偶尔以婉约词、香艳词作为丰富业余生活的游艺内容,自然也就不足为怪了。

"诗无达诂。"其实,不仅诗,一切文字皆无达诂。所谓"仁者见仁,智者见智""此一时也,彼一时也"。同一部书,同一段文字,在不同人的眼里,甚至在同一人的眼里,因时间、空间、主客观条件的不同,因"有目的读书"和"无目的读书"动机的不同,因读者涉世浅和涉世深阅历的不同,都可以产生不同的理解。所以,"旧书不厌百回读"的收获,有时可能更在"博览群书",尤其是奇书、僻书之上。欧阳修《新唐书·艺文志序》云:

(经、史、子、集)藏书之盛,莫盛于开元。其著录者,五万三千九百一十五卷,而唐之学者自为之书,又二万八千四百六十九卷。呜呼,可谓盛矣!……今著于篇,有其名而亡其书者,十盖五六也,可不惜哉!

也就是说，欧阳修、苏轼他们所能读到的唐代之前（含唐代）人所著的图书，总共不过四万多卷，假设十卷一部，不过四千多部！我们今天所能读到的历代图书，相比于欧阳修们在数量上肯定要多得多，但读书的收获呢？可见，读书人的书心，有目的地读，博览地读，当然是需要的；无目的地读、百回地读，同样也是需要的。而论其初心，几乎没有一个人不是从无目的地、百回地读开始他的读书生涯的；则"求其放心"，欧阳修论学书的一段话显然也适合于读书：

> 有暇即学书，非以求艺之精，直胜劳心于他事尔。以此知不寓心于物者，真所谓至人也；寓于有益者，君子也；寓于伐性汩情而为害者，愚惑之人也。学书不能不劳，独不害情性耳。要得静中之乐者，惟此耳。（《学书静中至乐说》）

静则清，清则凉，凉则乐至。己亥销夏，非以求"课题攻关"的"学术研究"，以札记的形式记录近一年间"无目的读书"的体会如此。无目的所以有以乐其心，有以乐其心所以不知酷暑之为执热。"旧书收拾从头读，诸史六经生面开；勒束当年骛远客，放心今始复归来。"——忽然又想到孔子的"述而不作"，韩愈的"盗窃陈编"，顾炎武的"著书不如抄书"，包括钱锺书的"瞥观疏记"，不都是"无目的读书"的札记吗？想到年青一代的学人在"考核指标"的压力下，为"课题项目""核心期刊"而"有目的读书""有计划研究"，天天生活在高度紧张的躁热之中，那是怎样的一番滋味在心头啊！《孟子》曰："学问之道无他，求其放心而已矣""放其心不知求，哀哉！"

## 平复平复：我的宅居生活

由于春节提早，2020年的开局显得特别忙碌，一过元旦，各地的朋友便陆续上门拜年。其间虽有武汉"新冠肺炎"的新闻，但开始时似乎与我们上海无关，当然更与我无关，照样聚会、聚餐，迎接庚子年的到来。或以为，这是一个喜庆之年，凡阳历2月29日生日的，今年总算可以过一个四年一次的生日了；而阴历四月出生的，无论你是几日，今年都可以过两次生日，因为今年是闰四月。

然而，乐极生悲。谁又能想到，除夕夜全家大团圆之后，全国都进入了"禁闭"的生活状态，每一个人都只能"宅"在家里，不许走亲访友。原以为这不过十来天的事情，春节长假一过，一切照常。不料，初五冷冷清清地接好"财神"，形势显然不容乐观。

损失最大的，当然是企业，尤其是民营企业，更尤其是餐饮业。作家、书画家，应该是最不受影响的，因为，即使在平时，他们基本上也是"宅"在家里进行创作的。而我，说起来真是罪过，在全国人民深陷忧患中的时间里，竟获得了前所未有的"幸福"。因为，几十年来，老婆天天都在忙重要的事情，很少有着家的日子；我一个人在家，生活之简单，远不如"低保户"——当然，时常有朋友请我大吃大喝，那又是"低保户"不可能有的福分。不过，老实说，大吃大喝实在是一种负担。现在，老婆每天做好

[西晋]陆机 《平复帖》

热菜热饭,那种享受既优于简陋,也优于奢华。钱名山先生说:"人生只如吃饭睡觉。"在我,这一个月来的吃饭,才真正叫"吃饭"。

我近年的人生宗旨,不要看,不要听,不要知道,不要参与,不要给别人(社会)添麻烦。所以不会手机,不会电脑,一切信息,要么有人不怕麻烦来告诉我,要么看报纸电视。老婆是有手机、微信的。平时不在家里,我当然看不到;现在天天在家,也就得以分享。

老婆微信的朋友圈,有当领导的,有公安的,有企业的,也有医生,当然最多的是艺术家,尤其是书画艺术家。通过分享她的微信,使我认识到抗疫时期的众生态。这一切，无论从报纸还是电视上都是看不到的。

最大的感慨，就是艺术家，尤其是书画艺术家对抗疫的热情最高。热情之高的第一个表现，就是对抗疫的前情发表措辞激烈的批评意见，以及对抗疫的后续发表自以为是的建言献策。那些当领导的朋友，当公安的朋友，当医生的朋友，都绝无这方面的意见发表，他们最多转发一下最高的官方意见和专家意见。企业的朋友，则在操心自己企业的命运而已。这使我想到不知是谁所说，艺术，是任何一个行业的人都可以介入的行当。现在我要补充的是，艺术家，是有勇气对任何一个行业发表指导意见的专家。

热情之高的第二个表现，就是闲不下来，积极参战，为抗疫做贡献。试把抗疫比作淮海战役，积极参战的情况有三：一是直接上火线浴血的战士；二是运送弹药、粮食，营救伤员的后勤人员；三是文工队员。但并不是只有这三类人员为淮海战役的胜利做出了贡献，还有第四类人员，就是待在大后方，什么事情也不干，但绝不添乱，一切行动听指挥。至于文工队员的文艺演出，据我所知，在淮海战役中的人数是四类中最少的，演出的次数也并不多。但是，在这次的抗疫中，艺术家，尤其是书画艺术家的参与人数之多，创作作品之多，估计远远超出前线的医务工作者！这就成了，十个战士在火线浴血，二十个民工在后方运输，一百个艺术家在火线旁歌唱战士们的英勇！紧接着，又有一百个艺评家出来指责一百个艺术家对战士英勇事迹的歌唱不到位！

而我知道，前线的战士也好，后方的民工也好，对艺术家、艺评家们的争执都是无暇关注的。尽管艺术家、艺评家们以自己的作为攸关抗疫的成败。

书画抗疫当然是需要的，就像赈灾一样。人的财力有大小，身价四十

作者宅居期间画作一

作者宅居期间画作二

亿的人捐款一百万，吃低保的人捐款一百元。不能说一百万做出了贡献，一百元就没有贡献——怎么拿得出手啊！可笑啊！二者的心同样都是好的。书画家的能力同样有大小，高水平的画家把钟南山画得形神兼备、英姿焕发，低水平的画家把钟南山画得……不能说前者的书画家为抗疫做出了贡献，后者就没有贡献——怎么拿得出手啊！亵渎艺术、亵渎英雄啊！二者的心同样都是好的。不过，以我的看法，书画抗疫真的不需要这么多。当然，如果是书画筹款，又当别论。

紧接着艺评家嘲弄艺术家的风浪稍稍平息，又是一拨文化人嘲弄中国人的"没文化"。所举的例子是日本援华物资上的口号"山川异域，风月同天""岂曰无衣，与子同裳"，而中国各地援鄂物资上的口号则是"中国加油""武汉加油"。你看，日本人多有文化啊！中国人多没文化啊！中国的优秀文化跑到日本去了！其实，"中国加油""武汉加油"，在紧急的关头更接地气，未必"没文化"；而能够看出日本口号出自中国传统文化的诸君，不也正是中国人、有文化的吗？

总之，相比于政府官员、公安人员、医务人员乃至企业家，在老婆微信的朋友圈里，艺术家主要是书画艺术家是最活跃的一批人，如果没有他们，这场抗疫不免显得冷冷清清。而且，每一个艺术家的基调，基本上就是"我是厉害的""你们是不行的"。

总算看到了一条"你也是厉害的"消息，这便是"疫情帖""别来我家帖"。一开始不知书写者的姓名，后来被验明正身，出自贵州民族大学书法专业硕士研究生麻春芳之手，一个二十岁的贵州山区青年。书法确实写得很不错，尤其是做成刻帖的形式之后，效果更佳。但正如不要因为"武汉加油"而妄自菲薄，认为今天的中国人尤其是年轻人，把优秀的传统文化尤其是古文旧诗都丢失了；我们也不能因为"疫情帖"而盲目自大，认为今天中国的年轻人之书法已经不让古人。就像古文旧诗一样，今天的年轻人，书法写得好的多了去了。这样的水平，如果在 20 世纪 80 年代，那当然是不得了，但在今天，也不过平平而已了。至于做成刻帖的形式后给人以"上追古人"的观感，就像任一位姿色平平的中年女性，经过化妆后都可以成为妙龄的绝色，而决不可误认为她的真人就是妙龄的绝色。

如上所述，都是从微信上所见，在抗疫中正是书画界做出了最大的贡献。至于从上层到基层的各级政府官员，"逆行"武汉和驻守本地的众多医务人员，他们的贡献是紧张的、实在的、默默无闻的；书画家们的贡献则是亢奋的、喧嚣的、热烈多彩的。

我则自以为于抗疫毫无能力，唯一能做的贡献就是不添乱。所以宅在家中读书、抄《诗》、画画、写文章而已，如吃饭睡觉，当然如此。元宵节写了一副《论语》集联："见贤思齐斯文毋我，克己复礼天下归仁。"意为：向先进学习，别自以为是；各尽其本分，则社会和谐。上联上并题跋："思无邪,行无事。我何尊?风雅颂。安分守己,自强不息。宅兹中国,降福孔皆。天维显思,斯文未丧。弹冠相庆,指日可望。"意为:不要起颠倒胡乱之想,不要行自以为是之事。我将何为?一切服从政府的令行禁止!安分守己是最大的贡献,自强不息切不可添乱。宅在家里吧!中国——等待福报遍满人间。天道无私天理常存,中华文明历劫永在。彻底战胜新冠病毒,已经指日可待。

但过了几天,似乎并没有看到"指日可待"的迹象。于是又潜心于《诗经》。

《诗》云:"烈(疠)假(瘕)不(丕)遐(远去)""惠此中国""庵有四方""降福孔(大)皆(人人有份)"。据殷商卜辞,上古瘟疫流行,人民深受其害。至周文王(西伯)以仁德修身齐家治国,终于彻底战胜瘟疫袚除不祥,从此周室大兴,郁郁乎文,八百年再无大规模的瘟疫发生。有之,已是西汉之后的事了。文王的仁德,要在礼仪。礼仪者何?庙堂则忧民,江湖则忧君,是谓上下同心,信天命而尽人事,敬鬼神而远之。这,正是中华文明的初心。王迹息而《诗》亡,《诗》亡则初心放。《诗》亡者,庙堂虐民,江湖诋君,是谓上下离心。"大雅久不作,吾衰竟谁陈?"则振衰起溺,求其放心,"周虽旧邦,其命维新",当从重作《大雅》始。

陆机的《平复帖》,各家释文互有异同而未能一致。则"彦先羸瘵,恐难平复","难"在"症"未明,所以"药"难以"对"而"下"也。则书画家们,对书画本身的问题尚且各人各看,争执不下;对新冠病毒的诊断,包括政府的布局,专家的说辞,也就静观其效吧!孟子说,农夫以稼穑为忧,不要为尧舜操心皋陶的事。此之谓欤?

图书在版编目（CIP）数据

风行水上：徐建融随笔集 / 徐建融著. -- 上海：文汇出版社, 2022.9
 ISBN 978-7-5496-3764-5

Ⅰ.①风… Ⅱ.①徐… Ⅲ.①随笔-作品集-中国-当代 Ⅳ.①I267.1

中国版本图书馆CIP数据核字(2022)第093817号

**风行水上：徐建融随笔集**

策　　划／鱼　丽　谢靖宇
著　　者／徐建融

责任编辑／鲍广丽
封面装帧／王　峥
排版设计／王　翔

出 版 人／周伯军

出版发行／**文匯出版社**
　　　　　上海市威海路755号（邮政编码200041）
经　　销／全国新华书店
印刷装订／上海颛辉印刷厂有限公司
版　　次／2022年9月第一版
印　　次／2022年9月第一次印刷
开　　本／890×1240　1/32
字　　数／270千
印　　张／10（插页4）

ISBN 978-7-5496-3764-5
定　　价／68.00元